南島ボートピープル

原井一郎
Harai Ichiro

奄美近現代—出稼ぎ・移民考

南島叢書 100

海風社

南島ボートピープル

奄美近現代——出稼ぎ・移民考

「神戸から世界へ、希望の船出」と題したメリケンパーク(中央区波止場町)の家族ブロンズ像。幕末開港した神戸港は1908(明治41)年4月28日、ブラジル移民第1陣が旅立った地。同時に産業革命で阪神工業地帯の一角として発展したこの港には、奄美・沖縄から島民が陸続と上陸。紡績、製鉄・造船関連に職を得て、近代発展の礎になった。人列は戦後も続き、多くは差別や偏見に苦しみながらも奮闘、郷土愛を胸に大都市の一隅で生き抜いている。

【目次】

はじめに

「サトウキビのあるところ、奴隷あり」は黒人の歴史家にして、トリニダード・トバゴの初代首相エリック・ウィリアムズ（1911～81年）の知られた言葉だ。ウィリアムズは被支配者の視点からカリブ海域の歴史を見直し、①砂糖産業が奴隷制度なしに成立しえなかったこと、②英国の資本主義の発展にいかに奴隷制度が「貢献」したかを、その著『資本主義と奴隷制』で力説している

人類史上のエポックの一つといわれる「産業革命」（1760～1830年代）。その嚆矢になった英国は、世界に冠たる大帝国に躍進するが、なぜ産業革命は英国で起きたか、の起源は必ずしも明らかでない。高名な歴史家の多くが、「イギリス人のピューリタン的勤勉性と合理主義精神による」と主張するのに対し、ウィリアムズはこれを否定、「奴隷制度によって得た莫大な収益こそ、英国を産業革命に導いた」と結論づけている。同時にその代償もまた大きく、アフリカ黒人約940万人（奴隷貿易研究者フィリップ・カーティンの分析）が売買され、多くはなお貧困・差別を引きずり、アフリカそのものも内戦や飢餓が続いている。

この砂糖史に似た状況が、日本では奄美群島（鹿児島県）に存在した。17世紀末に薩摩藩によって黒糖生産を強制され、七公三民ともいわれる凄まじい収奪で島々は貧窮化。飢饉で大量の餓死者を生み、豪農に身売りする債務奴隷ヤンチュが人口の約3割にも達し、逃散や一揆が続いた。薩摩藩は奄美からの黒糖収奪で赤字藩から脱し、その蓄財による軍事力で幕府に対抗、明治維新の立役者になった。

しかし待望の維新が成り、新政府が奄美の〝黒糖地獄〟からの解放を宣しても、守旧勢力によって唯一の換金作物・黒糖の自由売買が阻まれ、ヤンチュ解放も一部に留まった。島民による血みどろの近代化闘争を経て、ようやく遅れた維新が成るが、今度は砂糖商人の前貸しで膨大な借金漬けに。前途を失い、食い詰めた赤貧者の脱出路になったのが、〝東洋のマンチェスター〟に急成長した、阪神工業地帯への出稼ぎだった。かくして大正期には年間5万人を超える、凄まじい人口流出が生じ、さらにブラジルや南洋群島、戦時中は満蒙開拓へ多くが旅立ち、戦後も米軍統治下で基地オキナワへの脱出が続いた。

その明治末から生じた流民化、大都市出稼ぎ・海外移民で、島民は資本による搾取と、都市生活における迫害・排斥に晒されながら生き抜き、今日に至っている。約1世紀に及んだ南島民の流民史。その苦悩の体験を取材、「偏見」「差別」がどのように生まれ、なぜ宿痾のようにつきまとったかを考察した。同時にそうした苦悩を負わせた責任を過去のものとせず、現代に問い直し、同様な今日の外国人労働者差別、新たに創生される弱者・貧困問題についても俎上に載せる。

さて、かのトリニダード・トバゴである。1962年、ようやく英領から独立を果たすが、首相ウィリアムズは国民への餞《はなむけ》にこう語りかけている。「人民が自身の歴史、自身の過去に関する適切な知識を持たずに正しい自立の途を歩むことはできない。インドやアフリカなど地域を問わず、植民地における民族運動は、まず宗主国の歴史家の供給する歴史を書き改めること。宗主国が無視し、看過したまさにその地点において、歴史を書くこと、それこそが求められている」

私たちは地域の歴史を手織る労苦を惜しまなかったろうか。この拙い論考は奄美移民考であると同時に、そうした底意を込めたものであることをお汲み取りいただければ幸いである。

1カ月未発見 382人
孤独死「2日以上」は2996人

大阪府内で昨年1年間に誰にも看取《みと》られないまま屋内で死亡し、1カ月以上たって見つかった遺体が382体にのぼることが大阪府警の調査でわかった。「死後2日以上」で区分すると2996人。65歳以上の高齢者が71％と大部分を占めたが、一方で40～50代の「働き盛り層」が18・4％を占めることも判明。いわゆる孤独死の法律上の定義や全国的なデータはないが、今回の調査でその実態の一端が浮かび上がった。

▼3面＝働き盛りでも

大阪府警 昨年分調査

孤独死の深刻化を受け、府警検視調査課が初めて実態を調査した。昨年1年間に同課が調べた、病院で死亡するなどの「自然死」ではなかった1万2309の遺体について、遺体や発見時の状況から事件性の有無を確認。事件性がなく、屋内で死亡してから2日以上経過して見つかった独居者（自殺含む）2996人について分析した。

その結果、10～20代が29人▽30代が33人▽40代が159人▽50代が392人▽60代が684人▽70代が最多の1029人▽80代が572人▽90代以上が98人となった。性別でみると男性が2213人で、女性の3倍近くに達している。

一方、死後経過した時間については、2～3日が923人▽4～6日が508人▽7～29日が1183人▽1カ月以上が382人。また全体のうち遺族が見つからないなどの理由で身元が判明しなかったのは、今年1月末時点で2・4％にあたる71人にのぼった。

民間調査機関「ニッセイ基礎研究所」は2011年、東京23区で死亡した人の状況を踏まえ、自宅で死亡し、2日以上たって見つかる高齢者が全国で年間約2万7千人にのぼるとの推計を発表。一方、鹿児島県や北海道が自治体レベルで孤独死の実態を把握しようとする動きはあるものの、定義がまちまちで全国一律の基準はない。

こうした中、日本人全体の死亡者数のうち6・6％（18年、厚生労働省調べ）と東京に続き2番目に多い大阪府を管轄する府警が、実際に調べたケースを詳細に分類したのが今回のデータだ。淑徳大学の結城康博教授（社会福祉学）は「都市部、郊外を含めた全域を府警が一律の基準で調べた点が画期的。日本社会の縮図を示している。孤独死対策のためにはデータは不可欠で、この取り組みを全国に広げるべきだ」と指摘した。

（光墨祥吾、水野義則）

朝日新聞「ルポ孤独死」2020年2月7日付

長々しいプロローグ
―「孤独死」と我が小史―

ある出稼ぎ者の孤独死 ― はるかな〝シマ〟

大阪府豊中市の老朽アパートで、２０１８(平成30)年12月、男性が遺体で発見された。四畳半一間の部屋は住人が出かけた直後のように、テレビが点けっぱなしだった。家主からの知らせで、駆けつけた市職員が所轄署に通報、府警検視官の調べで、遺体はこの部屋に住む当時82歳の無職男性であることが判明。すでに死後１カ月が経っており、隣室住人も気づかぬ、いわゆる孤独死※1-1だった。同時に遺品などから、男性は鹿児島県・奄美大島に隣り合う、加計呂麻《かけろま》島の出身で、戦後、沖縄に渡り、さらに大阪に出稼ぎに来ていた、という輪郭も浮かび上がった。この男性の死は、関西で相次ぐ孤独死の実態を追う朝日新聞記者の関心を呼び、２０１９年に始まった同紙の連載※1-2で取り上げられ、世間の耳目を集めた。

残念ながら、奄美出身者の大都市での行き倒れ、孤独死はさほど特異ではない。筆者は奄美群島をエリアとする地元紙に職を得てきたが、「釜ヶ崎の路上で死んでいたのは奄美出身者」といった情報に何度か接してきた。そのため、こうした変死に、ある意味、耳慣れていた。そこにはまた戦前戦後を通し、奄美・沖縄から貧窮の末、大量の出稼ぎの人列が続いてきた背景がある。頼る者もない、裸一貫の出郷者は、都市の片隅で肩寄せ合って暮らすも、厳しい生存競争に敗れ、あるいは沈淪の挙句、行き倒れる落伍者も少なくなかったのだ。

立身出世を遂げた誉の奄美出身者もいるなか、敢えて〝ありがちな不幸〟を、この論考の冒頭に登場させたのは、①孤独死男性の辿った道のりが、戦前戦後のこの国の激動と、奄美の特異な時代変遷を映し、シマッチュ（島びと、奄美人）の宿命的な死のように思えたこと、②同時に男性が放浪のなかで味わったであろう〈偏見、差別、排斥〉の苦悩は、奄美人に共通した忌まわしい過去であると同時に、長く時代を超えて生き残り、今日の外国人労働者差別など排外主義に継がれ、さらに経済改革の名のもとに社会から弾き出されようとしている貧困児童・女性、弱者としてのマイノリティ・寝たきり老人など、〈新たなボートピープル〉を派生させつつあるように思えるからだ。

	日本の出来事	奄美の出来事	孤独死男性の歩み
1936年(昭和11)	2・26事件(翌年から日中戦争)		奄美大島・加計呂麻島に5人兄弟の末っ子に生まれる。
1945年8月15日(昭和20)	敗戦		
1946年2月2日(昭和21)	2・2宣言(北緯30度以南の島嶼の日本からの分離)	奄美・沖縄が米軍統治下へ。基地景気に沸く沖縄へ出稼ぎ続出※1-3	10歳。沖縄へ渡航
1953年12月25日(昭和28)	集団就職始まる	奄美の日本復帰。沖縄における奄美人差別※1-4※1-5	17歳。沖縄の建築現場で記念写真。大阪に移住(船員、住み込みパチンコ店倒産⇒型枠大工)
1970年(昭和45)	大阪万博		
2008年(平成20)	リーマンショック金融不況		71歳。失業⇒生活保護/豊中のアパート
2018年末(平成30)	平成の終焉へ		82歳。孤独死

「出稼ぎ世」は過去の問題ではない。まず、孤独死男性の足跡を振り返る。

民俗学者・柳田国男も訪ねた奄美諸島の一つ・加計呂麻《かけろま》島は、奄美大島南部の海峡を隔て、東西23キロに横たわる細長い島だ。30ある集落は背骨のような尾根で海峡側と外海側に2分され、食糧調達や町役場への用向きには、フェリーや小型船で本島側の古仁屋《こにや》という街に赴かねばならない。いわばこの「離島のなかの離島」の持つ、利便性の悪さや狭い耕地、さらに台風の猛威や旱魃、何よりも実り薄い収穫を奪い取ってきた苛政が、島を一層疲弊させてきた。そして近代が幕明けると、現状に耐えきれずに多くが海を渡って出稼ぎに島を離れ、異郷の地で工員や紡績女工として低賃金に堪え、偏見・迫害に苦しみながら生きてきた。

脱出の人波は戦後も続き、出郷者の多くは今日に至るも帰らず、戦後1955(昭和30)年＝8513人を数えた加計呂麻島の人口は、2023(令和5)年＝1157人(瀬戸内町速報)まで落ち込み、家屋の多くが雨戸を閉ざす限界集落が増えている。

加計呂麻島からの郷土脱出は、すでに明治末に始まっているが、本格化したのは1920年代以降。奄美・沖縄では、重要な換金農作物「黒糖」の市場価格が大暴落、「ソテツ地獄」※1-6と呼ばれた、破滅的経済に直面したことによる。島民は糧口を求めて本土へ家族ぐるみで移住。さらに戦後、奄美・沖縄はアメリカ軍の統治下に置かれ、海上封鎖によって本土への脱出口を閉ざされた島民は、唯一渡航可能な、基地建設ラッシュに沸く沖縄島へ。奄美全体で年5～6万人もが〝タコ部屋〟的な基地建設作業に従事、留守家族への送金生活、辛うじて島の経済は成り立った。ところが、吉報たるべき戦後8年目に訪れた奄美の日本復帰(1953年)は、沖縄の復帰運動への波及を恐れた米軍、さらに奄美出身者による犯罪多発などを理由に、沖縄社会からの締め出し（「アマミアン・プロブレム」※1-7）を受け、出身要職者の公職追放、参政権・土地所有権の剥奪、パスポート不携帯による摘発・強制送還が強行された。したがって招かれざる客の奄美出身者の多くが沖縄からの再転出や帰省を余儀なくされた。

そうした戦後の混乱期、加計呂麻島生まれの孤独死男性は、終戦を待ちかねていたように沖縄島に渡り、少年ながら基地周辺で就労。死亡時、豊中のアパートに残されていた写真から、兄姉とみられる年長者４人と笑顔で収まった一葉に、沖縄での出稼ぎ生活で安堵した様子がうかがえる。

しかし、ほどなく奄美復帰による環境激変で、沖縄から離れざるを得ない状況に追い込まれたのだろう。男性は戦前から奄美出身者が多く渡航している大阪に渡り、最初に船会社の船員、その後、阪急梅田駅近くのパチンコ店に住み込み勤務。店が倒産すると、今度は大阪万博（１９７０年）需用で人手不足の、土建業界（当時、釜ヶ崎には日雇い労働をめざし全国から3万人が集住）で型枠大工に転じている。さらに時巡って２００８（平成20）年、リーマンショックで失業。この時すでに70代。再起の気力を失ったのか、豊中の老朽アパートに越し、71歳時の日雇いを最後に生活保護暮らしへ……。

独り身の男性は何を思い日々を過ごしていたのだろうか。朝日新聞記者は孤独な生活をうかがわせる、近隣住民との触れ合いも紹介している。男性はよくアパートに近い定食屋に現れ、酔いが回ると隣席の若い客らに執拗に話しかけ、煙たがられていた。また店主に「シマ（奄美では故郷・

奄美大島本島側から望む加計呂麻島。大島海峡の輝きのなかに、細長い起伏のある島が一望できる。

生地を指す）に帰りたい」とよくこぼしていたという。

そうした日々の延長線上の突然の死……。部屋には卓袱台の上にスープが入ったままの鍋皿、汚れた作業着、釣り道具、掛け時計、家族と一緒と見られる写真数点、現金15万5千円が残されていた。

葬儀は豊中市によって福祉葬で執り行われたが、一人の見送り人もない旅立ちだったわけではない。豊中市の調査で、2歳年長の兄の存在が判明、葬儀にも顔を出している。しかし兄弟は一時、型枠大工を共にしながら、兄の結婚で疎遠になり、生活保護受給への心配からか、ある日、「自分にかかわらないでほしい」と告げ、交流が絶えていたのだという。結局、近親会葬者は兄だけで、「それは寂しい葬儀だった」と回想しているが、その兄からも引き取りを断られた遺骨は、大阪市天王寺区・一心寺に無縁仏として納骨されたという。

この奄美出身者の孤独死は、単なる偶発の重なりだけからだろうか。その背景には「ガーシヌ（餓死世」と呼ばれる近世の貧窮が近代に継がれ、大正期の世界恐慌へと続く苦境、さらに戦後も米軍統治下で飢えに直面し、基地オキナワへ、あるいは密航で暗闇の海を命からがら抜け出す、苦難史が島々を覆ってきた。したがって男性の死は、そうした時代から生まれ、時代に翻弄された結末ともいえる。個人の奮闘や忍耐では持ち堪えられない、背負った宿命の深さ、限界が死の背景には感じ取れる。

出稼ぎは戦後の高度成長期のそれと、戦前では大きな違いがあることから私たちは理解し始めなければならない。「稼ディ戻ティクヨ（稼いで戻っておいで）」。在郷者のエールこそ変わらぬが、明治から大正・昭和初期、終戦直後の出稼ぎは、飢饉などで餓死寸前に追い込まれた島民が、持てる全てを売り払って、一家で新天地を目指す、いわば難民と同様の〝ボートピープル〟※1-8的な脱出行だった。そしてその裸一貫の島民の群れは、見ず知らずの大都市で、明日にも飢え死にしかねないリスクを背負いながら、ピーク期の大正には奄美だけで人口の5分の1の年間5万人もが、大挙して大都市工業地帯をめざし、さらには地球の裏側・ブラジルへと渡って行った。

「故郷には傾いた家と、麦の生え揃った上を雪が降り埋めている幾段幾畝の畑と、そして長い苦闘の思い出とがある。しかし、家も売った畑も売った。家財残らず人手に渡して了った。父と祖父と曾祖父と、三つで死んだ子供と、四基の墓に思いっきり供物を捧げてお別れをして来たではないか……」(『蒼氓』)。

作家・石川達三はブラジル移民の惨苦を描き、第1回芥川賞を得たが、その作中の一字一句には、住み慣れた故郷を追われるように旅立つしかない、海外移民家族の哀しみの記憶があふれている。思うにそれはまた、裸一貫で島を離れ、流浪に近い変転と身を粉にした労働でも、楽土に至らず、故郷・加計呂麻島にも帰還できずに果てた、あの孤独死男性の境遇にも重なっていく。

交差する「1954」

加計呂麻島出身の孤独死男性が、沖縄から神戸港に辿り着いた1954(昭和29)年、偶然ながら、筆者の一家もまたこの港街に降り立ち、程近い神戸・元町通商店街で買い物をした記憶がある。

その二月前、奄美群島は日本復帰し、鹿児島県に再編入された。これによって国境が沖縄島——奄美・与論島間の27度線に南下、一方で閉ざされてきた本土間の往来が自由になった。その復帰を待ちかねていたように、戦後、父の実家

1952(昭和27)年の元町通商店街。観光客だろうか、外国人の姿が目立つ。(ジャパンアーカイブス)

の徳島県麻植郡山川町（現・吉野川市）に身を寄せていた筆者一家5人は、母の故郷・奄美を目指して旅立ったのだった。

奄美への転居は、母の故郷だったこともだが、同時に〈父の叔父〉が〈母の母親〉と結婚していたことにもよる。私には大叔父であり祖父にもなるこの人物は、若い頃に徳島から大阪に出て、大手鰹節問屋に就職、奄美に鰹節買付に派遣されていた。戦時中断を経て、戦後カツオ漁は再開されるものの、本土との渡航往来が禁止に。やむなく独立、自力で鰹節製造を業にするようになっていた。徳島は古くから近場の大阪への労働力供給地として知られ、今も関西で就職する若者が多いが、祖父もそうした一人だったのだ。

父は戦前に一度、奄美を訪れている。それは、どうやら祖父の鰹節工場の後継者になり、母と結婚する下準備のためだったらしい。そして父は一旦、帰郷して出征、ボルネオ、スマトラを転戦。終戦で復員の途次、奄美の母を伴って徳島に帰り、私たち兄弟が生まれた。

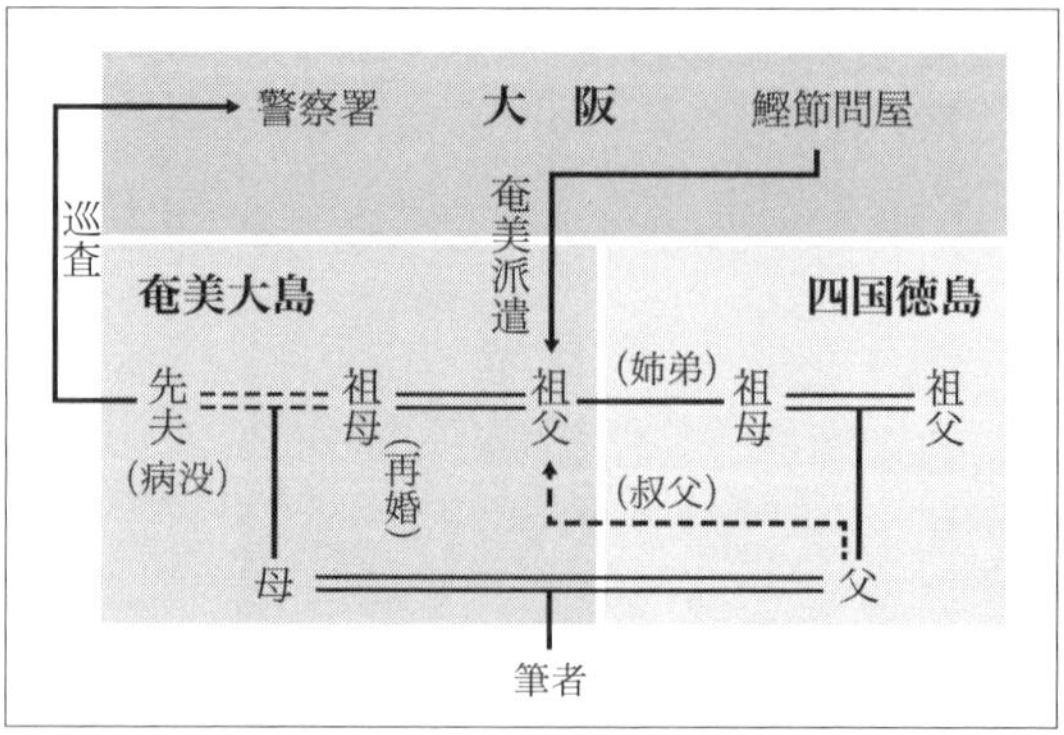

わが一族の系譜

だが戦後の窮乏下、農村暮らしも楽でなかったに違いない。徳島は剣山山系の険しい山地に囲まれて耕地が乏しく、稲作と養蚕、和傘製造などの副業でしのぐ農家が多い。代々、米農家だった我が家も、それまで祖父母と叔母の親子3人で続けて来た暮らしに、急に5人もが割り込み、生活は逼迫しただろう。そのためか、父は警察予備隊など何度も職を変えた。そうしたなかで迎えた、戦後8年目の奄美の日本復帰は、再び父に奄美での鰹節製造業の後継の道を選択させ、航路の再開ほどなく、転居が決行された。その再起の旅の中継地・神戸で、奄美航路便の出発まで暫し旅装を解き、私たちが訪ったのが元町通商店街だったというわけである。船来品や衣服類、食堂が軒を連ねた通りは、異国情緒あふれ、突如現れた幻想都市のように輝いて見えた。もちろん、まだあの名物の赤いポートタワーはない。ようやく港一帯の埋立て拡張工事が始まったばかりだった。そしてもう一つ、商店街の路地裏で見たのは、店先のショーケースに繋がれた赤犬3匹だった。いぶかしがる筆者に、父は「食うんだよ」とこともなげに言った。

後に知ったことだが、犬を食する風習が隣国にはある。当時すでに、この日本屈指の港湾都市には、戦時中に強制労働で動員され、主に港湾荷役を担わされた、中国や朝鮮半島からの人びとが定住。海岸に近く、地元民が敬遠する土地に、粗末な住宅街を形成していた。そしてまだ知り得ないことだったが、そうした先住者の一角に割り込むように、奄美・沖縄からの出稼ぎ者の群れも暮らし始めていたのだ。

神戸から奄美大島まで約900キロ。いまでこそ伊丹、関空から直行のジェット機でひと飛びだが、当時唯一の移動手段の定期船は、冬の荒天になるとただでさえ遅い船速を鈍らせ、トカラ海峡を経て辿り着く船旅には〝遠路はるばる〟という思いがつきまとった。奄美の玄関口・名瀬港は戦後一時期まで、船舶が横づけ可能な機能がなく、私たちも沖泊

神戸港のシンボル、ポートタワー。東京オリンピックの前年、1963（昭和38）年に完成したが、まだ中央突堤ターミナルはない。この港こそ奄美出稼ぎ者たちの起点と終点、希望と絶望の交錯点だった。

りした旅客船からハシケ（艀）で荷物と一緒に陸揚げされた。うねりで小船が激しく上下動し、仲仕に介助されて乗降する恐怖に、女性客から悲鳴が上がったが、もっと印象深かったのは、真冬なのに港町を囲む連山が、塗りたてのペンキのような濃緑に彩られ、すべてが亜熱帯の命にあふれかえっていたことだ。栈橋には祖父母が待ち受けていて、初めて見る孫を満面の笑みで抱え上げた。その高みから眺めた離島の邑都の輝きは、半世紀以上経た今も褪せることはない。

思い返せば、１９５４（昭和29）年の神戸港こそ、孤独死男性が17歳にして初めて上陸した本土での再出発の地であり、一方、筆者もまた波路遥かな奄美へ旅立つ、５歳時の船出の地だった。したがって時代の激流のなかで、本来触れ合うはずもない二つの人生のベクトルは一瞬、この「１９５４」で離合していたことになる。

カツオ漁と出稼ぎ―― 黒潮が運んだもの

奄美の日本復帰からほどなく、私たち一家の奄美での生活が始まった。祖父によってあてがわれた住居は、家というより倉庫だった。生ガツオを捌く工場を、急遽住まいに改造したものだが、わずか10メートルほど北側の海岸から冬の荒天のたびにザンブと波が屋根を叩き、台風が来ると天井がフワリと浮いて吹き飛ばされそうになった。祖父はその頃（昭和30年前後）、漁業協同組合の前身・名瀬鮮魚組合の専務、いわば魚市場の元締めで、揚げ場での早朝のセリを、代理の父が入札し鮮魚商に小売り、カツオは自家工場に運んで鰹節製造した。小さな工場ながらシーズンになると、高知から職人が出稼ぎに来て活気づき、隣接の燻製場の煙突が煙を噴き上げるなかを、私たち兄弟は学校に通い、帰宅すると花かつお製造の手伝いを嫌がって、カバンを放り出して遊び惚け、少年期が過ぎていった。

少し時計を逆巻にする。奄美は近世・近代、サトウキビから作る「黒糖の島」として成り立ち、その主産業の成否が島民の幸・不幸を左右してきた。甘味資源として全国で重宝された黒糖こそがまさに命綱だったわけだが、これに加えて明治になると、和装の大島紬産業が名瀬を中心に栄えた。さらに三番手として、主に奄美大島西岸地帯、東シナ海に面した集落でカツオ漁が生まれ、寒村に突如、近隣からの船員や本土の買付人たちであふれ、料亭から夜な夜な嬌声が響く賑わいを見せ始めている。

カツオが人気急騰したのは江戸元禄期。「勝つ、勝男、武士」の縁起と結んで、江戸っ子に受け、特に初ガツオが好まれ、「嫁を質入れしても」と価格高騰下でさえ客が殺到した。一方で「生き腐れ」といわれるほど鮮度落ちが早く、漁獲の拡大とともに、その処理に日本最古の調味料ともいわれる鰹節製造が本格化した。山本高一『鰹節考』によると、製造高は1936(昭和11)年「340万貫(台湾、南洋を含む)」にも達したという。なかでも脂肪が少なく良質な「春節」は、黒潮北上ルートの沖縄・奄美から伊豆七島にかけての製品で、古来製法を通す「薩摩節」は今も鹿児島南端の枕崎・山川一帯で製造され、極上品に位置づけられている。

だが、豊富な漁場を近海に有しながら、造船技術や資金力不足から、奄美自力のカツオ漁が開始されたのは1900(明治33)年で、瀬戸内町西古見

1955(昭和30)年、公衆衛生団体親睦運動会から凱旋した名瀬鮮魚組合。中央背広姿が祖父。後列左に大漁旗を背にした若き日の父の姿も。

の漁師・朝虎松※1-9の一念発起による。前年の鹿児島出身者による試業で有望漁場視されると、地元漁友に呼びかけて漁業組合を結成。新造船で一本釣りに乗り出し奄美の先駆となるが、虎松は後年、沖縄側の依頼で現地指導に当たるなどその普及にも尽力。そうした奮闘で、「鰹漁業の有望なことを認め、逐次繁盛に赴き、本郡（奄美）人の漁業に従事する者１６００余名、漁船76隻を有し、１カ年の収穫高は20万ないし30万円の巨額に上れり」と、にわか産業化したことが『大島郡治概要』（１９０９年発行）に記されている。

カツオ漁の活況で鰹節製造も本格化、そのピークとなる１９２２（大正11）年には生産高17万貫、販売額１５１万円を記録。同年の「大島郡主要工産物価額」では、①絹織物（大島紬）５０１１万円、②砂糖２８１１万円に続いて、３位入りを果たしている。

鰹節製造の燻製処理作業。黴付けなど商品化までに複雑な工程が重ねられる。

その新産業は一時、キビナゴ漁を含む推計５千人を超す漁業者・製造者の雇用を生んで、大和村から宇検村、瀬戸内町に至る西海岸一帯を活気づかせるが、ただ衰退も早く、17年後の１９３９（昭和14）年には6分の1に激減する。市場における鰹節価格の急騰――暴落に加え、餌のキビナゴ不漁や資金力不足で廃業が相次ぎ、漁村ドリームは一気にしぼんでいった。その結果、集落は失業者が急増、折からのソテツ地獄、昭和恐慌と重なって、生活に窮した島民が阪神工業地帯へ堰を切ったように流れ出る結果になった。

〝夕陽の名所〟で知られる加計呂麻島・西阿室《にしあむろ》は、戦前戦後を通し、出稼ぎの盛んな地の一つだが、同時に元は屈指のカツオ漁の村だった。明治末から大正にかけ常時３～４隻のカツオ船を有し、１日に

3度出漁、年20万円の黒字を計上する絶頂期も。会誌『あれから50年――阪神西阿室郷愛会』によると、1隻の生産組合で最低50～60人を常用、それでも足りず繁忙期になると近隣の与路島、花富、伊子茂から出稼ぎに駆けつけるほどだったという。また水揚げ1万匹に達すると、集落を挙げた「マンユエ（万漁祝い）」があり、唄や踊りで湧きかえったという。

しかし海原に群れを追う一獲千金の離島の夢は、突然、危機を迎える。祷《いのり》卓一の回想によると、氏は西阿室尋常高小を出て、上阪費用の捻出に「宝哉丸」のカツオ製造所で働き始めた。小屋から朝、生節を浜に運んで天日干しし、夕方に戻す作業で月5円を得ていたがある日、事態は一変する。

「昭和3年の鰹漁業もあとひと月で終わりとなった8月、10年ぶりの強い台風が襲来し、それがあまりに急で（宝哉丸は）伊子茂港へ避難する暇もなく、赤瀬岩を乗り越えて来た大浪のため、私たちが心配して見ている目前で、一瞬に海中に没した」。この証言には幾つか記憶違いがみられ、郷愛会年表では「宝哉丸」の台風破損は昭和4年旧暦8月23日だという。いずれにしろ、このカツオ船の喪失は集落に大打撃を与え、祷氏はこれを機に叔父を頼って上阪、小売店で月小遣い80銭の見習い丁稚として働き始めたという。

南島の小集落の命運を握るのは、政治や経済情勢だけではない。時には台風や旱魃、疫病が襲う。とりわけ繰り返し襲来する台風は家屋、作物に深刻な被害を与えてきた。しかし生き延びるには逆境に立ち向かい、乗り超えるしかない。西阿室集落でも宝哉丸沈没後、「マンユエ」の夢の残滓を追う試みが続く。1936～37（昭和11～12）年には2隻体制で再び盛り返し、戦後の米軍統治下でも、没収された密航船の払い下げを受け再開するという奇策が実行されたが、時勢は避けようがなく、3年後、閉業に追い込まれている。

戦後、奄美の島々では復員、引き揚げで人口が急増、本土からの食糧移入が途絶えたことで、山頂に至る開墾でサツマイモを増産、米軍放出物資で辛うじて命をつないだが、再びあの大正期の「ソテツ地獄」の悪夢再来が現実味を増し、沖縄の基地周辺の労働需要に次々と吸引されていく。西阿室集落も1919(大正8)年8百人の人口が1千人超に増加、しかし頼れなくなったカツオ産業に見切りをつけ、沖縄出稼ぎが加速。戦後8年間に沖縄への渡航者は青年を中心に2百人を超え、集落の域際収支の8割は沖縄からの送金だったという(『あれから50年―阪神西阿室郷愛会』)。

その人列に、あの豊中で孤独死した男性の姿もまた垣間見えてくる。

見過ごされた出稼ぎ史

沖縄・奄美からトカラ列島を包み込むように北上し、自然の恵みをもたらしてきた黒潮。カツオ漁に限らず、サトウキビ農業をも育んだその恵みは、だが、食わせはするも富ませることはなかった。そして長い暗黒の近世を抜け出た近代社会は、人間解放の門戸を開くが、今度は都市における資本主義による搾取と、貧者同士が食い合う苛烈なサバイバル戦の坩堝《るつぼ》に、南島人をも放り込むことになる。

これから描こうとするのは、そうした南島を脱出、あるいは放擲された貧者の群れを乗せた船が、打ち寄せられた岸辺……資本の容赦のない搾取と、都市の非情かつ排他的気風のなかに、同郷者が肩寄せ合ってスラム街を形成、その一角から懸命に這い上がる苦闘史に他ならないが、なぜ私はこの茫漠としたテーマに挑もうとしているのか。

一つはこの「近代以降の出稼ぎ・移民」が、豊かな独自文化を破壊しながら、進行に急迫性がなかったことで、歴史研究（わずかに『和泊町誌』に「出稼ぎ」の一節があるが）から見逃されてきたことにある。沖縄の歴史家・伊波普猷《いはふゆう》（1876～1947）は「奄美アイヌ同源説」の誤謬をばら撒くなど、評価の分かれる研究者だが、その著書『沖縄よ何処へ』で、近代に生じたソテツ地獄を「島津氏の琉球入りより、廃藩置県よりも、もっと致命的なもの」と位置づけ、足元で巻き起こる銀行破綻、子女の身売り、先を争うように阪神、海外へ流出する激動に危機感を募らせ、それへの対処策を書き連ねている。だが、そうした地域の歴史を一変させる事態でありながら顧みられず、戦前の出稼ぎ体験者の記憶すら風化しつつあることに、筆者はようやく今、焦燥を感じ始めている。

もう一つは、私自身の出自に関わる問題意識がある。なぜ余所者の祖父は、この見ず知らずの離島の地で、漁業者の元締め役を担い、父もその地位を継いで鰹節工場を経営できたのだろうか。ツテなく、徒手空拳の祖父が、父を補助役に、戦後の食糧難下の離島で急に足場を固め、それによって私たち一家が食うに事欠かず、私自身も一応は本土遊学を果たせたのも、事業家としての才覚手腕といった評価だけですむものだろうか。国家を後ろ盾に大陸や南方に進出、財を成した当時の野心家のように、それは素朴な島民を圧迫・搾取して成り立ってはいなかったか。そんな漠とした懸念が実は長く私のなかにあって、その小さなわだかまりは、郷土史を学び出した後半生、より一層強まっていった。

たとえば接した文献の一つに、1937(昭和12)年に日本一の生産高を誇った「沖縄県与那国島の鰹節製造」※1-10があった。そこでは与那国島の鰹節工場経営が鹿児島・枕崎出身の一工場主の掌中にあって、その植民者的経営下では雇い入れた島民に、奴隷農場のような過酷な労働を強いていたことを知った。それは大正期、糖価暴落による恐慌下、コレラが大流行、さらに台風襲来で多くが台湾へ出稼ぎに逃れ、与那国島社会が混乱下にあった時代だという。残された島民の多くは、その唯一の本土資本の鰹節工場にやむなく身を託すが、その労働実態が以下のように証言されている。「カツオ捌きをしても、賃金はカツオの頭一個分だけ」「薪を一束、工場に持っていっても、カツオの中骨一本にしかならなかった」。驚くべき低賃金策である。しかもその本土業者は「私弊を発行し労賃を支払う」占領下の貨幣政策のような経営で、与那国での利益はそっくり出身地に送金していた。

また、後に国会議員になり、〝砂糖代議士〟の異名を持つ徳島県板野郡出身の中川虎之介（1859～1926）は1894(明治27)年、徳島、香川の農民ら約27人を伴って、沖縄・石垣島に入植。名蔵地区の払い下げを受け、現地から5百人を雇用し、サトウキビ栽培を本格化する。それは中川が阿波三盆糖の産地として知られる吉野川下流の、板野郡上板町の出身で、安価な外国糖の流入による産地危機と、その決済対価の流出による国家財政悪化を食い止めるべく、政界に食い入り、八重山開墾によって国内糖挽回を企図したことによる。しかし名蔵は当時、マラリア猖獗《しょうけつ》の地として恐れられ、人口もまばら。結局、入植の試みは3年連続の台風被害もあって失敗、中川はこの地を放棄して台湾に渡り、新たな製糖工場を興し足場を得るが、果たして「石垣島に、今は基幹産業になっている製糖を伝えた」（徳島県立博物館ニュース）といった、表面的な理解で良いのだろうか。中川に採用さ

1894(明治 27)年、石垣島の名蔵で開墾の指揮をとる馬上の中川虎之助。(徳島県立博物館)

れた現地住人は解雇者が相次ぎ、マラリアによる死亡が目立って多い。また本土からの入植者たちは現地住人を「土人」呼ばわりしており、それは「新天地を求めて移動した人びとが、その移住先で新たな格差を作り出した」と仲地宗俊は『明治期沖縄における人の移動と未開墾地の開拓』で糾弾している。

私が何より驚いたのは、中川が石垣島名蔵で、馬上から軍服姿で労働者を指揮する姿だ。祖父や父と同じ徳島出身者が、憑かれるごとく石垣島に渡り、綿栽培で黒人奴隷を使役するプランターのごとき振舞いに胸痛んだ。

果たして祖父や父に、そうした南島を卑しみ、植民者的な横暴な振舞いはなかったのか。幸い二人から奄美差別の言葉を聞かなかったし、祖父は戦中・戦後、名瀬消防団副団長を兼ねていて、腹膜炎に苦しむなか、名瀬市街地の3分の1を焼失した1955(昭和30)年の名瀬大火で、迫る猛火のなかを飛び出し、一夜明けて帰宅、それ以降、寝込む日が多く、3年後に死去した。その在りし日の姿は「名瀬市誌」にも写真入りで掲載されているが、父は、祖父から継いだ鰹節製造がやがて化学調味料の全盛で下火になり、転業のやむなきに至ったものの、晩年に祖母と共同で名瀬の丘陵地に我が家の墓碑を建て、いま自らも眠っている。

私はそうした自身の出自に向き合った上、いささか大袈裟ながら、それが自らの解放と、奄美の社会的考察の一端になりうればとの思いから、この「奄美近現代の出稼ぎ・移民史」執筆に踏み込んだ。それがこの粗雑なレポートだが、もっとも、取材で触れ得たのは数十万人の不幸・呻吟の、ほんの二、三、氷山の一角に過ぎないことは断っておく。

【注1】

※1-1「孤独死」の定義はないが、地域から孤立した人が、医師や家族など周囲の誰にも看取られず死亡することで、①適切な治療や食事等が施されていれば助かった可能性がある、②死後、自室などで長期間、発見されない、③地方よりも地域社会との関係が希薄な都市部で多い（2021雑誌『サライ』）などの特徴を有するとされる。阪神・淡路大震災以降、被災者の孤独死が急増、社会問題化したが、NHKの2010年取材によると、「無縁死者」は年間3万2千人を記録し、自殺者2万1千人（2022年）を上回る。他に孤立死、独居死の呼び方もある。

※1-2「ルポ孤独死」は朝日新聞大阪社会部によって、同紙2019年10月から翌年7月まで連載された。

※1-3日本の敗戦で、北緯30度以南の奄美・沖縄は米軍統治下に置かれ、本土渡航が禁じられた。これにより奄美の島々は失業と食糧難に直面。一方、隣接・沖縄島は基地建設ラッシュに沸き、働き口を求め奄美から働き手が流出、ピーク時は5～6万人にも。多くは土建下請けの低賃金、タコ部屋的労働を強いられ、女性たちの一部は米軍相手の〝夜の街〟へ。「奄美の青年たちを待ち受けていたのは、アメリカ人、フィリピン人、本土労働者、沖縄人、奄美人といった序列での劣悪な労働であった」（古賀皓生『占領下奄美における社会教育の展開過程』）

※1-4奄美の日本復帰で沖縄滞在奄美人は一夜にして外国人扱いに。パスポート所持の義務化や、琉球政府副主席など奄美人公職者の追放、参政権の剥奪が行われた。「奄美差別」は国会でも問題視されたが、駐留米軍は奄美の熾烈な復帰運動で国際的評価を毀損《きそん》されたことへの報復を匂わせ、「締め出し策」を強行、地元沖縄側も大方はこれに同調した。

※1-5　1953年前後の奄美差別を元琉球大教授・波平恒男は「（奄美が）アメリカ軍による直接の暴力に

晒されることが少なかったということは、奄美の人びとが被った戦後の被害と犠牲が取るに足らなかったことを意味しない。真実は全く逆で、奄美の人びとにこそアメリカ軍支配から来る様々な矛盾が最も重くのしかかっていたのであり、彼ら彼女らこそが、その構造的暴力の最大の犠牲者であった」（『沖縄の占領と日本の復興』）と記している。

※1-6「ソテツ地獄」という表現は、飢饉などの異常時、有毒性のソテツからデンプンを取り出し、飢えを凌いだことから、『沖縄朝日新聞』の比嘉栄松記者が命名（琉球新報「沖縄コンパクト事典」）。経済状況が酷似した奄美でも同様に呼ばれ、南島の経済的窮状を象徴する時代用語として多用されている。しかし、ソテツそのものは南島民の食文化を支え、鑑賞用等の換金物として重宝されており、ネガティブな濫用を見直すべきとの指摘が出ている。

※1-7「Amamian Ploblem」という言葉は琉球列島米国民政府副長官デビット・オクデン陸軍少将が、極東軍司令部ポール・ハンロン海軍少将に宛てた文書に登場。奄美復帰後も奄美人が沖縄に残留した場合、琉球列島でも返還運動が扇動される、と危機感を伝えている。（『国境27度線』）

※1-8「ボートピープル」はベトナム戦争の南側の敗北時、小船で命からがら脱出する住民の群れからそう呼ばれた。広くは戦争、人種的対立、旧共産圏からの政治的迫害、社会主義思想を嫌う人びとの他、経済的貧窮を逃れ、新天地を求めようと脱出する人びとを指す。また、日本への例として、朝鮮半島からは、戦前・戦後の出稼ぎ、朝鮮戦争や弾圧を逃れるための密航があった（一部 Wikipedia 参照）。これらの解釈から奄美・沖縄の大量出郷者も同様に位置づけた。

※1-9朝虎松《あさとらまつ》（１８６９～１９２６）は瀬戸内町西古見の伝説の漁師。青年期から漁業に従事、１９００年には漁友とカツオ漁業組合を結成、奄美カツオ漁の魁に。遭難で35人の犠牲を出すも、苦難を乗り越

えカツオ漁業の母港基地化を実現。その手腕を沖縄県が着目、奄美の乗員と沖縄でカツオ漁業法の指導に当たっていた最中、病に倒れ急逝。54歳。（大島教育事務局『郷土の先人に学ぶ　上』）

※1-10 吉村健司「伝統漁業の再産業化と地域社会の変容に関する予備的考察―与那国島におけるカツオ漁を事例に」（２０１３『地域漁業研究』）

第1章　売られゆく貧者の群れ

売られゆく貧者の群れ

島原駅舎前に建つ、赤子を負ぶった子守娘のブロンズ像

「からゆきさん」と「ヨーロン人」

(1) 子守唄の世界

〽おどみゃ島原の
ヽ　ヽ
梨の木育ちよ
何のナシやら
ヽ　ヽ
色気ナシばよ　しょうかいな
はよ寝ろ泣かんで　おろろんばい
鬼の池ん久助どんの　連れんこらるばい

『島原の子守唄』が広く歌われ出したのは実は戦後である。島原市出身の作家・宮崎康平※2-1が1950(昭和25)年頃、妻に逃げられ、残された二人の幼児に土地の女性に倣って歌って聞かせていたものだという。それを耳にした作曲家・古関裕而の勧めでレコード化され、大ヒットする。だが発表後、宮崎作品は山梨に古くから伝わる民謡「甲州縁故節」(元は「エグエグ節」)と酷似しているとの指摘が相次いだ。さらに「天草の後家節」(「〽来た時ゃ寄っちょくれんか／あばら家じゃあるばってん／冷たか焼酎ナット／冷たか焼酎ナット／温めてションカイナー……」)と瓜二つで、一時、盗作疑惑が浮上した。宮崎は一切これを認めず、しこりを残す結果になったが、しかし歌詞にはこの地域特有の文化・歴史が登場、オリジナリティに満ちており、『五木の子守唄』と並んで、奉公に出された少女たちの悲しみの心情を歌った名歌には違いない。

そしてこの唄はまた、3番以降の歌詞で一転、おぞましい人身売買の悪夢を登場させている。

〽山ん家は火事げなばい
ゝ　ゝ
サイパン船はヨーロン人
姉しゃんな握ん飯で
ゝ
船ん底ばよ　しょんかいな
泣く子はガネかむ　おろろんばい
アメガタ買うてひっぱらしょう

『からゆきさん』とは開国以降、海外へ渡航し、渡航先で売春に従事した女性たちである。彼女たちの行き先は、北はシベリアや中国大陸から、南は東南アジア諸国をはじめ、インドやアフリカ方面にまで及んだ。その多くは渡航幇助者たちの手によって、密航で海を渡ったことが知られている」（嶽本新奈※2-2）。

「からゆき」（唐行き）とは、海外を唐天竺と呼んだ時代の名残である。その大陸や東南アジアに、飢饉のたびに貧農の娘たちが売られ、海外娼館に幽閉されて苦界に沈み、大方は短命で散った。その娘たちは多くが九州西岸の天草・島原の出だった。

嶽本は触れていないが、「からゆき」という言葉自体、この地を指すものともいわれている。もっとも語源については別の説明もある。元禄から明治にかけての2百年間、中国清朝に巻き起こった日本の遊女、いわゆる「東洋妓女」ブームに注目し、一書にした唐権（『海を越えた艶ごと――日中文化交流秘史』下記書影）によると、江戸期、長崎出島や唐人屋敷に自由に出入りを許されていた丸山遊女たちは、出島へ行くのを「紅毛行」、唐人屋敷へは「唐人行」と称し、唐人行は中国人相手の遊女を指していた。したがって鎖国が解禁になると「彼女たち（丸山遊女）がいち早く海外に飛び出したことは、むしろ自然のなりゆきといえよう」と記している。

いずれにしろ、その丸山遊女もまた多くは天草・島原の出であったというから、実質は変わりないが、唄はそんな世界を、子守り奉公に出された娘たちの胸に去来する恐怖や羨望を、背中に負った幼児に聞かせ、寝かしつけようとするものだ。「鬼池の久助」とは天草鬼池の恐れられた女衒であり、「サイパン船」は中国・東南アジア伝来の底浅い運搬用の小船。娘たちは握り飯一つの端金で買い取られ、サイパン船からさらに外国船に乗り移り、その船底に石炭と一緒に積み込まれ船出した。その船が出航の夜、娘らの泣き叫ぶ声を掻き消すためか、決まって山手の民家から火が出て、燃え上がる騒動のなか、密かに船出して行ったのだという。そして貨物船の娘たちは、早くも航海中、船員たちに駄賃代わりに嬲《なぶ》りもの

にされ、悲しみのあまり海に身を投げ死んだ子も出た。

（2）少女たちの背負ったもの

作家・森崎和江※2-3『からゆきさん　異国に売られた少女たち』（1980）はその天草娘たちの顛末、過酷な運命を余すところなく描いて迫真に迫るが、その一部を引用してみる。

「航海中、少女のひとりが危篤におちた。咳をし、その咳とともに血が飛んだ。12歳の子は息絶えた。残された13人はその子にとりすがって泣いた。『あんた、よかったなあ。もう、おショウバイせんでよかごとなって』。おキミは、みんなでこの子のおとむらいをしてやろう、と言った。経を読まぬと成仏できないと思われた。しかし、だれも経を知らない。だれかが『青葉しげれる』※2-4がいい、といった。小さななきがらをとり囲んで、みんなでうたった。〽青葉茂れる桜井の／里のわたりの夕まぐれ……。玄界灘が荒れて、夜になっていた。船員がくれた古い毛布になきがらをくるんだ。おキミら数人が抱いて、甲板の上から海へ放してやった」

この件を読んだ歴史家・色川大吉は「複雑な感動にとらわれた」と『日本ナショナリズム論』※2-5に記している。「朝鮮人の周旋屋に国籍ごと売り飛ばされたこの文字通り奈落の棄民たちの目から見返されたナショナリズムが、楠公父子の永別の歌（天皇への忠誠を誓う戦前日本の最高の国民唱歌）であらわされたとはなんというアイロニィであろう。この少女たちはやがて日本帝国主義の朝鮮で、日本を見返そうとした朝鮮人工夫たちに集団で買われ、排尿のひまもあたえられぬほどの報復的な〝愛撫〟を肉体に受け止め、国家にかわって狂死していった。天皇の国家はこの〝忠良な赤子〟たちの惨死を満州の戦場で斃れた一兵卒に対するほどにも哀悼はしない。それなのに女たちは優しく故郷を愛し、『青葉茂れる』をうたい次々と草むす屍になっていったのである」

「からゆきさん」はまた「密航婦」（奄美でも戦後の米軍統治時代、国境を突破し、本土側に渡り交易・渡航するのを「密航」と呼んでいた）とも呼ばれた。この国ではすでに1872（明治5）年、明治新政府によって「芸娼妓解放令」※2-6が太政官布告され、人身売買は禁じられた。しかし現実には明治から戦前まで、夥しい数の女性たちが密かにとは言うものの、半ば公然と売買され、海外に渡っている。したがってその違法行為を表面上覆い隠すべく、からゆきさんたちを船底に押し込め、不法に出国させることを「密航」と呼んだ。それは同時にこの地方、天草・島原一帯の〝貧困指数〟がいかに異常なものだったかをも物語っている。

天草・島原は晴れた日、大海原に百余の島々が光り輝く明媚な地ながら、暴風雨・旱魃など自然災害が多く、おまけに村々は背後に山地を負い、それが海辺に切迫しているため、耕作地が極めて少ない。1790（寛政2）年の記録によると、天草高浜村では全村の3分の1が下層貧窮者で占めていた。また海に面しながら、牛深を除いては良港に恵まれず、漁業も不振で、そうした地をまた時代の激流が押し流した。

「天草のきびしい宿命は、土地の貧しさばかりではなかった。とりわけ1637～38（寛永14～15）年におこった『島原の乱』※2-7以降の歴史が、この土地に生まれた人びとに、そのつましい生業にしてはいささか数奇な、みじめな現実にしては少しばかり華麗にすぎる漂泊の物語を背負わせることになる」（宮本常一監修『日本残酷物語1』）として、天草四郎のもとに蜂起した一揆軍の悲劇を、この土地の困窮の一因に加えている。

確かにキリスト教徒の殲滅の好機と見た幕府軍は、籠城する農民兵をのこらず惨殺し、その舞台になった原城付近では、今も剥き出しの遺骨が地面から顔を出す。そのジェノサイドで南島原は満目荒涼の地に一変し、周縁の村々からさえ竈煙が絶える。すると、幕府は九州各藩から百姓を強制移住させ、今度は一転、人口が加速度的に増加。近代になると飢饉が頻発、島民は長崎など殷賑《いんしん》の湊へと出稼ぎし、あるいは海外移民に押し出されていった。

そうした貧窮の延長上に現れたのが、いたいけな少女たちの人身売買だった。維新政府の法規制とは逆に、売春業は近代化とともに拡大、日本人の海外進出がまたそれを後押しした。産業革命が興り、国際貿易が活発化、軍隊が海外派兵され、これに比例するように「からゆきさん」も増加。「その黄金期は明治末で、海外へ出て行った少女たちは〝娘子軍〟と愛情込めて呼ばれた」（白石顕二『ザンジバルの娘子軍《からゆきさん》』）。それは帝国日本の拡勢と一体だったのだ。

（3）一大輸出品の身売り

森崎和江は、天草の島々を歩いて探し出した「からゆき」「からんくにゆき」という言葉には、島民の同郷者への憐憫、それらを包む優しさが感じられるという。とりわけ明日は我が身の女たちには我がことであったのだから。

――しかし世間は甘くはない。一般には海外への出稼ぎは「移民」、女たちは「醜業婦」と冷淡極まりなく突き放され、さらに「密航婦」といった表現さえ登場する。確かに当時の新聞をめくると、「密航婦」という言葉の頻出に驚かされる。

大新聞から小新聞へ変貌した明治・大正期、新聞は今日の週刊誌ばりに、密航婦事件をスキャンダラスに伝えて飽きなかった。たとえば1905(明治38)年10月10日付福岡日日新聞。「諾威(ノルウェー)汽船ソールムリ号は一昨7日正午香港へ向け門司港を出発し六連島《むつれじま》を通過したる後、(当局が)海上に於いて本船の甲板上に二、三の日本婦人を発見し、大いに怪しみ精密に船内を調査せしに、日本婦人都合48人を発見、続いて右誘拐者8人をも発見したり。下関水上署に連れ帰り目下取調中なるが、右の密航婦の中立に依れば誘拐者等（中国人）は彼地（香港）に至らば意外の金儲けありなどと甘言を以て誘ひ出し、門司に出で23名宛てを石炭船の間に潜伏せしめ本船に乗り移らせ、船中暗闇なる第1の船底に潜伏せしめ、昨日にて三日間1度の食事も与へざりしと云へり」（カッコ書きは筆者）

こうした報道をみれば、この国では古くから不動の人身売買ルートがあって、海外主要都市や外国船にも連絡網を敷き、誘拐、身売り、甘言の如何を問わず、一大輸出品の如く娘たちが大量に売り買いされていたのだ。

加えれば日本女性の海外排出は江戸後半からあって、マレー半島クアラルンプールにいた島原出身の「塩谷おとよ」は、現地では警官以上に勢力を持ち、名物婆さんだったという（村上彰一『南遊雑記』）。おとよは長崎居留のイギリス人の子守りに雇われ、その転居で一緒にシンガポールに渡り、土侯の内妻になり、現地日本人に頼りにされる存在になっていた。また、下って1887(明治20)年、上原勇作中尉の従者として北支・満州でスパイ活動を展開した村岡伊平次はその手記で「打虎山、哈爾濱、吉林、長春……と歴訪した大陸辺境の町々や部落には、たとえ男子邦人の姿は見なくても、幾人かの日本婦女子の姿はすでにかならずといっていいほど見かけた」と記録されており、「いまさらのように女の末路の哀れさ、思いがけなさに驚かされる」（『日本残酷物語――天草の貧しさ』）

さらに、人間売買を恥じない風潮は、港湾都市だけでなく、地方にさえ蔓延しだしている。一例を挙げれば1912（大正元）年10月、鹿児島・屋久島で娘が集団誘拐された事件が『鹿児島百年 下』（南日本新聞）に登場する。この日、屋久島・宮之浦の和船から降り立った、鹿児島川内村出身と名乗る男は、家々を廻って「実家が手広く機織り業をしている。逆風で屋久に流れ着いてしまったが、せっかくなので女性工員を川内に連れて行き雇用したい」と説き、これに独身の19～21歳の娘6人が反応を示した。しかし突然の話だけに親が警戒し、情報確認に走り回るうちに、同日夜、突然、娘らとともに船が消え、島は騒然となった。そして2カ月後、一人の娘から親元に海外から手紙が届いたことで生存を確認。さらにその8カ月後の翌年夏、マニラ警察が売春摘発で娘たちを確保。日本領事館によって慈善病院に移され、米国政府（当時は米国領）の費用で全員、長崎に送り返された。供述によると6人は屋久島を出て奄美大島に数泊後、38日後にフィリピンに到着。マニラの日本人経営の娼館に売られ、売春を強要させられていたことが判明した。

事件については、一行を引き取りにきた家族に同行し、長崎港で取材した記者が詳細を記事にしているが、起訴されたマニラ娼館の日本人経営者は、保釈金3万円が課され、さらに常習的な淫売屋と認定され、「今回は誘拐罪にてさらに重き刑に処せられ……」と記す。しかし逃走した主犯格については「消息なし」と報じるだけで、司直の手が及ぶことがなかった。

不名誉ながら天草女性の代名詞とさえなった「からゆきさん」。江戸期から明治、大正、昭和と続いたその〝時代の生け贄〟は「20～30万人」（口之津歴史民俗資料館）ともいわれながら、これを背後で操り、身売り金さえ掠めた女衒や売春宿主、口入屋から小遣い銭欲しさに目星をつけ勧誘して回る主婦の存在、そうした少女の一生を食いものにする二重三重の包囲網の罪は結局、ほとんど裁きを受けなかった。

一体、この国は人身売買を恥じて禁じる、真っ当な法治国家だったろうか。森崎は門司を根城に、同業者から海外上陸料をせしめていた〝大親分〟多田亀吉なる人物を取材しているが、男がマニラに少女たちを密航させる航海の途次、恐怖心を植えつけるために、一人の少女を強姦、殺害し、死体を海に投げ込んだ。この極悪非道に怒った仲間の少女たちは血判の上で告訴する。新聞は、男は少女たちを誘拐密出国させ、その数13年間で1千8百余人、25万円の利を上げていたと報じるも、長崎地方裁判所は1907（明治40）年10月、証拠不十分として多田を予審免罪、つまり無罪放免にした。森崎は「わたしにはがてんがゆかない。殺して海にほうりすてて、8人もの証言があって、それでも免訴とは了解できない。多田はその後、シベリアで非業の死を遂げたという。どのような死を死ぬことができただろう」と憤る。

（4）歌に登場する「ヨーロン人」

連鎖する貧困の歴史は、結局、幼い少女たちの小さな肉体を代償にしてしか、帳尻合わせできなかった。そしてその娘たちが貨物船の船倉に押し込められ、密かに旅立ったのが島原半島の南端・口之津港だった。

青々とした東シナ海を望み、瀬戸を挟んで南に天草諸島の島影が広がる景勝地は、瀬戸を東に入ると、有明海の広大で満干潮の激しい干潟が続く。したがってその名の通り、口之津は外海と内海を繋ぐ門口だった。港の歴史は古く、16世紀に南蛮船が来航、さらに近代になると三池鉱山から掘り出される〝黒い宝石〟石炭の積み出し港として復活、内外の貨物船が停泊し大いに賑わった。だが、その反映の港の背景には、貧窮の歴史がもたらす宿痾の重苦しい生活と「からゆきさん」の悲しむべき伝統があったことを、「島原の子守唄」は伝えている。

そして戦後も一時期、青い目の子供を連れ帰る、女性たちの海外出稼ぎが多く出現するが、ここで加えねばならないのは、3番の歌詞に登場する「ヨーロン人」についてだ。ヨーロン人とは、他ならぬ奄美群島の最南端、指呼の間に沖縄本島の北端・辺土岬を望む、与論島のことである。遠く海原を隔てた南島の民がなぜ、サイパン船に乗っていたのかを起点に、この南島移民・出稼ぎ史を展開することになるが、ヨーロン人が集団で口之津港に上陸、移住生活が始まったのが1899(明治32)年である。

そしてこの時期、「からゆきさん」を乗せ運んだ船舶への石炭輸出もまたピークを迎えている。からゆきさんは日本人だけを相手にしていたわけではないが、明治政府は日本人男性の海外雄飛、定着のためにも「日本人娼婦が必要であると考えていたため、女性の移動にある程度便宜が図られていた」(嶽本新奈)。したがって口之津港は、からゆきさんと石炭輸出の〝2大商品〟の輸出拠点になっていた。その石炭積み出し荷役を担ったヨーロン人たちが乗り込んだサイパン船の一隅には、身を固くして荷役作業を見守る、売られゆく少女たちの怯えた眼があった。

少女たちの歌う『島原の子守唄』は創作の世界に留まらず、その体験が語り継ぐ現実の世界が歌い込まれている。またそれはこの地方の歴史とも符合しており、「からゆきさん」は石炭船積み人夫ヨーロン人の姿を目撃していたに違いない。時代の激流のなか、海外に売られて行く少女たちと、図らずも九州産炭地へと押し出された「ヨーロン人」は、この歴史の行間で一瞬、交錯していた。

与論島からの集団移住

（1）女流作家が捉えた「与論」

「明治31（1898）年8月、与論島を襲った未曽有の台風は、島の殆ど全戸を倒し、直後に続く早ばつ、悪疫の流行は全島を生き地獄と化せしめた。三井資本の誘いに応じ明治32年、240名の島民が集団で長崎県口之津へ移住。以降、数次にわたる集団移住を重ねる与論人は、口之津から大牟田（三池）へ。本土の資本主義発展下、最下層の労働者集団として在り続けた……」

森崎和江・川西到の共著『与論島を出た民の歴史』は扉にそう記す。同書が刊行されたのは1971（昭和46）年。沖縄の日本復帰の前年で、1ドル360円時代が変動相場制に移行した年だった。同時に高度成長がもたらした〝豊かな生活〟は、生活者自身が公害をふりまいて、ゴミ戦争・交通戦争を引き起こし、暗い影を宿し始めていた。戦後、〝奇跡の成長〟を遂げた、日本はようやくこの時期、自らを振り返る内省期に入ろうとしていたのだ。

森崎については第1章（2）「少女たちの背負ったもの」で『からゆきさん』の著者として触れたが、同著より9年も早く、「与論島民の集団移住」を、近代日本が産み落とした離島民の不幸として俎上に載せ、産炭地・三池で最下層労働集団に貶められていく艱難《かんなん》を抉り出して見せた。

森崎が生まれたのは、日本の植民地下の朝鮮。朝鮮人の友人に囲まれて育つが、戦時中、一家は福岡へ移住する。そのことが森崎を苦しめる。「戦争のなかで、たくさんの朝鮮人が亡くなり、辛い環境で働かされた。彼らは、朝鮮で生まれた私の代わりに犠牲になったと感じた」。その原罪意識と向き合うべく作家活動に入り、70年代、全国を旅して〝心のふるさと探し〟へ。「日本の様々な地域で暮らす、方言で話す人に会い、その地域独特の文化に触れることで、日本を知ることができるのではと思った。日本を知ることができれば、〝一人の日本人女性〟として生き直せるのではと。生き直し、彼ら（朝鮮の人びと）に謝りたい」と書き手となった動機を語っている。

またそれ以前、福岡県中間市を訪ねた折、「石炭はどこで採れるのか」と問うたところ、「止まってみんしゃい。足元から声が聞こえるじゃろ」と言われ、初めて真っ暗な地底に蠢く採炭労働者に思い致すようになった。女性も坑夫として投入された炭鉱労働の過酷な現場とその日々を命がけで生きる暮らしの実態を目の当たりに、「ここにこそ、母の国あり」という発見から、活動拠点に。1958（昭和33）年、炭鉱労働者のための機関誌「サークル村」を谷川雁、上野英信らと創刊。その後の著作は、性とエロス、女たちの苦しみに向き合い、九州文学の鮮やかな秀峰になった。

「与論島」との出会いもまた筑豊での〝再発見〟の一つだったという。初めて触れたのは「60年の三池闘争に子連れで出かけ、たまたまヨロン出身者の社宅で泊まった。その時私は与論島の正確な位置を知らなかっ

一時、同棲生活を送った谷川雁（右）、上野英信らと1958年に「サークル村」を創刊し活動した。（朝日新聞）

与論島民の口之津移住年表（『ユンヌの歩み』ほか）

1868（明治元）年	江戸開城、元号を「明治」に	
1877（明治10）年	西南の役	
1880（明治13）年	徴兵検査施行	上野應介、初代戸長に
1886（明治19）年		疱瘡、大風・津波で死者千数百人
1894（明治27）年	日清戦争	
1898（明治31）年		未曽有の風水害。飢饉・移住対策で福山島司来島
1899（明治32）年		東元良引率の口之津移民一陣二百五十人出発
1900（明治33）年		川南行実引率の第二陣百人出発
1901（明治34）年	八幡製鐵所操業	上野、戸長辞し第三陣四百人出発
1904（明治37）年	日露戦争	
1910（明治43）年	韓国併合、国号を朝鮮に	与論島移民の三池再移住

たが、病床にいた老女が『わしも孫もこの三池で働いたのに……島を出てずっと三池で働いたのに、なしてこの家の下の土くらいわしのものにならんとな』と涙を流したことが強く心に残った。ほんとうに、なぜ寝ている床下の土くらいは労働する者の自由にできないのか。その素朴だが本質的な問いはこの社宅街にねっとりたまっていた」と記している。

社宅街とは、今日のパレスチナ・ガザ地区とある種、同質な、支配者が集団を一定地に囲い込み、特殊集団に甘んじさせる、三井資本が仕組んだ「長屋制度」の社宅群である。その悲惨な暮らしに胸痛めた森崎は、実際に与論島へも足を運び、島の過去や暮らしぶりから、彼らが負わされた過酷な運命を辿っている。

与論島民に関する証言・記録は他にも幾つかある。島民によるものでは第一次移住団の引率者・東元良による『与論ヨリ口之津出稼三池転住概況』（1935）などの一次資料・証言、さらに郷土史家・増尾国恵※2-8著の『与論島郷土史』（1963）などがあるが、本質を剔抉する論及、視点という点ではやはり森崎・川西本が出色である。しかしこれを8年先行した新藤東洋男著『三井鉱山と与論島：資本主義体制下における人的差別との闘い』（1965）があって、この著作こそ本格的な与論島の移民問題の、基礎研究の嚆矢で、森崎・川西本の論考にも影響を与えた底本的存在かも知れない。新藤は人権・部落差別に関する気鋭の歴史研究家で、悲惨な三池炭鉱の労働に関する多くの論文、著作を手がけており、筆者もまたその成果を手がかりに、この語り尽くされながら、謎と矛盾のままに放置されている与論島民移住史を展開していきたい。

（2）生き地獄の島

地獄の幕開けは1個の台風だった。「明治31年8月27日非常なる暴風雨にて人家夥しく破壊、人死傷多く惨状を極む、南方最も激烈、古里より漸次軽くも、和泊に於も破壊又は屋根吹倒れ、無難なる僅かに2、3戸」（『沖永良部島沿革誌私稿』）。流刑中の西郷隆盛から初学を授かった操担勁《みさおたんけい》の書は、与論島より一回り大きい隣接する沖永良部島での体験談だが、八月尽に同じ海域に突如吹き荒れた暴風雨が、どれほど凄まじいものだったかを語っている。

試しに名瀬測候所（奄美市名瀬、明治29年設置）に当時を問い合わせたが、125年前の記録そのものが存在せず、係官が手がかりになればと沖縄気象台の資料を調べてくれた。それによると明治31年のこの日、沖縄——与論島間に低気圧があって、那覇の雨量は245・8㎜に達し「南の烈風吹けり」と記されていた。「颱風」（大風⇒音読み）が我が国の気象用語に加わったのは1906(明治39)年からで、用語自体がまだ存在しなかったものの、奄美・沖縄は〝颱風銀座〟と称されるほど通過・上陸が際立って多い。しかも誕生間もない最も勢いのある状況で直撃し、猛烈な暴風雨に晒される。

近年では1977（昭和52）年9月9日、沖永良部島に台風9号が上陸、平坦な島はうなる風雨に直撃された。同日22時50分の最低気圧905ヘクトパスカルで、これは日本観測史上第1位。その時、最大瞬間風速は60・4m/sを観測したが、直後に風速計の支柱が傾き、以降は正確な計測不能に。後に「沖永良部島台風」と命名されるが、住家の全半壊・流出2829棟、死者1・負傷者139人の大災害になり、港が壊れ船舶が接岸できず、医薬品・食糧不足をカバーすべく、東亜国内航空YS―11型機が緊急輸送。上陸した記者からの第一報は「まるで空爆を受けたような惨状だ」だった。警察署の無線塔さえグニャリとへし折れているというのだ。

2023年8月、気象衛星が捉えた奄美群島を通過する台風6号。迷走し2度、接近通過。1週間以上、定期フェリーが欠航した。

与論島を直撃した1898（明治31）年の暴風雨は、恐らく沖永良部島台風と同様の凄まじいものだったはずだ。しかも「災難は荷馬車に満載でやって来る」の諺通り、与論島では1878（明治11）年、「弛張熱病」（チブス、コレラ病か）が流行、さらに8年後には疱瘡が島中に広がり、千数百人もの夥しい死者数に。未曽有の惨事で棺箱が間に合わずに筵、空俵に包んで岩陰などに葬ったという。加えて1889（明治22）年7月には大風で2階建て校舎が倒壊。そして明治31年の暴風雨である。江戸天明期の飢饉でも浅間山噴火に前後して、災害が集中的に発生しているが、与論島のそれも凄まじい災害ラッシュだった。『与論島郷土史』には、さらに「翌明治32年7月8日、8月14日と台風が立て続けに襲来、奄美全体では家屋全潰1万6千戸、漁船流出・破損320隻に達した」とある。そして「明治31年の暴風の影響は、その年ばかりでなく、34年まで飢餓が続いた。33年まではソテツの実を食っていたが、34年に至ってはソテツも採り尽くされ、とうとうソテツの皮を食わされたことが今に記憶される」と記す。

ソテツは奄美の島々に自生し、今日も緑化、鑑賞に供されるが、飢饉に見舞われがちな島だけに、畑の境界木に植えられ、救荒植物として非常時の島民を救ってきた。与論島では新年の年始回りの前に、必ず一家で一人10本、ソテツを植える習わしだったという。

ソテツは実や幹から採るデンプンを粥に混ぜて食べるが、無味乾燥でとても美味とは言い難い。それでも飢えを凌ぐために食べざるを得なかった。だが、ナリ(実)や幹には天然の発がん性物質といわれるサイカシンや神経毒が含まれ、不用意に摂取すると体内で分解されホルムアルデヒドが生じ、中毒を引き起こす。その毒抜きに皮を剝ぎ、1～2週間ほど水に晒すが、水晒しが不十分なまま食べ、下痢や麻痺などを起こす例が絶えなかった。奄美・沖縄の飢饉を言い表す「ソテツ地獄」は、第一次世界大戦後の恐慌で食糧不足に陥った際に、多くが毒抜き不十分なままにソテツを食べ死亡したことによるが、その地獄は戦後にさえあって、青白く痩せ細りフラフラと歩く農民の姿が邑都・名瀬でも目撃されている。加えるなら、与論島災害で死傷が多発したのは、同島の水事情にもよった。山らしい山のない平坦な島は天水頼りで、その降雨もすぐに地底へ沁み込んでしまう。わずかに地下のサンゴ岩礁からの湧水が飲み水になるが、それも塩分が混じる。70年代に与論島を訪問の際、ホテルの飲料水で腹を下し、フロントに用意されていた正露丸で凌いだことがある。こうした水事情が被害を拡大したともいわれている。

興味深いのは、この与論島災害への救援第1号は、意外にも沖縄からだったことだ。「暴風雨の過ぎ去った後、米がやっと役場に届いた。沖縄から送られたのである。島民に僅かずつ分配された」（『与論島を出た民の歴史』）。その救援米はさぞかし島民の臓腑に染み入ったことだろう。本土・鹿児島県側からの支援がどうだったかは資料が見いだせないが、意外に思える沖縄側からの奄美に対する救援は、実は薩摩藩の直轄領時代からの慣例だった。宮城栄昌『本琉球と道之島との歴史的関係』（「南島文化」創刊号、1979年）によると、『道之島代官記集成』などに、1755（宝暦5）年の徳之島凶作から1852（嘉永5）年の鳥島飢饉まで12回の琉球からの救米輸送の記録がある。そして久高船（あるいは平安座船）による緊急輸送は明治末まで続いたといい、宮城は「国許（鹿児島）より本琉球の借入（救援米）度数が多かったのは、ただに地理的距離が近かったためばかりのことでなく、歴史的一体感があったから」と記す。しかしそれは、明治維新から30年、なお旧慣のままに放置されていた証でしかない。さらに興醒めな挿話をはさめば、藩政期、琉球側から奄美への救援米は、運賃加算の上、薩摩（鹿児島）側に請求され、翌年、琉球側の薩摩への貢納（砂糖ほか）分から相殺。さらにその欠損額は翌年以降、奄美農民の黒糖上納に上乗せ加算する仕組みだった。人道措置とは遠い、非常食さえ結局は被災者の負担に他ならなかった。

（3）わずか2カ月の移住決断

与論島災害の後の、鹿児島県側の対応を見てみる。事態は所管の大島島庁から本庁に通報され、日を置かず出先トップの島司・福山宏※2-9が上県し、知事に報告、救援請願を行った。知事は当時〝勧業知事〟として知られる、かつての一宮（千葉）藩主・加納久宜《かのうひさよし》。加納は1894（明治27）年1月、大審院判事から知事に就任。この年の夏にはまた、探検家として知られた笹森儀助※2-10が総理大臣・伊藤博文によって高等官七等・大島島司に任命され、娘ツル同伴で着任している。しかし当時、奄美では島の経済の〝命綱〟黒糖の販売権を巡って、独占を続ける鹿児島商人団に島民が反発、その鉄鎖を打ち破るべく、島ぐるみの紛争が続いていた。だが、その足下では、メーデー（前代金）によって農家が借金漬けになり、生産が減退、金利を巡って訴訟合戦に。輸入糖を抑え国内糖を振興したい政府の意向から、井上毅内相の依頼で笹森は奄美・沖縄を実地調査。その功労から島司への起用だったが、着任早々、黒糖の累債実態を徹底調査し、20余年間の負債総額６２万５２７３円を突き止め、消却の具体施策を内務大臣・樺山資紀に提出している。

こうした経済再建への奔走、率先垂範は、これまでになかった為政者像となり、信頼を集めたが、１８９８（明治31）年８月、突如辞任、郷里・青森へ引き揚げた。「一説では鹿児島派との意見の不一致によるという。在任中、儀助の世話になった人びとが、大島紬1反を弘前の儀助に贈り、心からの謝意を表している」（東喜望『南嶋探験記　2』〈東洋文庫〉）

笹森の突然の辞任を受け、加納知事は後任探しに奔走、ようやく当時、宮崎県南諸県郡（現在の鹿児島県曽於市大崎町）郡長だった福山宏を抜擢、同年10月就任した。したがって福山の初仕事が時下の難局、２カ月前の与論島災害の復旧処理だった。その福山が与論島対策で知事を訪ねた際に、偶然に出会ったのが三井物産口之津支店長だったという。偶然といえば偶然だろうが、その経緯を第1次移

探検家から大島島司になった
笹森儀助（那覇市歴史博物館）

民団を束ねた、東元良の手記で見てみよう。

「明治31年三井物産口之津支店長浅野長七殿鹿児島甑島ヨリ人夫募集ノ交渉ニ鹿児島県庁ニ知事ヲ訪問セラレタル際、大島島司モ与論及ビ沖永良部両島ノ風害救助金懇請ノタメ来鹿中ナリシタメ両島ヨリ募集セラレテハト相談ヲセラレタル処支店長モ快諾……」

この東の手記が正確なものだとすると、最初に長崎県口之津への集団移住を持ち掛けたのは福山島司になり、これを三井物産が快諾したことになる。すると福山は現地への打診もなく、三井の口之津募集話に飛びついたということだろうか。東手記も又聞きであろうから、必ずしもその内容が正確とは言い難く、微妙な問題だけにペンディングするしかないが、どこか釈然としない両者の邂逅ではある。

こうして「口之津移住」案を携え、県庁からとんぼ返りした福山は、下賜金を持参来島した、日野根侍従勅使、同行の鹿児島県・三宅参事官警部長を、これ幸いに引き入れ、帯同して11月20日から沖永良部島、与論島を訪問。福山はなおひと月以上、島に留まり、「口之津移住」への必死の説得を続けている。しかし、この唐突な移住計画は当然難航し、最初、島民は聞く耳さえ持たなかったという。それでも福山は戸長・上野應介※2-11を説き伏せて、頻繁に島民集会を開催。ようやく上野の決断で事態が動き、その女婿で役場書記・東元良を引率者とする移民団第1陣２４０人（家族を含め２９０人とする説も）を結成。島民総出の見送りのな

口之津への出稼ぎ状況（『和泊町誌』）

明治年月	出身地	人数	引率者
32年 2月	与論島	240	東元良
	沖永良部島	164	沖利経
	徳之島・甑島	56	上村荘之丞・小段関ヱ門
〃　12月	沖永良部島	200	土持政照
33年12月	与論島	100	川南行実
34年	与論島	400	上野應介
	その他	100	※2-12

か、一行が百合ケ浜沖に停泊する本船に向い、島を離れていったのは北風が吹き募る真冬の1899(明治32)年1月末だった。

わずか2カ月足らずの間に計画説明から移民団結成までこぎつける迅速さは、福山の辣腕に加え、役場書記を辞して参加する当時27歳の東元良、さらには村議・梅花孝森らの奔走の結果とされている。しかし、それは丁寧な説明と本人同意によるものだったのか。移民はさらに1900(明治33)年、役場書記・川南行実引率の百人、その翌年には戸長を辞した上野應介自らが引率し4百人が島を離れていった。この口之津移住には沖永良部島からも364人が参加したが、与論島からはその後も繰り返し募集が行われ、最多時、口之津在住1226人の出身者数が記録されている。

(4) 甑島脱出の成功例

国民の生命・財産保護は、現行憲法では国家の最大責務と規定しているが、突然の災難に見舞われ裸一貫になった被災者に、明治新政府はどう対応していたのか。

1872(明治5)年の浜田地震、88年の磐梯山噴火、91年の濃尾地震への政府の対応から窺い知れるのは、いずれも1871年に制定された県治条例附則「窮民一時救助規則」が基本になっていた。

この規則によって、初めて「窮民」に一定の救助金が支給されることになったが、しかし実際には災害発生から時間が経過しても生活困難が続き、「恒常的」な「窮民」になってしまう例が少なくなかった。このため「窮民」救済は、地方制度を含めた法治体制が整い、ようやく恒常的なものと一時的なものとに区分された。具体的には、恒常的窮民には政府による「恤救《じゅっきゅう》規則」(明治7年)、一時的な窮民には国と地方とが一定の割合で負担する備荒儲蓄法《びこうちょちく》（明治13年）が適用され、ようやく法的に国民保護が整ったが、国の方針が常に地方においても首尾一貫したものだったかは、また別問題である。

１８９８(明治31)年の与論島災害では窮民救済はどう機能し、国県は口之津移住にどんな支援の手を差し伸べたか。それの比較検証には、これに先立つ13年前、甑島島民の種子島への集団移住を鹿児島県が推進、成功した先例があった。したがって与論島災害からわずか半年後、現地説明から2カ月後に集団移住を強行した背景には、鹿児島県が移民政策を窮民救済の切り札にしていた様子が窺える。

今は薩摩川内市と合併した甑島（４村）は元来、耕地が乏しく、たびたび飢饉に直面してきた。１８８３(明治16)年からは3カ年連続の台風被害に見舞われ、深刻な食糧難に。このため地元からの要望で、鹿児島県は島民の種子島移住を決断。１８８６(明治19)年5月、第1陣１２４戸５６９人が五丁櫓和船14隻を数珠つなぎに出航。坊津港、山川港を経て三日後に種子島赤尾木港に到着している。さらに四日後に４０７人、翌20年には上甑島民を中心に出発し、ほぼ計画通りの5百戸２千人の大規模移住を実現したという。

種子島は気候温暖、地味豊かな島で、しかも無主地が多い。１９１４(大正3）年の桜島大爆発でも桜島島民2千人超の移住があったほか、沖永良部島からも広い農地に憧れ、移住者が相次いでおり、「移住の島」として知られる。その魁になる甑島からの集団移住は、伊藤博文首相、加納の前任の渡辺千秋・鹿児島県令の時代で、窮民救済に国県が折半で計5万円を予算措置。移住者には山鍬、鎌、斧、砥石や種イモの支給のほか、2年間にわたって炊事道具に米、食塩を給付する手厚いものだった。また住宅は長屋形式の掘っ立て小屋ながら、種子島島民が事前に準備、移住者たちはすぐさま国有地払い下げの１

戸1町歩余の開墾に専念でき、理想的な移住策だったといわれている。その経緯は旧甑村誌や種子島高校『種子島研究』に詳しいが、この移住問題を取り上げたブログ「さつませんだいよもすがら」(2017年7月)では、種子島に伝わる「〽一度来てみた種子島、人のこころもよいところ、嬉しいわいなー〽ご無礼ながら御上様、地面の割り当てして給る、有難うじゃいな」の『移住数え歌』を紹介、「はるか百数十年昔のわが国において、国の片隅の一離島で起こった飢饉飢餓に真っ向から取り組み、窮民の救済が図られました。我が国の地方(県)と中央政府(国)のあり様に大きな誇りを感じます」と称賛している。

そうした支援体制を充実させたのは国庫補助金2万5千円、県費(救育費)2万5千円によるが、その13年後の1898(明治31)年の与論島災害では、台風被害が奄美全域と広範囲だったせいか、あるいは調査が不十分なせいか、明らかなのは大島郡風災救助約6千円、天皇皇后下賜金3千円だけだ。

災害直後、福山島司が県庁に駆けつけ、知事に要請した救助金請願なるものは別枠なのか、戸長上野が何を差し置いても取り組んだ与論小学校校舎の再建費用は他からの転用なのか、別途なのかは判然としないが、いずれにしろ島を集団脱出せざるを得ない緊急事態下に、被災島民にも配当がなかった微々たる救援金、その薄さは何によるのだろうか。一つは、1895(明治28)年に台風が全県下を襲い、死者不明866人に達した大災害に、備荒儲蓄金1万4千134円を支出、資金が払底していたためともいわれるが、これもまた真偽は定かでない。ちなみに、明治42年度の与論村の村税は総額2950円。それらの多寡は読者に判断願おう。

一方、鹿児島県は1888(明治21)年、県会の議決を経て「奄美独立経済」(大島々庁所管島嶼に係わる地方税経済分別施行)という名の、県本土から奄美・トカラを切り離し、自前の財源で自治にあたらせるという、全国に類を見ない措置に踏み切っていた。この同じ県民でありながら、貧しい地域を切り除く〝分断財政〟は奄美の道路整備など公共工事を大幅に遅滞させ、この問題に詳しい元鹿児島県立短大教授・西村富明を「これこそ島差別＝切り捨ての論理」と怒らせているが、結局、戦時体制に入る1940（昭和15）年まで続き、島々の振興を阻害した。したがって与論島の台風被害での復興費は、第一義には奄美島民自身が税負担し支弁すべき事柄という判断になっていたのかもしれない。

しかし、鍋釜まで面倒を見た甑島島民の種子島移住への手厚さに比べ、与論島民は〝手出しせず、口出しだけ〟の県の姿勢によって、何らの手当もなく、遠く長崎の一隅に放擲される結果になった。移住先の口之津には大島島庁事業という判断からか、島庁から職員一人が同行、常勤し監督に当たったとされるが、実際は三井とその荷役下請け業者の言いなりで、荒海に投げ出されたのと同様の与論島民は、口之津、さらに三池で言語に絶する搾取労働と地元からの排斥に晒されることになる。

（5）囚人使役と与論人夫

与論移民を受け入れた三井とは、言うまでもなく江戸期から三井越後屋呉服店（現在の三越）を源流とし、両替商で幕府御用金を取り扱った日本を代表する大商人である。

幕末維新の混乱期、多くの商人が没落するなか、新政府に食い入り為替座御用で復活。評論家・山路愛山が「政府自ら干渉して民業の発展を計るにつれて自らできたる人民の一階級あり。我らは之を名付けて政商と呼ぶ」（『現代金権史』）と喝破する通り、官営事業払い下げに食い入り、三菱とともにビッグプロジェクトを掌中にした。

なかでも〝黒い宝石〟と呼ばれた石炭埋蔵量の豊富な官営三池炭鉱払い下げでは、熾烈な競争を勝ち抜き、「鉱山事業は三井銀行、旧三井物産とならび、戦後、石炭産業が衰退するまで三井財閥を支える大きな収入源だった」(三井広報委員会『三井三池炭鉱史話』)

いわば三池炭鉱は大三井の原動力だったわけで、坑内浸水対策などの難題を克服すると、さらに鉄路、港湾整備に取り組み、大牟田市から荒尾市に到る一帯の炭鉱から、良質炭の採掘を本格化。三井物産の手でシンガポール、香港、上海や国内主要港に運び、汽缶燃料などの販売に乗り出し、莫大な利益をあげる。

その絶頂期の明治20～30年代、日清戦争後の船舶増大によって更なる業績拡大の追い風を受け、積み出し港・口之津では荷役労働者不足の解消が急務になっていた。

それまで三池炭鉱の採炭部門では、官営時代を含め囚人労働に依拠、一時は内務省直轄の三井集治監を国が建設し、西日本一帯の無期刑以上の囚人約2千人を集めて使役。低廉で安定した労働力は三井側を大いに利するが、劣悪な環境に怒った囚人側が1883(明治16)年に一大暴動を起こし、世論からの批判もあって「良民坑夫」採用に転換。住宅提供や売物店を開くなど改良を図ったが、なお「1910～12年間には雇い入れた数と同数の労働者が退山、その理由として約8割は『逃亡』であった」(田中智子『労働力の特性に見る戦前の三池炭鉱における労務政策の変遷と労働者の抵抗に関する考察』2008年)

採炭夫を乗せて地底へ向かうトロッコ
(三井広報委員会)

暗い地底の坑内で手探りで採掘する炭鉱作業は命を落としかねない、荒くれたちの世界で、当時も成り手がなく、慢性的な人手不足が続き、三井は結局、昭和初期まで囚人労働で補ってきた。しかし、なおも落盤事故による犠牲が絶えず、囚人たちを虫けらのように扱う非情さは多くの著作にも取り上げられてきたが、その一つ、児童文学作家・松谷みよ子らの共著『日本の民話／現代の民話』(角川書店)には、雨の日に囚人幽霊が出没する、「幽霊橋」の奇譚を取り上げている。

「囚人たちは、ばたばた死んでいきよった。病んで、まだ息のあるもんを古井戸に投げ込んだともいう。その古井戸からは夜さりうめき声がするちゅうて近寄る者もなかった。そんなわけやから墓のあるもんは、よっぽどしあわせじゃった。そこらのやぶ陰、谷あいに捨てられるよう埋められたもんは、数限りもなかったろう」

こうした悲惨な労働で掘り出された〝黒い宝石〟は、三池港が完成する1908(明治41)年まで、いったん有明海を隔てた口之津港に運ばれ、人海戦術の手作業で大型船に積み移されてきた。その船積み作業人夫に三井物産は「天災後の貧窮に苦しむ与論島民を口之津へ移住させ、仲仕の仕事をさせようと考えた」(田中智子)。したがって三池鉱を支えたのは、掘り手の囚人坑夫と、運び手の与論人夫であったわけだ。

国の重要文化財建造物になっている三池炭鉱の象徴的坑口の万田坑

「三池で特筆すべきものに二つある。一は囚徒使役、他は与論人夫」(『三池鉱山50年史稿』)と三井自身が記すように、囚人使役と与論島民の起用は、鉱山経営を支える〝2大柱〟だった。しかしその人権を顧みない資本の労働酷使を許し、国がお墨付きを与え続けたことこそ、問われなければならない本筋かも知れないのだが。

何しろ明治期、三井は維新政府の看板政策「殖産興業」の担い手、推進役に他ならず、西郷隆盛が「三井の番頭さん」と打擲《ちょうちゃく》揶揄した井上馨（外相、蔵相を歴任）、さらには集治監建設を国費でフォローした山縣有朋ら長閥を後ろ盾に、特権財閥として君臨。西南の役後は一層、薩閥が衰え、長閥の全盛期に。したがって立身出世に燃える顕官たちも、長派の意向こそがサバイバル戦を生き抜く、掲額服膺すべき一課だったろう。そうした大資本と県庁の負託に応えるべく、島司・福山宏もまた島庁を1カ月も空け、現地入りして遮二無二に口之津移住を推進、達成したことになる。

一方、その全面協力者で推進者でありながら、支配側から軽んじられ続け、同胞擁護にさえ役立たなかったのが、引率者で監督役の前戸長・上野應介、その女婿・東元良だったろうか。奄美では村を仕切る「戸長」職は、琉球さらに薩摩藩統治期に権勢をふるった島民最高職・与人《よひと》の流れをくみながら、その正体は特産物・黒糖の管理による報酬、つまりは農民の寄生虫的な存在であり、身分的にも「郷士格」などと称しながら、実際は農民身分に過ぎなかったことは、複雑な与論島移民史を読み解く上で理解しておく必要がある。

そうした状況から察せられるのは、口之津移住計画は鹿児島県令から与論村戸長に命じられた示達だったことになる。したがって上野や沖永良部島の戸長・土持政照※2-13が高齢を押して移住に加わったのも、島の代表者としての責任感からというより、回避できない絶対命令だったからに他ならない。上野は島民説得に当たり、「このまま狭い小島にへばりついているならば、近い将来、必ず与論島民すべてが餓死し滅亡するだろう」(『与論島郷土史』)と悲壮な決意を述べたというが、それは背水の陣に追い込まれた自身を奮起させるための弁でもあったろう。

いずれにしろ、わずか2カ月で故郷を離れ、見知らぬ地に旅立つという決断の背景には、こうした強力な外部圧力に加え、封建期から島内に澱む、階級分断と権力者への絶対服従、それを支えた伝統的道徳観の結果と見るべきだろう。

「〽打ち出しょり、出しょり、誠打ちしょり、誠打ちじゃしば、ぬ恥かちゅんが……」。与論に伝わるこの島謡は、至誠こそ最も尊ぶべきものとする教訓歌で、島民に誠実な処世・求道こそ、最上の倫理だと説く。なぜ「至誠」がそれほど重要視されたかは明かすものがないが、森崎和江は結果として、「そうした民衆にしみついた誠実さは、民衆のための誠としては機能せず、囚人労働で巨万の富を築く資本への機能として吸収されてしまったかのようである」とその裏腹な顛末を嘆く。加えればその骨の髄まで沁み込んだ道徳観、〝ユンヌ精神〟は、口を閉ざして非を訴えない、主張なき集団に変質して、資本に見透かされて嘲られ、牛馬同然に扱われる、耐え難い屈辱に晒されることになる。

(6)「ヨーロン」という名の集団

「ヨーロンさん、という言葉は母から聞いとりました。いくらか差別的な言い方だったけど……」。筆者は2023年7月、奄美市名瀬で開かれた部落解放共闘研修会で「奄美近現代出稼ぎ・移民史」の題で講話したが、会の後、佐賀・唐津から出席したという婦人からそう声をかけられ酷く驚いた。「ヨーロン」という言葉は令和の世にも生きていたのだ。同時に最近、福岡出身の男性のブログに、こんな話が紹介されていた。男性は戦後、福岡の実家に帰った折、家に隣接する公園で野宿している浮浪者を指して、父親が「あれはヨーロンたい」と言ったことを覚えている。後に与論島出身者の集団移住史を学んだ男性は、その気の毒な境遇に理解を示し父親の差別意識を嘆いているが、長い歳月を隔てても生き続ける「差別」というものの根深さを感じたものだ。

「〽ヨーロン、ヨーロン、軽蔑するな／ヨーロンにも位があるぞ／大飯ぐらいの、位があるぞ……」

この哀しい戯歌を紹介した新藤東洋男『三井鉱山と与論島』は、ヨーロンという言葉の真の意味をこう解析する。

「『ヨーロン』『ヨーロン』。この言葉は三井独占の街として育て上げられてきた大牟田の街においては、一種独特の意味を含んで使われている。それは、『チョーセン』『チョーセン』と朝鮮人を、日本の植民地的、帝国主義的政策とその教育の下で、人間的差別と軽蔑をもって呼びならわしてきた、日本人の支配層的朝鮮観と全く同じ感情をもって呼ばれて来たのである。またそれは『特殊部落』として一部の日本人を蔑視し、差別して来たものと、全く同じ感情を含むものである。同じ感情、それは言い換えると、全く同じ政策のもとに生み出されたものであるということもいえるだろう」

新藤は「ヨーロン」と呼ぶ本土人が放つ言葉の棘、毒をそう捉え、近代日本の植民地政策が回り回って地方の労働現場までも分断・差別を蔓延させる実態を告発しているが、やがてその毒はユンヌへの侮蔑に留まらず、大正期の飢饉を背景に本土に大量に流れ出た、奄美人全体にのしかかる嫌悪・排斥になって継がれていった。

一つ、この章で触れなければならないのは、与論島からの口之津移住者の大半が、地元で「ンダ」と呼ばれ農奴扱いされた人びとだったことだ。

全国的にも特異な奄美群島における債務奴隷「ヤンチュ」の派生・消長については次章で詳述するが、飼養される意味の「膝下（ヒザ、ヒジャ、ンダ）」と呼ばれ、生涯隷属し、時には物のように売り買いされた。与論島の「ンダ」はそうしたヤンチュ同士に生まれた子、あるいはヤンチュ全体を指すものと見られるが、口之津移住にはそのンダが対象になっていた。

１８７１(明治4)年、新政府の「解放令（膝素立開放令）」から27年、まだ南冥の地には違法な人身売買が生き残り、自由から除外された人びとが、ただ主家の田畑を耕すだけの人生を送っていた。したがって彼らは学校令（明治19年公布）とも無縁で、恐らく島外者の言語は理解できなかったろう。そのことがまた彼らが口之津・三池の地で甚だしく蔑まれる原因になるのだが、しかし、どうやら「ンダ」が最初から口之津移住組に仕立てられていたわけではなかったようだ。

１９６０(昭和35)年、三池移住50周年の折、与論奥都城会が開いた、当時を知る古老たちの座談会には多くの貴重な証言が登場するが、なかの一人、山田峯富（当時82歳）は移民募集について、「一番初め募集者（応募者）が少なかったわけですが、その頃は口之津のことを島では『ビジン(ピゼン)の国』（肥前の国）といっていました。『ビジンの国は雪が降って非常に寒いそうだ』といって募集には旅に出たことがないので、エスカ（怖い）といってシマから出たがらなかったが、何回も（説明会）かかってやっと募集がまとまった様な次第でした」と極めて不評だったことを明かしている。
また、森崎和江らが与論島取材した折の証言が『与論島を出た民の記録』に紹介されているが、「役場の人と一緒に募集人が私の部落にも来た。そしてピゼンの国の床下には札束が埋まっており、食べ物は何でもあるといって宣伝したけど、部落の者はピゼンは寒くて子供が育たんそうだといって嫌がった。それで、ンダばかりを連れて行った」（当時92歳女性）、「ンダは口之津で3年間無給で働けば、これまでの借金、すなわち米32俵を無代にしてやるという条件でした」（当時90歳男性）

これらを見れば、一般島民がことごとく敬遠、困り果てた口之津から来ていた荷役募集人・南彦七郎※2-14が打開策として「ンダ」をターゲットにした募集方針に変更、窮状を打開した。上野戸長、女婿・東と共に連日、訪問説得、その結果、「1、2年働いて借金を返して一人前の人になって帰って来いということだった」（元与論村長・山下平志）。その負債帳消し、自由解放を歌い文句にした勧誘に踊らされ、1カ月で13〜30歳前後の若者を中心に総勢240人がこれに応じる結果になった。そして、その前にンダの解放には抱え主への米32俵返済が必要とされ、この身代金をめぐって討議の結果、「……南彦七郎らは、連日ンダを説得すると共に、その主家と交渉した。そして主家には南が身代金を立て替えることで話がついた」という。ところがこの南の立替金の不明瞭さがその後、与論島の労働者が薄給に甘んじる背景にもなって、不満が鬱積する結果になっていくのだが。

この募集工夫の結果を増尾国恵『与論島郷土史』は次のように記している。「明治5年、人身売買禁止令が下ったけれども、砂糖1千6百斤の身代を弁償することができずして以前のまま使役されていたが、明治31年三井石炭事業工夫請負業南彦七郎氏の人夫募集に際し、東元良翁の引率せし時と前後3回に渉り、三池町字川尻（口之津の誤記）に第2の与論村植民地移住に募集があったので、全島のンダは全部一人残らず之に応じて、主人には身代の幾分を償却して出発し遂にンダの種族は全く消え去ったのである」

著者の増尾は1883（明治16）年、与論村立長生まれで、村役場小使として上野戸長下で働き、日清戦争に従軍して大陸を転戦。その後は司法書士や議員、区長などを務めた島の知名士だ。新藤東洋男、森崎和江らの現地調査でも矍鑠《かくしゃく》として面談。新藤によれば、当時82歳の翁は「耳はとおいが目はよく見え、記憶は非常に確かだった」と記している。その確かな記憶に基づけば、与論島から口之津へ渡ったンダの総数は、3次累計の「740人またはそれ以下」（一部に一般の貧窮者も加わった可能性等から）ということになろうか。当時の人口統計がなく、島では明治期は概ね7～8千人で推移したとされていることに拠れば、人口の1割をンダが占め、その全員が弾き出されたことになる。

与論十五夜踊りは毎年、地主神社での豊年祈願祭の後、奉納される。井上桂子著『三池炭鉱〝月の記憶〟そして与論を出た人びと』では、太陽暦（本土）と太陰暦（与論島）を対比して、三池炭鉱の煙突（近代化と資本、文明）と与論島の月（折々の祝祭で結ばれた貧しい離島共同体と伝統文化）の対立依存関係を描いている。写真は1980年

それにしても「ンダという種族は全く消え去った」とは何という言い草だろう。恐らく増尾に悪意はなく、史実を伝えたに過ぎないということだろうが、無意識にしろ、弱者への配慮を欠いた表現であることは否めない。繰り返しになるが、奄美の債務奴隷制度で生じたヤンチュ、あるいはンダは、元は一般人の血を分けた同胞同族、隣人である。病気や事故で借財に走り、その債務のために身売りせざるを

えなくなる不運は、百姓の大半を占めたジブンチュ(自分人＝自立農民)にも「明日は我が身」という危機意識になっていただろう。そうでありながら、労りや同情が感じられない、どこか突き放した態度が見えるのは何故だろうか。

沖縄・奄美には古くから複雑な身分制度があって、搾取する側とされる側、支配する者と隷属する者、さらには田畑の多寡でさえ微妙な上下、強弱関係が在った。そうした階級分化は人間の闘争本能、上昇志向によるものだろうが、しかし、それは島建て神話や「ネリヤカナヤ」※2-15から海神を招き、その守護のもとに平和で分け隔てない社会を志向してきた伝統的な奄美の〝シマ精神〟とは相容れないものではないか。

にもかかわらず、ンダを賤民視して島外に放逐し、持てる者は自身の地位・財産をさらに拡大すべく故郷に留まるという、この口之津移住問題によって露呈した、与論島民の言動はどう理解されるべきだろうか。

さらに加えれば、「集団移住」は他の奄美の島々でも古今、恐慌や社会不安のたびに提起されてきている。与論島では戦時下、満蒙開拓団に対して積極対応が見られ、戦後の日本復帰時も復興計画の聴取に来島した県知事一行に、村長が村の総意として新たな本土移民計画を打診している。また米軍統治下で苦心惨憺し、猛烈な運動の末に念願を成就した日本復帰の祝賀ムードのなか、毎日新聞主催の座談会で奄美群島の復興への展望を問われた〝復帰運動の父〟泉芳朗※2-16は、真っ先に「過剰人口の解消」を挙げている。

居場所を失い、故郷を棄てて黒潮に押し流される、悲しみの列の背後に、絶えずこうした弱者を急き立て、排斥し、自らの屋敷、田畑を広げる策動があったことは最も悲しむべき出来事ではないか。そして政治が安易に人口過剰を俎上に載せ、真っ先に弱者の島外排斥を図ることは、島民を分断させ、さらには後に地域衰退に繋がりかねないという問題も含んでいる。

言うまでもなく、故郷は富める者だけのものではなく、〝誰もが等しく生きる場〟だという自明を、もっと肝に銘じる必要がある。

筆者は明治30年代の与論島を皮切りとする、島々からの出稼ぎ者が味わった不幸の元凶を、資本主義社会の経済支配構造に求めようとしてきたが、しかしそれ以前にまず、同じ血を分けた同胞を放擲して恥じない、島の精神構造の罪深さに立ちすくまざるを得なかった。

（7）無残な〝第2の故郷〟

九州という温暖なイメージと違って、島原半島の冬は寒い。与論島民が「雪が降るピゼンで子は育たん」と恐れたほどではないが、大陸の寒波が流れ込む1、2月、最低気温は3度台になる。降雪日は数えるほどだが、それでも2018(平成30)年には積雪5センチを記録している。冬もサンゴ礁の海に浸かって、イザリ漁を楽しむ与論島民は、おそらく防寒服や綿入れも持たず、真冬の島原に震え上がったことだろう。

口之津に辿り着いた与論島民は、三井物産の荷役請負師・南彦七郎が整えた十間長屋や農家の納屋に旅装を解くと、すぐに現場に駆り出されていく。「口之津での労働は三池鉱山から運ばれる石炭荷役で、沖合に碇泊している大型船に手繰りで石炭を積み込む。この作業は荷役のかけ声から『ヤンチョイ』と呼ばれたと伝えられています。カガリと呼ばれたザルに石炭を詰めて『ヤンチョイ、ヤンチョイ』とかけ声を掛け、時には危険で荒ぶる沖合の海上にあって、昼夜分かたず生きんがためにわが身を投げ出す命がけの荷役作業であったと思われます。当時の様子を、14歳から働いたという竹ハル婆ちゃんは次のように語っています。『時間ナいっちょもきまりがござっせん。西洋の船はあせがりますから、石炭を全部積み込んでしまうまでは、夜12時過ぎても、徹夜になってもやめられまっせん。一晩でも三晩でも、徹夜することもあります』……」（平原直『物流史談—物流の歴史に学ぶ人間の知恵』２０００年）

98歳で日本荷役史をまとめた平原は、与論島民の口之津での「ヤンチョイ荷役」を「人間ベルトコンベヤ」と称したが、三日連続、昼夜ぶっ続け、仮眠の時間もない殺人的な労働強制は、三井物産が黙認した当時の産炭地の「納屋制度」※2-17に拠るものであることは明らかだ。

三井の採掘現場での囚人の多投はすでに触れたが、その掘り出した石炭は、今度は「ユンヌ」の酷使を通して、大急ぎで船積みされていく。三井は全くの素人集団に何を望んでいたか。その理由が移住後、徐々に明らかになっていく。

「土百姓にして世に慣れざるものは足を止め候得共、少しく世慣れたる者は皆逃走を企て、甚しきに至りては、今夕来たりて明朝は既に逃走したるもの多々有之、斯くては到底募集の目的を達する能はざる次第に付、世慣れざるものの外は断然募集せざる事に致申候」

『三池鉱業所沿革史 第7巻』がいうように、炭鉱労働者はせっかく雇い入れても、離職や逃走が多い。したがってそうした世間ずれした人種

大型船への石炭積込みは、横づけした団平船から人力で運び上げられた。（写真は長崎港での作業風景　口之津歴史民俗資料館）

の採用を避け、世慣れぬ、寡黙で勤勉な土百姓《どんびゃくしょう》タイプに重点を置くべきとしているのだ。それは昭和初期まで続いた重刑囚坑夫のように逃走もせず、一般の半額の低賃金で事足りる奴隷型労働力こそが採用の理想というものだった。熊本放送ディレクター・井上佳子は『三池炭鉱「月の記憶」――そして与論を出た人びと』（2011）で、三井が理想とした人材像、「まさしくユンヌこそがその土百姓にして世に慣れざる者」だったと言っている。

そこでは、どういう労働が強いられていたか。

「わたしが口之津に渡ったのは19の時でした。結婚して、子供は5人持ったけど、口之津では子供二人を連れて仕事に出ました。一人はバラのなかに乗せ、一人は背負って行き、仕事場近くで遊ばせながら朝から晩まで、ただ働くばかりでした。明日は子供が生まれるという前の日まで働きました。会社は少しでも反発したりすると、牛を使うようにとても激しく使いました」「いちばんくやしかったのは、家がないことでした。会社はすぐ、家を出て行けといいました。行くところがない、どこも知っているところがないので、つらくてくやしくても黙って働きました」

『三池移住50周年座談会』に於ける古老たちの発言を読み返すと、半世紀が経ってなお治まらない憤怒、悲嘆に満ちたものになっている。それは〝言わザル見ザル聞かザル〟の如く、沈黙と無抵抗を強いられたユンヌの心底の怒り、隠してもなお滲み出る鬱積にあふれたものになっている。

怒りは何に拠るか。過酷な労働がまず第一だ。それは賃金差別で表出される。1961（昭和36）年に刊行された山根房光著『みいけ炭坑夫』にも古老の回顧談が載っているが、「朝は6時30分到着で7時から作業にかかり、月の大半は残業でした。3カ月半（当時は15日勘定）働いても手取りが一銭もない人もおりました。その当時の賃金は男28銭、女19銭だったと覚えています。まったくのただ働きでしたよ」。さらに初期移民の一人の竹ハルは、「唐芋が10斤で2銭5厘、太いのは5銭。三度三度、芋炊きです。配給の芋では足りず、1日おきに賃銭前借りして唐芋買いに行きよりました。わたしは14歳になって仕事に出ました。12銭から15銭もらいました。でも芋代や米代、ランプの油代やらを引かれてますから、手に渡る金はあるかなしかでした」(森崎・川西本)と語っている。

三池炭鉱研究家の武松輝男(『地底の記録―呪詛 坑内馬と馬夫と女坑夫』の著者)によれば、与論からの移住者の賃金は、「囚徒坑夫を除いた、三池炭鉱労務者の最も低い賃金に据え置かれていて、差別の根幹を担わされている」とし、かつ職種によっては囚人よりも安い賃金の場合があったとし、それらから「与論の民が日本人とはみなされていなかったからだ」と断言する。武松の言わんとするところは、当然ながら与論島民が法的に「非国民」だというものでない。だが、賃金によって価値づけられる労働現場で、〝最低位の国民〟とされる囚人以下に貶められているのだから、実質「半日本人」「否(非)国民」の範疇にあったのかもしれない。

明治新政府は確かに四民平等を謳い、身分制を一掃した。しかし法制的には解決されても、実態はそう易々と解消されるものでないことは、与論島のンダが明治中盤以降も存在していたことで明らかだ。同様、近代以前の産物だった「特殊部落」の人口は明治中期25万人だったのが、戦後3百万人に達し(新藤東洋男)、逆に増加している。それはつまり、「差別」「平等」が近代資本主義体制のなかで、拡大再生産されていたことに他ならず、その差別がユンヌを「非日本人」にしてしまっていたのだ。

不満の二つ目は住居問題、三つ目は同じ労働者仲間や住民からの排斥だろうか。与論島民にあてがわれた住まいの一つは、三井請負師・南彦七郎の所持する十間長屋で、中央に通路、両側に向かい合った部屋に莫蓙を敷き、カンテラを下げて寝るだけのものだった。口之津住民の目撃談がやはり森崎・川西本に登場する。「与論の人たちのことはよく覚えています。焚場に長屋が幾つも立っていて、四畳半か六畳一間に一家族ずつ住んでいました。まんなかに廊下がある長屋で廊下の両側にそんな部屋が並んでいました。与論の人たちは頭の上に物を乗せて上手に歩いていました。豚を飼っていましたが、売るのではなく自分らの食料です。島の人たちだけで暮らしていて、あまり口之津の者とはつきあいはしていないようでした」

この証言には移住初期の住宅事情に比べて幾分改善が見られる。筆者が30年前、荒尾在住のユンヌ2世を取材した折に聞いのは、第1陣が渡った時には1軒の長屋に詰め込まれ、風呂も農耕馬が入り、糞が浮いていてとても入る気になれないものだったという話だった。

そうした劣悪な環境下、移住から2年も経たず、外国船荷役中と見られるコレラ感染者が出て、与論長屋に感染拡大した。「看る人もいない暗いカンテラの下で高熱のため水を求めてのたうち回っている長屋の様はまさに地獄絵図そのもの」「蔓延を恐れてまだ息を引き取っていないのにそのまま火葬」といった惨状が『三池移住50周年の歩み』に刻まれている。

このコレラ騒動は、口之津からの再移転を求める声へと高まり、個別住宅に暮らしていた沖永良部島移住者のなかから、いちはやく杵島炭坑(佐賀)や神戸に脱出する状況が生まれ、ユンヌからもこれに続く者が出た。慌てた監督役・東らの提案で、これまで暴力を振るわれ対立してきた本土の組と分け、気心知れた与論口(与論組)だけで作業班を編成する妥協が成立、ほどなく第3陣の上野應介ら一行を迎えることになるが、しかし一端火がついた鬱憤は消しようがないものになっていた。

その転換点は懸案の三池港が完成し、口之津からの移転を迫られたことによる。「与論島方面から来た人夫は、明治42年11月にその一部を三池に、他は生地送還するの止む無きに至った。彼等は永住の目的でこの地に来たものを送還とは無常だとして苦情百出、会社に衷願し或いは南家（口之津荷役請負人）に迫り、一時不穏の空気さえあったが、円満解決するを得、翌43年２月、爾霊丸で三池に移転した者の他、千余人を送還した」

口之津町『町政施行30周年記念式』が簡潔に経緯を記しているが、当然、そう簡単なものではなかったし、郷土への送還にはむしろ賛成派が多かった。

出身者たちは当初の条件とあまりに異なる、酷使と低賃金に不法を唱え、帰島を希望、長屋が連日騒然となったのだ。監督役・上野、東の必死の説得の結果、出身者１１２６人のうち、三池への移転４２８人（稼働者２９２人）、口之津残留73人、残る６２５人が一人当たり20円（実際は10〜７円）を支給され帰島へ。ここに、「第２の故郷」を夢見て惨状の故郷を跡にし、辛酸をなめた初期移住団は10年を経て四散することになった。

しかし三池を選んだ移転組は、再び端から裏切られることになる。「会社（三池港務所）は口之津で提示した条件を実行しなかった。そのため与論島労働者の賃金は地元人夫の７割にとどまり、作業にも露骨な差別が行われた。そして与論島労働者は賃金不満を口にだしただけでも脅されたり、暴力を

口之津港に現存する明治からの税関跡。当時の記憶が蘇る貴重な資料にあふれている。

ふるわれ抗議できなかった」（田中智子『労働者の特性に見る戦前の三池炭鉱における労務政策の変遷と労働者の抵抗に関する考察』２００８）

三池に移転した後も、不承不承、同郷の監督役・上野、東に就きしたがい、一枚岩の結束を誇って来たユンヌだったが、さすがに時代変化の厳しい現実のなかで、その敵なるものを嗅ぎ取り出し始める。また、新たな補充採用で合流した与論出身者たちも覚めた目で現実を見始めていた。

「（東元良が）水賃も電気代もいらん、旅費も会社の方でみてくれる、ち、よっぽどいいように話ししなさるもんじゃけん来てみました。その時はヤンチョイばっかりでした。いっちょんお金はありませんでしたよ」「そげんでも、三井さんはわがおとうさんおかあさんじゃけん、金の問題じゃなか、ち、いいなさった。悪かこと言うちゃでけん、て。口きいちゃでけん、て。ほんに苦労しました」※2-18

ただ働きに働き、イモを食い、焼酎をくらって寝る、この奈落に閉じ込められたユンヌの悲惨に奮起し、事態を改善する力を、しかし上野も東も持たなかった。彼らは元来、ンダを使役する特権層で、戸長や書記に就いても俸禄をせしめる立場だった。そして口之津に移住し監督役になっても、やはりその報酬は働き手たちの賃金をピンハネして得たものだった。

上野の出自を、増尾国恵『与論島郷土史』はこう記す。「翁は茶花のミダーラに5、6町歩の広大な不動産を所持し、立長の長崎にも4、5町歩の不動産を所持、下男下女5、6人を使役して裕福な家庭であった」。しかし森崎・川西本も匂わすところだが、上野はその旺盛な事業欲で、１８７８（明治11）年以降、自由化された黒糖市場に進出し販売を手掛けるも、過当競争のなかで自滅、さらに航路拡大に船舶会社を興すも座礁事故で負債を負ったという。そうした窮状からの脱出に、〝第２の郷土建設〟に賭けた可能性がある。

「上野さんはいばっとった。仕事はせん。現場に姿は見せんですたい」。島の移住者からではなく、地元民の見た上野像がやはり『与論島を出た民の歴史』に登場するが、ただ権威者ぶる借金持ちに、どれだけ三井と対峙し交渉する力があったろうか。

同時に上野、東をなだめ役にユンヌを酷使・搾取する、親玉・南彦七郎についても、福岡日日新聞の辛辣な人物評がある。「口之津に来た彼ら（与論島移住者）は南（彦七郎）配下に属して、随分正直に真黒くなって働いた。其結果、大利益をしたのは南で、彼は最初裸一貫の男であったのが、ズンズン金ができて、彼らが明治43年三池港の開港と同時に引移るに至った迄には、数十万円の資産家となってしまったのである。実に与論人は南のために福の神であった」

与論労働者の賃金が低いはずである。三井によって最低の賃金体系に位置づけられ、しかもその賃金を請負師・南が一括して受け取り、それを上野・東を介して手渡される時には、二重三重のピンハネが行われている。この納屋制度によって、元締め・南の貯蓄数十万円、片や一人10円で縁切りされ、故郷へ帰って行く。なんという残酷な現実だろうか。

そして大島島庁から派遣され常在したという、職員はその間の事情をどう島庁に報告しただろうか。窺い知るものはないが、三池移住の是非が問われた時、鹿児島県と移住団には、以下の応酬があったといわれている。

森崎・川西本によると、最初、全員が帰島を希望、慌てた上野が大島島庁に相談すると、「財産のある者は帰っていいが、無いものはいかん」との回答。これでは帰島を絶たれたのも同然で、今度は鹿児島県庁に相談すると、「全部島に帰ったなら、今後、与論のことは一切知らない」と突き放されている。再度、仲間の説得工作に加え、三池視察班も送り出したが、島民の反発は収まらず、移住、帰島の自由選択と「一律30円支給」を統一要求に掲げることで決着。ところが再度、上野が県庁に諮ると、県側は一層威圧を強め、「万一今後此の決定に不服とか苦情を申す者ある時は、県としては今後、与論に如何なる災害が起こるとも口之津よりの帰島者のみならず、村全体に対しても一切無関係な態度を執らるる様な事になるやも知れざる……」と最終通告、「ここに至り島民は沈黙した」という。

三井の意向を最優先し、大量の島民を集団移住させながら、その地獄のような労働実態に何一つ救済の手を差し伸べなかった鹿児島県庁が、ユンヌを「我儘」と威圧し、帰島さえ阻止していたのだ。それについて、森崎・川西本は「異邦人支配、植民地支配意識である。この意識が藩政期の奄美諸島、沖縄列島の人びとを苦しめて来たのだが、維新ののちも引き続いている根深さを思う」と酷評。三池研究家・武松輝男も、「与論労働者が囚人より最低位に置かれたことは、非日本人扱いしていたことに他ならない」と糾弾、県、国の責任を問うている。

ユンヌは売られ、見捨てられ、すでに「棄民」だった。

（8）「どよめく夜」を経て

奈落に蠢く、与論島民の存在がようやく世間に知られるのは、『陳事件』と呼ばれる騒動で、島民が初めて見せた実力行使からである。

事件は1919（大正8）年9月8日に起きた。与論島民はそれまで数度にわたり、賃上げを要求してきたが受け入れられず、逆にこの日午後9時になって、三池荷役主任・陳種二郎から夜間荷役を命じられ、日頃の鬱憤も重なり、深夜業務を投げ出して帰宅。これに事務所側が再招集をかけると、憤慨した若者ら約2百人が事務所に押しかけ、陳係長を軟禁、詰問し、一部暴徒化した。これによって陳は加療14日のケガを負い、福岡日日新聞は「与論島長屋騒ぐ」「賃金値上一般人夫と同様待遇要求」と初めて、ユンヌの主張を明らかにしている。

「陳を打ち殺すというてですね。若い人が事務所に押しかけ、ポプラの木を引き折ったり、事務所のガラスでも何でも打ち破りましたよ。そして陳さんは、あはは……、机の下に、こげんなかっこうしてもぐりこんでおんなさった。騒ぎを起こした人たちはあとで警察に引っぱって行かれました」

大牟田在住の古老のその夜の目撃談が森崎・川西本にあるが、「どよめく夜」と題され、殊更、ユンヌの記憶に焼きつく出来事として記されている。それは忍従につぐ忍従、誠実さを看板に、三井を父母様同様とさえ位置づけてきた島民が、ようやく自らの殻を破り腕力に訴えた、興奮と痛快さがない交ぜの体験だったに違いない。

事件について三井側は「騒擾《そうじょう》」としているが、警察側は首謀格一人の始末書を提出させただけで幕引いている。それほど、内輪もめに等しい軽微な事件だったわけだが、この反抗をユンヌたちは「以降、会社や一般の見る目が変わった」と誇らし気に語り継いでいる。

だが、実際にはそれは大資本・三井のほんの表皮を掠った程度のものではなかったか。それは、三池移転の際の条件だった、「直轄採用」が反故にされたことによく現れている。ピンハネの温床の下請け雇用を脱して、本社の直接雇用への改善を求める初期からの要求は、結局、監督役・東元良一人が三池移住から14年後に雇員になり、人夫に至っては29年後にようやく実現した。それも、島民代表の東さえ１９３０（昭和5）年の退職時まで正規職員にはなれずじまいだった。加えれば与論人夫全員が直轄採用になったのは、戦時下の１９４２（昭和17）年になってである。

畠山秀樹「戦前昭和期三井三池炭鉱における坑夫雇傭状況の推移」（『経営史学』１９７６）によれば、昭和恐慌下の１９３２（昭和7）年、三井は不況対策として首切りを断行。新規採用も見送り、設備更新だけで乗り切りを図っている。結果、著しい増収増益が生じたものの、戦時色が強まるにつれ、今度は一転、人手不足に。１９３８（昭和13）年、収益低下が顕著になると、「従業員居付賞与」を奮発、離職防止にやっきになっている。しかし、そうした深刻な労働力事情下でも、長年、寡黙に働き続けて来た、ユンヌの待遇改善は放置、蚊帳の外に置き続けている。

三井資本の搾取・差別政策と並行するように、ユンヌを被差別集団化していったもう一つの元凶は、同じ労働者たちであり、地域社会によるものだった。今日も体験するところだが、弱者やマイノリティに対する「社会的排除」は世間全般に幅広く巣食って、学校現場では「いじめ」が深刻化している。そうした行為がどれほどユンヌを苦しめ、追い詰めて来たか。彼らが戦後も相当の時間を経て語り出した悲痛な声によって、私たちはその深刻さの一端を知るようになった。

「一体、ヨーロン人とは何者か」。たぶん、そういう地域の情報ニーズが背景にあったのだろう。陳事件に6年先立つ１９１３（大正2）年9月、福岡日日新聞が「三池の与論村」と題して5回にわたり、その実態を詳報しているが、驚くことに一層、差別と偏見を煽る内容になっている。

「三池港に与論長屋という珍妙な長屋建ての一部落がある。……便所の設けがあっても糞尿は溝のなかに垂流し、沐浴は2カ月3カ月も黒くくすぶったまま行われず、垢に染まった五体を真裸にして焼酎の酔いに浮かれ、単調なグニャグニャした踊りをおどっていたのは、全く日本人種の間にこんなのがあるかなァと不思議がらぬ者はなかったという話」

福岡日日の悪意に満ちた記事は、いかに時代が時代だとはいえ、ジャーナリズム精神の片鱗もない下劣な文だ。

こうした世間からの石礫、ヘイトクライム※2-19は、ユンヌを一層、沈黙・自閉化させていくが、その引き籠る彼らが、再び陳事件の時の湧き立つ高揚感を取り戻し、同じ炭坑仲間への連帯感を示すようになるのは、戦後社会を騒然とさせ、一大闘争として語られ続ける「三池闘争」の体験を経なければならなかった。

労働運動……。ユンヌは初めから、同じく賃金・待遇の差別撤廃を訴える組合運動と連帯してきたわけではなく、むしろそれに一線を画してきた。幾分、逆戻りするが、1923(大正12)年、不況の深刻化で、三井は人員整理、配転に続いて賃金30%カットを断行。これに怒った労働者側が会社と対峙、怠業が全山に波及する大争議になった。この時、与論口(与論組)が所属する三池港務所からは3分の1の313人が闘争に加わったが、ユンヌからはだれ一人参加しなかった。『与論島を出た民の記録』ではそれを、「この三池製作所の大罷業は、与論出身者から見れば労働条件も生活条件も優遇されていて、常々、与論人を小馬鹿にする階層の争議であった」からだとし、労組運動との分断があったことも明かされている。

しかし第二次世界大戦の敗北はあらゆる旧態を洗い流した。

1953(昭和28)年、三井は石炭業界の不振を背景に6739人の人員整理を打ち出し、港湾支部も

２２４人が指名解雇を受けた。この大量首切り計画は、労組側が作業の起点の坑内ストを展開したことで業務がマヒ、妥協せざるを得なくなり、三井側が撤回して解決した。しかし、１９５９～６０年、再び2千2百人の人員整理を公表したことで、「三池大闘争」と称される、国内反権力集団が総結集した大争議に発展する。事態は会社側のロックアウトで一層泥沼化し、暴力団が投入され、死者が出た。また会社寄りの第２組合を使った切り崩し策が画策され、全員が第1組合に留まって来た与論出身者も、次第に隊列が崩れ、二つの組合への股裂きが生じ、さらには三池を飛び出し、東京都の清掃労働者へ転身する者も現れた。

「同じ島んちゅが分裂していくのはつらかった。年寄りが自分の子の脱落(第1組合から)をとめきれず、私の手を掴んで泣くんですよ、道べたに座り込んで。もう憎しみを通り越して私の胸はえぐられ……」

与論社宅の主婦会長・池田テツは出身者の分裂をそう嘆くが、しかしそうした慨嘆の声のなかにも、労働争議の最前線で立ち上がったユンヌの存在、活躍が彼らの相対的評価を高めることになった。

それは与論2世で14歳からゴンゾウ(沖仲仕の俗称)として働き、三池闘争で職場分会長として運動をリードしてきた若松沢清※2-20らの奮闘による。全国的な争議の渦中で、旧弊を乗り越えていく、新しいユンヌ世代の覚醒は、森崎・川西本のなかでも、本人に以下のように語らせている。

1959(昭和34)年から翌年にかけ、三井の人員整理の強行で泥沼化した三池争議。その過程で会社側につく第２組合が三池労組を「特殊部落」と名指しし差別ビラを撒いた。これに怒った部落解放同盟も闘争に加わることに(「部落解放運動の歩み」から)

「とうちゃんは大東亜戦争でアメリカに負けて、三池闘争では三井に負けて、負けてばっかりじゃないかと冷やかすが、それでも息子はわたしが最後まで第一組合員として筋を通したということだけは気持ちの中で分かってくれているようです。……闘争中、一緒に働いた島の仲間が段々と脱落していった。しかし私のなかには与論のものだけはまとまっていこうという気持ちが強かった。そのために、言いたいことも言わずにきたが、それは労働者としては妥協ではないかと思うことが度々ある。三池労組でも割れさせないために沈黙するという面がある。それが今の運動を衰退化させ、組織の形骸だけを残す結果になったのかもしれない」

若松の指摘は、労組運動に巣食う無気力と共に、ひたすら同胞の結束のために、その欠陥、矛盾にも口をつぐみ沈黙してきた与論口(与論組)、移住者集団の問題点をもぶちまける、踏み込んだ内容になっている。

与論島民の口之津移住から60年。ようやく彼らは近代との出会いの相克を乗り越え、自ら語り始めることでジブンチュ(自由人)に脱皮し始めたのだ。

(9) PTSDと賠償責任

「去るも地獄、残るも地獄」。三池紛争時に団結小屋に掲げられた横断幕のアピール文は、解雇の苦悩と炭鉱労働の悲惨を言い表したものだが、同時に筆者には与論島移住者の地獄が重なって見える。組合を分裂させ、憎しみ合わせる三井の計略、絶望の末に炭坑を後にする仲間たち、その背中を見送らざるをえない残された者……。その地獄はそっくりそのまま、ユンヌが潜り抜けて来た来歴でもあったし、三池を去ってもなおまとわり続ける宿痾《しゅくあ》の如きだった。

宿痾とは誰一人訴え出る者なく、ただ密かに語り継がれるだけの、これまでのユンヌに対するヘイトクライム、それによるトラウマ、そのPTSD（心的外傷後ストレス障害）※2-21の一連すべてである。

これまでにもユンヌが受けた屈辱については幾つかすでに触れて来たが、なお今日的課題であることが最近のブログからも窺い知れる。たとえば、ブラジル帰国2世で学習塾経営の男性（博多出身）は、ブログ「与論島と三池闘争／離島差別と闘った歴史」（2016年11月）で、「見知らぬ土地で風俗習慣が違い、言葉が通じない与論出身者は口之津港でも三池炭坑でも集団で暮らし、地域からも港湾と鉱山からも偏見と言語に絶する差別を受け孤立する。職種はもっぱらゴンゾウで労働条件は3Kという今流のはやりでいえば5K、6Kだった。賃金でいえば、わずかにいた地元民の賃金日払いとくらべると半分、出来高払いだった。肩に担いだ六尺の天秤棒で70キロの石炭を船積みするなんてとても考えられない。ゴンゾウの実態は一集団が、離島した瞬間にまるごと差別構造の最底辺に据えられた稀な実例として差別の歴史に残るだろう。偏見による差別は教育、就職、結婚に及んだ。かくしてヨーロンという差別語が生まれ、少なくとも九州に広まった」と綴っている。

この文では、与論島民が三池で味わった差別の深刻さが正鵠に記され、鋭い告発に成り得ているが、筆者に衝撃だったのは、この問題がごく最近提起され、しかも奄美島民の理解を超えて、どれほど深刻な事態として、「ヨーロン差別」が広く九州の隅々まで浸透していたかという実体を示していることだ。

そして、その差別は、ユンヌに広く、かつ深刻な精神的打撃をもたらした形跡が窺える。たとえば、第1次移住団を率いた東元良の二男で、三池生活を経て与論に帰省、後に教育長にもなった東可栫は、「三池在住の時はその強い差別を受け、子供の頃は土地の子供たちから『ヨーロンが来た』と侮られ、敬遠された」と回顧している。教師を長く勤めた者をしてである。子供たちにハンデを克服し、自ら立ち上がる道を説く教育者すら、幼年期のトラウマ体験が人生終盤にまで影を落としていた。

『三井鉱山と与論島』著者・新藤東洋男は、「差別を解消するには、差別の実態を掘りおこし追求していく他には手だてはない。感情的問題を単に取り除くだけでは本当の解決になり得ない。本質的矛盾を解消しない限り、差別は常に再生産されていく」と警鐘を鳴らす。

果たしてユンヌが背負い続けた精神的苦痛はすでに癒され、解決済みだろうか。新藤の指摘を借りれば、まだ差別の実態さえ曖昧で、誰一人、加害者は名乗り出ない。それは差別が解消されていないことを明かしている。私はこの奄美出稼ぎ・移民史の潮流の起点に与論島民の口之津移住史を、過去の記録や記述を引っ張り出して再掲しただけではない。1899(明治32)年の彼らの船出から125年、改めて差別の実態を見つめ直し、その責任の所在を問うためである。

ユンヌを精神的苦境に追い詰めた大元は三井資本だ。低賃金労働の獲得へ、碧南の民を外部と遮断する「納屋制度」に閉じ込め、家族ぐるみの昼夜労働を強い、下請け使役者や監督役のピンハネを許し、囚人と同等あるいは以下の低賃金の労務政策を継続してきた。その哀れな環境のなかで、周囲から蔑視の対象になり、孤立させられ続けたユンヌがどれほど傷ついてきたか、果たして三井自体が顧みたことがあったろうか。そして、そうした不幸が繰り返されぬために、私たちは何を為すべきか。

企業の過去責任を問う声は、1990年代半ばからとみに高まっている。とりわけ、戦前戦中の「徴用工」※2-22を巡って、韓国、中国の隣人から次々と賠償請求が起こされ、国際問題にさえなっている。

なぜ、彼らは戦後50年以上経って日本の企業を相手に訴訟を起こし始めたのか。そこには国際人権法の発展が何より大きく、加えて日本国内の平和運動の高まり、被害者の高齢化などの理由がある。

国際的には政府の責任とは別に、すでにドイツ国でベンツやフォルクスワーゲンが企業の戦争責任を認めて被害者と和解したが、日本では鹿島が中国人の強制連行、強制労働の責任を認めて和解する２０００年まで、相当な時間を要した。しかも、そうした世界的時流のなかで、最高裁は２００７年4月、「西松訴訟」に対し広島高裁判決を覆して原告らの請求を棄却。以降、強制連行・強制労働に対して「賠償責任なし」とする判決が続いていて、賠償実現は厳しい局面にある。

その一方、三菱鉱業端島炭鉱（軍艦島）における2百人余の中国人への強制連行、強制労働における賠償訴訟では、最高裁による原告敗訴の確定にもかかわらず、２０１６年に被害者と三菱マテリアル間の訴外和解が成立、限定的ながら前進も見られている。また、賠償訴訟では市民団体などの参加が見られ、戦争被害への認識が深まる結果を生んでいる。これらから中国・寧波大の鄭楽静は、「戦後補償訴訟は正しく戦後50年を経て、日本人による戦争責任の捉え直しの検証の場となっている。日本人が、資料の発掘や被害者の

韓国の大法院は2018年10月、日本の植民地支配の時期に日本本土の工場で強制労働をさせられたとする、元徴用工４人が新日鐵住金を相手に損害賠償を求めた訴訟の上告審で、控訴審判決を支持して同社の上告を退け、１人当たり１億ウォン（約1000万円）の支払いを命じた。(AFP)

聞き取り調査などの活動を通して、被害者の権利回復のために訴訟を支えてきただけでなく、歴史を自分の手に取り戻そうとしていることは確かである。この意味において、中国人戦後補償訴訟は、同時に日本人の『過去の克服』の課題と連動するものである」(「日本人による中国人戦後補償訴訟支援研究：強制連行・強制労働問題を中心に」)と評価している。

「過去の克服」とは、戦後ドイツにおけるナチ時代への向き合い方として、「過去の過ちを直視し、そこから教訓を導き、それに基づいて未来を作り出す」とする思想、手法である。

筆者はこうした視点から、ユンヌの人びとの過去の精神被害に対する三井への賠償を法的に問い、「過去の克服」への第一歩とする展開が具体化されるべきと考える。それは当然、ユンヌ被害者の子孫側からまず主体的に発起され、推進されるべき事柄である。そして訴訟運動を通して祖先たちの体験の再認識と共に、国内の差別被害と連携、さらに韓国や中国の強制労働と手を取り合うことで、新たな国家・体制のワクを超えた、世界的なヘイトクライム撲滅推進の連携軸へと高めうる。

世界はすでにそうした連帯へ動き出している。日本経済新聞が報じるところだと、2014年4月、中国河北省の石家荘市で開かれた戦時中の日本企業による強制労働を巡る会合で、初めて中国と韓国の元労働者・遺族団体が、謝罪や損害賠償訴訟で連携を確認するに至っている。

与論島の集団移住が引きずってきた暗い過去、その精神的被害は、一地方の不幸な遠い出来事として葬るべきではない。日本における強制労働や慰安婦問題と同様、歴史的な禍根として、国際的な視点から再度掘り起こして検証されるべきである。

【注2】

※2-1宮崎康平（1917～1980）は昭和時代後期の作家、経営者。早大卒。実父の事業を継ぎ南旺土木社長、島原鉄道常務。「九州文学」同人。1950（昭和25）年失明するも妻和子の助力で「まぼろしの邪馬台国」を上梓、古代ブームを興し、第1回吉川英治文化賞。

※2-2嶽本新奈はお茶の水女子大学ジェンダー研究所特任講師。『「からゆきさん」海外〈出稼ぎ〉女性の近代』の著作がある。

※2-3森崎和江（1927～2022）は朝鮮・大邱生まれ。福岡県女子専門学校（現・福岡女子大学）卒。太平洋戦争下の学生動員中、結核に感染し戦後の3年間、療養所生活。1956（昭和31）年頃から、NHK福岡放送局でラジオのエッセイや、ラジオドラマの脚本を担当。丸山豊が主宰する詩誌『母音』同人。同所で知り合った谷川雁と筑豊の炭坑町に転居。同年、谷川、上野英信らと文芸誌『サークル村』を創刊。大正鉱業の閉山（1964年12月）まで谷川との同居が続いたが、意見の対立で谷川は東京へ。以後、福岡県を根拠地として炭鉱や女性史、海外売春婦などの多くのノンフィクションを手がけ、詩集を上梓した。

※2-4「青葉茂れる桜井の……」に始まる唱歌『桜井の訣別』は1899（明治32）年に発表された。鎌倉末期の名将・楠木正成は最後まで天皇軍について奮闘したが、敗北濃厚になり自害を決意。同じく殉じようとする息子・正行を戒め生還を促す、今生の別れの場面が歌い込まれている。

※2-5岩波講座「日本歴史17／近代4」（1976）所収。

※2-6 1872（明治5）年、横浜港に一隻のペルー船「マリア・ルース号」が修理に入港、数日後、清国人が海に飛び込んで、救助を求めて来た。船内には清国人230人が乗っており、過酷な扱いを受け

たと述べたため、政府の命で神奈川県が実態調査。「売奴船」であり人道上問題ありとして、神奈川県権令・大江卓を裁判長に法廷で全員を解放。ところが公判中、ルース号船長が「日本でも奴隷売買がある」と反論。慌てた政府は「芸娼妓解放令」を布告、事態を乗り切った。

※2-7 肥前島原藩と同国唐津藩の飛地・肥後天草の農民が1637〜38(寛永14〜15)年に、キリシタン信徒の益田時貞(天草四郎)を首領に起こした百姓一揆。「天草の乱」として知られている。領主松倉・寺沢両氏の苛斂誅求《かれんちゅうきゅう》を背景に発生したが、幕府側は信仰による叛乱と位置づけ、原城に立て籠もった約2千人をことごとく殺害した。

※2-8 新藤東洋男が与論島を踏査した際、『与論島郷土史』の著作増尾を訪ねると、増尾は軍隊用語で対応したという。「これは非常に印象深かった。普通は島の言葉で語っているので、私に通じる言葉は、この言葉(軍隊用語)が最も適当であったのだろう。翁は古い記録を南方風の三角屋根の茸の下につくられた部屋の片隅から次々と持って来て見せてくれた。そしてその夜はランプのもとで翁と語り、メモして、9時過ぎまでお邪魔した」

※2-9 与論島移住計画で剛腕を振るうが、一方では教育面で師範学校分教場の充実、大島農学校の新設に尽力。経済面では沈滞する糖業の打開に、砂糖同業組合を提唱、島民救済に乗り出した。しかしそれが鹿児島商人団の反発を買い、島司更迭に追い込まれたともいわれている。

※2-10 突然の笹森辞任の背景については、最新の知見で大島信(衆議院議員、吏党)との確執が背景にあったことが明らかになっている(『笹森儀助書簡集』)。大阪商船の横暴に反駁、島民資本の定期船就航を目指す浜上謙翠と連携。ところがその汽船会社との癒着を糾弾され嫌気がさしたようだ。辞任後は韓国に渡り、日本語学校校長や、故郷の青森市長に。弘前の銭湯で斃れ脳内出血で死去。70歳。

※2-11「島の半分くらいの土地を持っていた」上野が21年間君臨した戸長職を辞し、口之津に渡ったのは船舶、黒糖販売のサイドビジネスの失敗に加え、「村長の給料が安く、土地を売って出張するほどだった」（上野の長男嫁）結果ともいわれている。しかし『鹿児島県史／第1巻』では１８７８（明治11）年から与論島戸長役場経費は給与８４３円、事務取扱諸費４百円を地方税で支弁。うち戸長給与は相場で現米給付、島内巡回には別途、規定旅費が支給されている。

※2-12口之津には沖縄からの出稼ぎ事例もある。１９０６（明治39）年２月９日付琉球新報によると、前年12月、名護村周旋人の斡旋で口之津築港工事に約４２０人が出発。しかし実際に上陸したのは三池築港だった上、食費を引いた日給はわずか20銭。怒った一行の多くは福岡へ転出したが、約20人は故郷沖縄へ。裸一貫で鹿児島まで辿り着くが船運賃がなく、廻漕店に泣訴。事態は鹿児島新聞に報じられ、沖縄でも大問題になり、世間の同情カンパでようやく帰省を果したという。

※2-13土持は沖永良部島の横目職にあった１８６２（文久２）年、流罪になり死を覚悟した西郷隆盛のために、自費で風雨が凌げる座敷牢に改築。感激した西郷は義兄弟の契りを結び、生涯の朋友に。口之津への島民引率後の１９０２（明治35）年、69歳で死去。子の土持綱義は、和泊村の初代村長。

※2-14南彦七郎が立て替えたとするンダの養恩料については「主人に身代の幾分を償却し出発」（『与論島郷土史』）とあるが、それが幾らだったか、また3年間の無償労働による解放資料や、移住先での食費住居費などの個別収支記録はない。

※2-15沖縄の「ニライカナイ」と同義。カミムケ（神迎え）は旧２月のなかの壬の日にネリヤから海神を迎えて、オホリ（送り）の旧４月中の壬まで、神人合歓の日々を過ごす（『かけろまの民俗』）。

※2-16奄美の復帰運動は、教職者で詩人の泉をリーダーに展開されたが、激しい運動のなか、ダレス国務長

官が突如、復帰を表明。このため復帰後について討議するモラトリアムがなく、ビジョンを欠いたまま１９５３（昭和28）年12月25日の復帰当日を迎えることになった。

※2-17 納屋制度とは、明治期の炭鉱における雇用制度。炭坑事業主が納屋頭と坑夫を雇い、納屋頭は坑夫の募集、雇い入れ、繰り込み、賃金の配分などを担当。坑夫の炭坑における暮らしの面倒一切を見る制度で、坑夫は会社ではなく納屋に属した。炭坑（ヤマ）には「圧制ヤマ」と呼ばれる厳しい掟があり、その掟にしたがわないものは納屋頭による制裁が加えられることも（Wikipedia）。

※2-18 引率者・東元良の「三井さんはわがおとうさんおかあさん」という同胞への呼びかけは、植民地時代におけるイギリス重商主義者たちの、「植民地は繁栄の返礼として本国への感謝と同時に、『生みの親を杖柱とも頼み、己の利益はまず親に捧げなければならない』」（『資本主義と奴隷制』）と見事に重なり合う。

※2-19 人種、民族、宗教、などに係る、特定の属性を持つ個人や集団に対する偏見や憎悪が元で引き起こされる、嫌がらせ、脅迫、暴行等の犯罪行為を指す。アメリカ連邦公法では「人種・宗教・性的指向・民族への偏見を動機とする明白な犯罪」と定義している。

※2-20 与論島民の閉鎖性については、他の三池闘争の闘士（西富雄、山田文吉）からも因習打破を求める指摘が森崎・川西本に登場する。「昔はゆんぬ（与論）ちゅうことで世間からヨーロン、ヨーロンと馬鹿にされた。だからそれを隠す気持ちが逆に島んちゅを固めさせ閉鎖的になった。しかし今ではむしろゆんぬであることを誇りにさえ思っている。今度は郷土という形で大きく結集しようとしている。そしてそれは島意識というより階級意識を先行させながらですね」

※2-21 ＰＴＳＤ（post-traumatic stress disorder）は、命の安全が脅かされるような出来事（戦争、天災、事故、

犯罪、虐待など）によって強い精神的衝撃を受けることが原因で、著しい苦痛や、生活機能の障害をもたらすストレス障害。症状が1カ月を経ないものは急性ストレス障害として区別する。心的外傷（トラウマ）には事故・災害時の急性トラウマと、児童虐待など繰り返し加害される慢性のトラウマがある。しかし、基本的にＰＴＳＤは戦争帰還兵研究から生まれた診断で、児童虐待のトラウマに診断基準が対応していないとの批判が強かった。そのため、疾病及び関連保健問題の国際統計分類（ＩＣＤ）の第11版（２０１９年改訂）で慢性トラウマを分離し複雑性ＰＴＳＤの概念を導入することになった。

※2-22 第二次世界大戦中、日本の植民地支配のもとの朝鮮半島から、多くの朝鮮人が日本本土に連行され、工場や炭鉱などで強制労働に。いわゆる「徴用工」で、虐待や食事を与えられないなど過酷な環境で死傷者も少なくない。賃金未払いも多く、韓国政府が認定している被害者数は22万人。韓国大法院（最高裁判所）は２０１８年秋、元徴用工の訴えを受け、「日本の植民地支配と直結した反人道的不法行為」と判断、企業の賠償責任を認めた。これについて日本政府は、１９６５（昭和40）年に締結された「日韓請求権協定」を盾に、両国間の問題は「完全かつ最終的に解決している」と判決を拒み、韓国を非難する態度をとっている。これについて『しんぶん赤旗』は「韓国人元徴用工の本質が、侵略戦争と植民地支配の遂行と一体に行われた深刻な人権侵害であるという原則的見地に立ってこそ、被害者の名誉と尊厳を回復、解決への道につながる」と報じている。

第2章 〝砂糖地獄〟の連鎖

砂糖地獄の連鎖

龍郷町の旧屋入墓はヤンチュ墓ともいわれている。かつては海際にあって、豪農・田畑佐文仁の浦干拓に動員され犠牲になった南大島のヤンチュを弔ったとの口伝もあるが、不明な点も多い。

「ガーシヌ世」

島津軍の侵攻後、17世紀末に始まった奄美での黒糖生産。その2百年以上に及ぶ強制は、島々の伝統文化・暮らしを悉く変容させ、規定し続けた。何よりキビ作が収穫 ― 製糖まで約1年と長丁場を要することから、その期間を食い繋ぐのに、農民は疲労困憊した。加えて、島唄『黒《くる》ダンド』あるいは『糸繰り節』が歌うように、絶えず役人の叱責・打擲を恐れ、繰り返す暴風雨や旱魃、伝染病との闘いが続いた。餓死の恐怖が迫る「ニガシュ（苦潮）世」にあっては、頭上を過る暗雲にさえ怯え慄かざるをえなかった。

そうした深刻な「近世の貧窮」は近代に連鎖し、生きる場を失った島民は、慣れ親しんだシマを棄て、産炭地や本土工業地帯、海外に脱出するしか術なかった。

（1）餓死者の山

〽いちゅび（野苺）山のぼて、いちゅび持ちくれちよ
あだん（アダン）山登て、あだん持ちくくれちよ……

1921(大正10)年の旧正月、奄美大島を踏査した柳田国男は帰任後、名著『海南小記』※3-1を上梓するが、そこには幕末の薩藩流人・名越左源太（1820～81）が記し、今や奄美史研究のバイブル的存在の『南島雑話』から引用した一つの唄が紹介され、以下の解説が付されている。「名瀬の近くの作大能とか云ふ處でも、或時の飢饉に男女山に入り、苺や阿檀の実を採って食べ盡し、野山にはもう何も

奄美の近世・近代の歩み（『名瀬市誌』『苦い砂糖』など参照）

1609(慶長 14) 年	島津軍の琉球侵攻	琉球に支配権、奄美諸島は直轄領化
1695(元禄 8) 年		黍検者の配置。サトウキビ栽培本格化
1745(延享 2) 年		換糖上納令
1755(宝暦 5) 年	1754年薩摩藩による木曽川改修（宝暦治水）	徳之島で凶作、餓死者 3 千人
1777(安永 6) 年		奄美 3 島に砂糖惣買入制（専売制）
1815(文化 12) 年		徳之島で疱瘡流行、死者 1891 人
1816(文化 13) 年		母間騒動 (首謀者ら遠島)
1820(文政 3) 年		大島で凶作。上納糖不足で身売り人多数
1827(文政 10) 年	藩財政悪化 (負債 500 万両)	三島の砂糖専売制の徹底
1830(天保元) 年	調所広郷の天保改革	
1864(文久 4) 年		犬田布騒動
1868(明治元) 年	明治改元	
1871(明治 4) 年	廃藩置県	膝素立 (奴隷) 解放令
1873(明治 6) 年	政府、砂糖専売制を解除	奄美の砂糖勝手売買の布達に県は傀儡商社で対抗し専売継続
1877(明治 10) 年	西南戦争	丸田南里主導の自由売買運動起こる。歎願団 55 人が上鹿
1879(明治 12) 年	琉球処分、沖縄県設置	前年、奄美の砂糖自由化成る
1894(明治 27) 年	日清戦争⇒明治 37 年日露戦争	奄美の負債増大と裁判闘争
1914(大正 3) 年	第一次世界大戦…戦争景気と戦後恐慌	糖価暴落⇒（大正末）ソテツ地獄。関西中心に出稼ぎラッシュ
1931(昭和 6) ～ 1945(昭和 20) 年	満州事変…十五年戦争 敗戦	 沖縄で地上戦、死者 20 万人。奄美も戦禍
1946(昭和 21) 年	北緯 30 度以南の日本分離	沖縄・奄美、米軍統治下に…密航時代
1953(昭和 28) 年	奄美の日本復帰	沖縄での奄美人差別問題化

食ふ物が無くなつて、数十人の者が阿檀の木に首を縊って死んだ。それから以降は毎年其月頃になると、亡霊が出て来て何とも謂われぬいやな聲で、唄を歌つたと謂つて其唄が幾つも傳はつて居る」

つとに知られた民俗学者で農政学者だ。当然その論及は時代背景にも及んでいる。「大島が今の大島になる迄には、それはそれはえらい苦闘が有つた。……例えば今通つて来た朝戸の村なども、紅い櫻が咲いて平和らしい家並みであつたが、文化年間の記録を見ると、佐念と朝戸の両村は今人家無之とある。男女借財のために悉く身賣りして他村に行き、跡は作地のみ也ともあるから、乃ち其以降の植民であつた。これと同様の「潰《つぶ》れ村」※3-2が、他にもなほ十何箇所有って、其儘故跡と成ってしまったのである。此れは享和の頃の凶作の結果であつたが、其前後にも不幸は縷々繰返された」

柳田が記す「潰れ村」とは幕末期に生じた集落の無人化、ゴースト・タウンである。小さな村とはいえ、村びとと全員が去り、廃村に至るにはよほどの理由があったに違いない。時は1800年代入り直後。この前後から藩庁は一段と黒糖の収奪を強化、旧来の定租60万斤（2760トン）に加え、買重《かいかさみ》糖と呼ばれる臨時買い上げを連発する。これは江戸の大火で上屋敷が類焼し、普請費用捻出のためといわれるが、それ以前から、大阪市場で3～4倍にも大化けする〝黒いダイヤ〟黒糖販売の妙味を知った薩摩藩は、大阪蔵屋敷で商人団に売却、利益を守る一方、奄美の農民には過酷な貢租を課し、維新期もしばら

ソテツ山を背負った龍郷町安木屋場（あんきゃば）集落。「北大島龍郷の安脚場の部落は、南大島加計呂麻島渡連方の安脚場部落から連れ去られた家人たちによって開拓された部落である」（『幕末の薩摩』）。険しい山が海に迫る乏しい耕地の村はヤンチュたちによって拓かれたといわれている。

くその権益を手放さず、主な財源にし続けていた※3-3。

1808(文化5)年、大島代官に赴任した本田孫九郎は、島民の窮状を目の当たりに、「多作の者はとにかく相凌ぎ申すべき候へども、小作の者は所帯禿入り、是非なく妻子離婚などにも及び申すべく候」と、例年の買重で零細農家が困窮、一家離散し、無人集落が増えている現状の改善を、勝手方に訴えている。同様、1859(安政6)年、西郷隆盛は幕府に追われ、奄美大島・龍郷村に蟄居したが、島民への苛斂誅求に驚き、同志の大久保利通らに手紙で、「何方においても苛政の行れ候儀、苦心の至に御座候。當島の體誠不忍次第に御座候。松前の蝦夷人捌よりはまた甚敷御座候次第、苦中の苦、實に是程丈けは有之間敷と相考居候處驚入次第に御座候」(『大西郷全集　第1巻』大西郷全集刊行会　1926)と、その苛政がアイヌ以上だと憤っている。

民俗学の地平を拓いた柳田の慧眼は、寂れた村を一過しただけで、その負った悲惨を炙り出したわけだが、なぜこれほどの苛政が、本来は伸びやかな自然と暮らしの南島民に降りかかったのか。そこには海里隔てて文化異なる奄美に、藩主以下が撫育精神を育み得ず、時代が降るにしたがい、藩財政が逼迫したことにあった。

その序章は早くも18世紀中盤には現われている。幕府が薩摩藩に木曽川改修を命じた翌年の1755(宝暦5)年、徳之島では「餓死者3千人余有之」(『徳之島前録帳』)が記録されており、3年連続の凶作に台風、伝染病が加わり、死者累々の惨劇に見舞われた。事態はそれに留まらず、

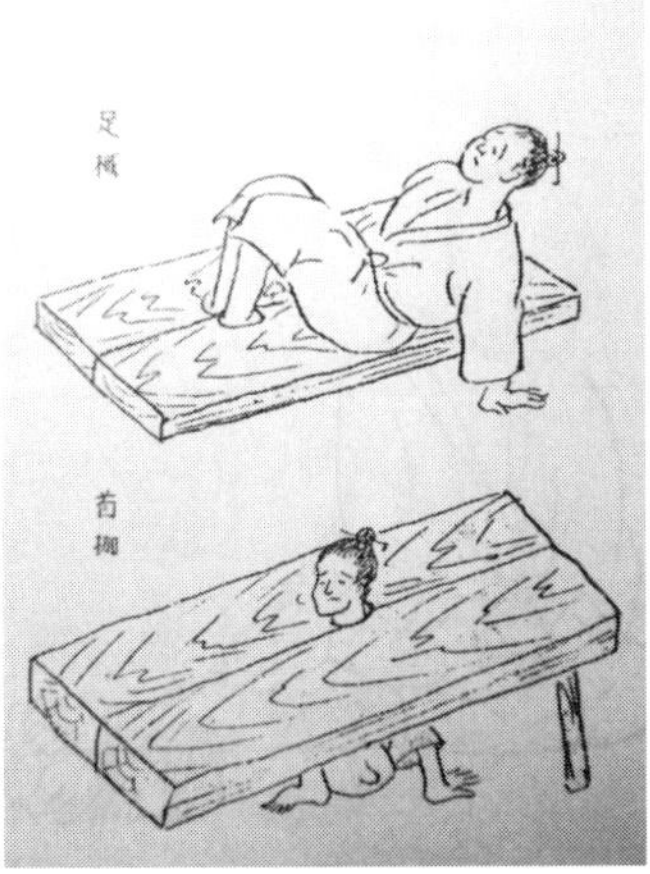
『南島雑話』が描く、怠慢農家に課したという刑罰。

▼１７７２（安永元）年＝「疫病流行。徳之島全島老若男女で死亡したる者は1千7百余人」

▼１７９０（寛政2）年＝「天然痘大流行し、全島人口6万6千４３８人のうち４３１人死亡」

▼１８１６（文化13）年＝「全島に天然痘大流行し1千８９1人死去」と続き、さらにその行間を「大飢饉にて餓死」といった記事が埋め尽くしている。

こうした惨状の大方はサトウキビの連作と栽培拡大に起因し、〈地力低下⇒害虫等の多発⇒イモなど食料減少による飢饉⇒伝染病の拡大⇒餓死〉という負の連鎖が「ガーシヌ（餓死）世」を招き寄せていた。

しかし藩首脳は現地情勢を顧みずに収奪を強化し、１７６２（宝暦12）年の奄美大島の租税率は73％にも。これは本土農村で極端な重租例の「六公四民」（故・堺屋太一は『峠から日本が見える』で「一部の水利が悪い山村・離島のことで全体としては神話である」と否定）を超え、奄美では「七公三民」さえ存在したことを示し、体制内からさえ「大島の租税甚だ重し。島民何の罪あるや」（藩重役・汾陽光遠『租税問答』）と言わしめたほどだった。

為に、窮状を逃れようと、徳之島からは密かに海を渡って逃散する農民が続き、『徳之島前録帳』には、大量餓死を出した１７５５（宝暦5）年、「農民1千3百人が奄美大島へ逃亡した」と記している。

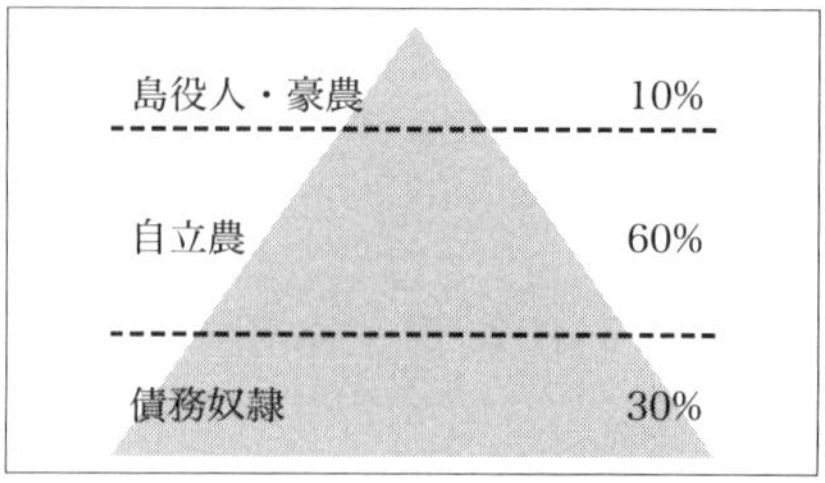

薩摩藩政下の身分構造

時代の軋みは留めようがなく、１８２７（文政10）年、薩摩藩の累年負債が「新古併わせ5百万両」の巨額に。藩主・島津重豪の命で側近・調所広郷が「天保改革」を断行するが、その改革の主眼は3島（喜界島、奄美大島、徳之島）の「黒糖専売の利益増加」（原口虎雄『幕末の薩摩』）に置かれ、生産管理を徹底、農家締めつけが一層強化され、粗悪品を産んだ農家には「カブリ（首枷）、シマキ（足枷）の刑罰を科した」（『奄美史談』※3-4）という。

だが、度を超すこうした厳格化はむしろ生産意欲を挫き、藩政への批判・抵抗を強める一面がある。「〽砂糖山かち行きゅんむ時じゃろが、吾きゃが自由なりゅん時や……」（製糖小屋行く時だけだ、吾々が自由を得るのは）、「〽かしゅたんてぃ、誰が為どなりゅり、大和いしゅぎりが為どなりゅり（こんなに苦労して、一体誰のためになるのか。大和のサムライのためにしかならない）」。島民が愛してやまない島唄に、直截な、遺恨を込めた三線歌が多く登場するのも、この頃からだといわれている。

そして苛斂誅求から逃れようがなくなった農民は、暴政に立ち向かうべく、徳之島で1816（文化13）年に「母間《ぼま》騒動」、更に約50年後の1864（文久4）年、「犬田布騒動」が発生。事態はほどなく鎮圧・収拾するが、命がけの抵抗は〝封建の極北〟といわれる薩摩藩の藩役人や島吏を大いに怯えさせた。

（2）農奴に堕ちゆく農民

奄美の産糖量が藩政期末、どの程度の国内シェアだったか。天保期で見ると、大阪市場の甘味の半量が黒糖で、うち島津領産の8割以上が奄美産（1857年の奄美大島だけで産糖量858万斤）で、奄美農民の産み出す黒糖がいかに大きなウエートを占めていたかが明らかだ。なお琉球産は当時、作付制限下にあり、奄美産の28％どまりで、鹿児島の琉球館に運ばれ、薩摩藩の手で大阪市場送りされていた。

農家の疲弊は続いた。キビ作に加え、月十日以上も道路普請などの公役《くやく》に駆り出され、合間を縫って主食のイモ栽培に追われ、「家々の労れ、いふもさらなり、腰打ちかけて足を休むる家なく、渇きさえ忍びかねるほどなり」（藩徒目付・得能佐平次）といった有様だった。運悪くケガや病に伏そうものなら、たちまち貢租が滞り、止む無く豪農に泣きつき借財。しかし、それも高利で耐え得なくなると、家を出て豪農の農奴になるしか術なかった。この結果、豪農はその豊富な労働力を駆使した大規模農業で一層富裕化、藩への黒糖寄進で特権化し、一方で奴隷はその隷属下でも借財金利だけは膨れ上がり、農村構造は極端に歪な二極化を呈するようになった。

　奄美では債務奴隷を「ヤンチュ（家人）」と呼ぶが、1726（享保11）年、奄美初の郷士格、龍郷・田畑佐文仁に対する代官記録に、「下人下女抱」という記述があり、すでに中世の下人制度と同様な家人がこの時期に存在し、主家の下人として働いていたことが明らかだ。そしてヤンチュ同士に生まれた子は、与論島で「ンダ」と呼ばれたように、奄美大島では「ヒジャ（膝）」「ヒジャスダチ（膝素立）」と呼ばれ、生涯、主家に隷属したという。

　問題はその数である。キビ産業は労力を要し、機械化が実現する近年まで刈り入れなどに人海戦術が用いられた。したがって蓄財を果たした農家は積極的にヤンチュを受け入れ、大方一戸に3～4人のヤンチュを抱えるのが通例だったという。さらに増徴に継ぐ増徴でヤンチュへの転落は増え続け、全人口の3割前後にも達し、一方で豪農は太りに太った。これらの数的根拠は瀬戸内町諸鈍出身の金久好《かねひさよしみ》、（1911～2010）が東京帝大の学生時代に、故郷の古老からの聞き取り、論文化したもので、県史料

天保期（1834年前後）**の砂糖の大阪積登額**（単位：千斤）

黒糖	12,000	島津藩領各地産（うち2,400琉球館届分）
	400	土佐、日向、肥後
白糖	6,600	本土各地産
	1,000	唐紅毛白糖
白下糖	850	本土各地産
蜜	3,700	本土各地産
合計	24,550	

※黒糖の琉球館届分は琉球産（来間泰男論文）、他の数値は樋口弘『本邦糖業史』に拠った。

にも用いられる価値高い一書になった。

金久の記した「奄美大島に於ける『家人』の研究」によれば、奄美大島の名だたる豪農は島唄が、①諸鈍《しょどん》村・林前織《はやしまえおり》、②住用村・住佐応恕《すみさおじょ》、③大和浜村・太三能安《ふとりみのあん》と歌うように、奄美大島ではこの三家が突出してヤンチュを抱えていた。なかでも太平洋を望む海岸線が美しい、加計呂麻島・諸鈍の林家は、往時、村の内外に3百人余のヤンチュを有し、5～6町歩で約15万斤の黒糖を生産、その税余の余計糖で得た代米は諸鈍9棟、生間《いけんま》2棟の高倉に満載。だが、米に虫がついてもヤンチュには供しなかったという。

筆者は昭和40年代、大島海峡を渡って加計呂麻島を歩いたことがある。まだ手つかずの無垢な自然と、穏やかな島民の挙措に安らぎを得たが、伊子茂《いこも》と呼ばれる奥まった入り江の集落を歩いていて、石垣を巡らせた屋敷に出会った。「西家」という土地では知られた旧家で、現れた70前後と見られる女性当主は、書院風の座敷飾りに種子島銃が無造作に置かれた居間に通し、一族の成り立ちを語り出した。今は古びた庭や屋敷にはかつての琉球交易時代に得た、唐風の珍品があふれていたといい、また屋敷の外に長屋川と呼ぶ小川があって、その傍らにヤンチュ小屋があり、中を仕切って個室は夫婦用、大部屋は独身用の雑居部屋になっていたという。

この西家の藩政期からの歩みは、絵巻にでもしたい変化に富んだもので、元は鹿児島・加世田出身の武士が薩川に居住したのが始ま

奄美を代表する豪農・林家邸跡は入江を望む一角に人気なく苔むしてある。だが程近い墓所には、栄華を誇るように壮麗な墓碑が林立している。(加計呂麻島諸鈍)

りだという。系譜を辿ると、18世紀後半、5代目当主・西能悦が薩川からヤンチュ約40人を引き連れ伊古茂に入植開墾、新しい村建てをした。さらに幕末近い1820(文政3)年、島役では最高職の与人《よひと》・西直民が藩からさらなる栄誉「郷士格《ごうしかく》」※3-5を得て、奄美を代表する龍《りゅう》家(龍郷、元は田畑家)、芝《し》家(西方篠川)と並ぶ上流階級の一角を占めた。これは藩への「勤功」、つまり自身の私財砂糖を大型献上した見返りによるものだった。やがて訪れた幕末動乱では、大方の豪農が前途を拓けず斜陽化を速めたが、かつて藩主・重豪に苗字付与を迫るほどの勢いだった篠川・芝家もあっけなく没落、その壮大な農地を切り売りするが、皮肉にもそれを譲り受けたのは後発の富農・西家で、同じ南大島の豪農ながら好対照を成した。

宇検村名柄の村境の峠に建つ「かんつめ節の碑」。藩政期、ヤンチュかんつめは隣村の若者と恋に落ち、宇検村名柄の峠で逢瀬を重ねていたが、主家に知れ、主人の凄惨な虐待を受け、先行きを悲観し自殺した、との伝承がある。村人たちは薄幸の娘の死を悲しんで、島唄「かんつめ節」にして、今も歌い継いでいる。

こうした豪農の栄枯は当然、その一存で売り買いされてきたヤンチュの人生をも翻弄したろう。西家の女性当主は「ヤンチュの酷使?私が子供の頃は同じ年頃の娘たちと分け隔てなく遊んでましたよ」と、風評を言下に否定、懐かしむように蝉しぐれの雑林を仰ぎ見た。

だが、雇主と使用者の視点は大方異なる。富農の出ながらヤンチュ研究で業績を残した金久好は、同郷の文学者・昇曙夢(『奄美大島と大西郷』)が記した「家人は朝から晩までの鞭による酷使虐待に耐えかねて自殺する者多く……」との記述には、極端な事例と退けつつも、「酷使虐待されたろうことは推察に難くない」と述べている。もうヤンチュの悲劇を語る者はいないが、社会運動家だった故・松田清が彼らへの思いを綴った一文は付しておこう。

「1857(安政4)年3月1日、徳之島伊仙のキビ見廻り役・恭伊頭のヤンチュ宮幾(24)と、妻である同村・正久代のヤンチュ・ヲメヤ(20)の二人は、地主の酷使に耐え切れず、自分たちの小屋に火をつけ自殺した。……あと11年もすれば明治維新という時代であったが、もちろん、この若い二人にはそのような世の中の動きを知る由なく、苦難に満ちた現世より、あの世の方が楽と考えたのだ」(『奄美社会運動史』)※3-6

明治維新とヤンチュの行方

(1) 自由を巡る攻防

維新期、「自由」という言葉が流行に流行った。「自由」の名を冠すれば商品が飛ぶように売れた。子供が生まれると「自由太郎」と名づけ、浴場に自由湯、あめ玉に自由飴が登場した。日本中が一切の束縛ない、解放を求めていたのだ。政府のいう「是、新たなり」の一条は、むしろ遅れた自由宣言だったかもしれない。しかし奄美ではまだ自由という言葉すらなく、「勝手」と呼びならわされていた……。

1867(慶応3)年12月、王政復古で明治新政府が誕生、新時代が幕明けると、欧米に倣った近代国家建設へ、改革が矢継ぎ早に繰り出された。

なかでも奄美で関心を呼んだのは、専売制下にある黒糖販売権と、農奴ヤンチュの行方だった。新政府は「▼明治4年＝膝素立(奴隷)解放令※3-7▼明治6年＝砂糖専売制の解除による勝手耕作・勝手売買▼同＝金銭通用開始▼同＝戸籍・家制度の確立▼同＝居住・移動の自由▼同＝職業選択の自由」

と一連の改革を断行、「有難きご一新の世」が出現する。

帰趨《きすう》が注目された黒糖について詳述すると、大蔵省は通達第46号の別紙で、鹿児島県に対し「大島、喜界島、徳之島、沖永良部島、与論島等島々出産の砂糖、従前勝手売買差し止めこれある趣のところ、自今貢納定額の他島民所得分勝手売買さしゆるし、内地商人どもと往来致し広く営業致さし申すべき候」と付し、「心得のため人民へ触れ示すべき事」と示達した。

これを読めば、誰もが黒糖売買が自由になったと解するだろう。だが、『名瀬市誌』は「県は新政府がこういう処置にでるだろうことを察知し、まだ実質的には藩体制のくびきにつながれていた島民の無知と従順に乗じて、事前に独占商社を設立、島民との契約という形式をふんで『勝手売買』の裏をかいたわけである。そしてこの大蔵省通達を隠して島民には知らせなかった」※3-8と、市誌の白眉ともいえる、誠に興醒めな背後を解説して見せている。

奄美の黒糖はすでに、鹿児島そのものに欠くことのできない産物だった。１８６９(明治2)年調査で鹿児島藩産物中、奄美黒糖が約5割(皆村武一『奄美近代経済社会論』)を占め主要財源になっており、県は黒糖販売の独占権を維持すべく、大蔵省示達の前年の１８７２(明治5)年、大島与人の太三和良、基《もとい》俊良《しゅんりょう》※3-9の2名を鹿児島に招き、島民代表と鹿児島商人団との自由意志の契約を繕って、この傀儡商社のみとの砂糖取引・物資購入を契る、事前の策を講じていた。

しかし覚醒した島民は、なお藩政期同様の軛《くびき》に批判百出。とりわけ１８７５(明治8)年帰省した名瀬の青年・丸田南里※3-10が久々に見た故郷の姿は、「柵の外に跪いて平身低頭で商人に接し、交換に従事」(『南島探検』)する旧態で、南里はこれに怒って島民を組織、「なんぞ鹿児島商人一手の下に束縛を受くるの理あらんや」（『大島郡ノ来歴』）とその不法を唱えると、遠く加計呂麻島からも同調者が名瀬の運動本部に押し寄せ、「全島沸騰」の勝手売買運動※3-11が巻き起こった。

いきり立つ島民はついには１８７７（明治10）年、「勝手世願い」※3-12と呼ばれた歎願団を組織、棒打ち・投獄を受けた南里に代わって、55人の上鹿代表団を送り出した。だが折り悪く、鹿児島は西南の役勃発による混乱下で、西郷軍によって全員が捕縛・投獄になり、ほどなく兵員不足から、歎願団若手の35人が徴兵を強制され戦場へ。西郷軍の敗走始まるなか、八代・桜場の激戦地で6人が戦死。生き残った島民は鹿児島残留組と合流、帰路に就いたが、船がトカラ沖で難破し、帰省を果たしたのはその半数にも満たなかったという。難破船からは彼らの行李が、奄美大島北端の砂浜に流れ着いたらしく、島唄は「トンバル（笠利崎沖の小島）沖なんてぃ、骨散らし」と島の英雄たちの悲劇を嘆き悲しんでいる。

こうした犠牲を経て、戦後の１８７８（明治11）年、新たに中央公選の知事が赴任。体制一新への期待を集めたが、鹿児島士族への配慮から旧慣温存策が優先され、黒糖も旧来の専売システムを継続。怒った島民が県の出先・島庁に押し寄せ行政は混乱、ようやく同年7月、傀儡商社が解体になり、勝手売買が実現した。

しかし、島民側の勝利にもかかわらず、自由化後に押し寄せた商人たちの過当競争の青田買い攻勢に晒され、大金を手にし、その扱いを知らない島民は散財して借金漬けに。１８８７（明治20）年の島民負債は暴利も加わって、奄美大島だけで負債＋利子糖＝計５１４万斤と年間産糖量の2倍にも達し、絶望的な経済状況に陥った。農民は借金の取り立てから逃れようと巷を彷徨い、一方でその減免を求める裁判闘争を展開、紛争が長引いて奄美の混乱は収まる処を知らなかった。

また、貧窮化した奄美経済に対して、その行政経費が県全般の財政を圧迫するとの指摘で、鹿児島県は「奄美分離独立予算」※3-13を1888(明治21)年実施。奄美だけ自前財政を強いるこの類例ない非情な措置が、1940(昭和15)年まで約50年間継続され、公共投資の余力がなく島々の経済疲弊を一層深刻化させた。

(2) 農奴解放令とその行方

一方、ヤンチュの行方である。大島代官記によれば、1871(明治4)年の解放令によって「30歳以上の者は身代砂糖一千5百斤」の支払いで身請け可能になり、膝素立622人、奉公人136人が自由の身になった。しかしそれは1万人ともいわれるヤンチュの1割にも満たず、身代糖が払えず、なお主家との雇用・小作契約者が多数いたことを示している。

八代市・春光寺は薩軍が立て籠もった陣地の一つ。その参道に桜馬場戦場があって奄美の農民兵もここで戦死したと伝えられている。また近くの球磨川下流には宮崎八郎戦没地もある。

金久好の論文によると、この時期、諸鈍・林家ではヤンチュたちが解放を求めて、家主・林前福と集団交渉。迫るヤンチュに前福は「他が無代解放しているなら、自分だけ無理もいえない」とその場で解放を認め、ヤンチュたちは欣喜雀躍、手舞いとハト(指笛)のどよめきが山から木霊するほどだったという。

この無代解放は前福の誤認から生じたものなのかは不明だが、ヤンチュへの対応は温情ばかりではない。1888(明治21)年、借用証書を残して飛び出たヤンチュに対し、地主連が訴訟を起こし、大島区裁の裁判官は「被告は娘を5カ年、原告の家で無償で働かせよ」との判決を下しており、松田清は著書で「政府も人身売買の禁止令を出しながら、ヤンチュの歴史的苦しみに一片の同情も示さず、地主の味方としてヤンチュたちの前に立ちはだかってきた」と非難している。

また、せっかく独立を果たしジブンチュ(自分人)になりながら、与えられた農地を地租の重課で手離し、再び赤貧化した島民が1887(明治20)年＝1968人、1919(大正8)年＝5千932人記録されている※3-14。そして一方で、1925(大正14)年の多額納税者を見ると、ヤンチュを駆使し豪農経営を展開してきた、徳之島の旧豪農が上位を占め、資産を形成して上位を独占している。徳之島伊仙・糸《いと》米富は1784(天明4)年、糸木名村が飢饉と流行病で禿村になった地を開拓、黒糖を献上し郷士格に登用された者だが、その子孫に財は継がれ、6千円もの奄美一の多額納税者になっている。2位の平家も知られた徳之島の豪農で、旧時代の格差がなお色濃く継がれていることが見て取れる。

近代における奄美農村の変化については、仲地哲夫「沖永良部島のオイチュとヤットイ」(『南島文化』)でも見ることができるが、1879(明治12)年からの地租改正で奄美でも土地流動化が進むものの、沖永良部島では10町歩前後の地主は2、3人程度にすぎず、地主――小作関係は少なかった。反面、才覚ある農民のなかから、黒糖、米を売り、金貸しで儲け、土地を買い集める「オイチュ」と呼ばれる新富裕層が誕生、逆に負債を抱え「ヤットイ」と呼ばれる年季雇いに身をやつし、借財返済が終わるまで主家の労働奉仕を課せられる、新たな主従関係※3-15が多く見られるようになった。

大正14年　多額納税者

糸　重徳	伊仙	6096円
平　正之	伊仙	2998円
蘇　嘉太郎	瀬戸内	2581円
緒方辰次郎	名瀬	2221円
林　為良	東天城	2008円

※当時の一世帯平均負担額は約30円。
「奄美大島新聞」による

（3）島民による島民の支配

奄美の時代的前進を阻んだものを挙げよといわれれば、躊躇なく、①薩摩藩の苛政、②「島役」と呼ばれた島民特権層の権力濫用、を挙げたい。

藩から代官所に派遣される、武士団はわずか5人前後。藩元から遠く離れ、しかも外海離島だ。万一事あれば全くの無力で、その任務の遂行にも統制にも島の有力者層に頼り、その一派を農民管理に当たらせた。それについて松下志朗『近世奄美の支配と社会』は「薩摩藩は道之島（奄美）からの収奪を効率よく行うためには隠然たる勢力を持つ上流階級の協力を得なければならず、しかしながらその勢力を一定度内に抑えなければならず、収奪の基盤そのものが疲弊してしまうという二律背反に直面していた」と述べている。

まさに松下の分析にある、〝背反する基盤〟のなかに特権層・島役を生み増やす土壌が見えるが、その旨味を知って自らの子弟を送り込んで増殖し、やがて島民が島民を支配する階層が全人口の一割近くをも占めた。しかも、その公職者報酬はもとより、慶事で藩主にお目見えを許された与人上国の旅費一切、代官出張の際の進物さえ取り立て、なかでも農民への黒糖貸付け金利は、多くが慣習の年利3割を大きく超え、農民を地獄に晒した。

当然、その彼らの著しい権力増長には藩庁も警戒。『大島御規模帳』では島役を「皆百姓ニて候」と念押しし、華美をも戒める示達を重ねている。しかし幕末・維新になってもその勢いは衰えず、金久好によれば「家人及び百姓はユカリッチュ（由縁人）に路上で逢ふ時は土下座して挨拶を成した」という。今日の村長に該当する、名瀬戸長に抜擢された大江直佐登《なおさと》（1834～1910）は、管内巡視の際、路上にひれ伏す農民が「直佐登衆《しゅ》」と尊名で呼ぶと、馬上から睥睨し「面倒だ。呼び捨てでよい」と答え、まるで武士のような振舞いだったという。

この大江家は狭い領内に多くの豪農が出た大和浜の出で、富良の代には20人のヤンチュを抱え、南部の豪農・西家との婚姻で上流階級入り。その嫡子の直佐登は、流謫《るたく》中の日本史学の先駆者・重野安繹らに学び、島役入り。累進を重ね、明治に入ると邑都名瀬の戸長に登用され、黒糖の独占商社・大島商社掛として監督官になり、県・商人団の代弁者として、島民との交渉窓口を担っている。

しかし、自由売買運動が巻き起こり、改革を求める人民派からの批判の矢面に立つと、役人派頭目として干渉・弾圧。自由を叫ぶ丸田南里らを「愚民を欺く奸謀の者ども」と切り捨て、請願団の上鹿には先行して県側と協議、上陸と同時に捕縛吏を伴い一網打尽にして投獄させた。そうした辣腕は勝手売買運動の終結後、大衆から敵視され失職、その後の蹉跌を来たすことになった。

歴史の鬱曲を強いられた奄美では、その因となった薩摩藩、さらに鹿児島県に対して不信・嫌悪が根強く、心理的一体化を阻んできた。確かに藩政期の無慈悲や、明治期からの財政切り離しなどの不公平が、島民を長く苦しめたのは多くが指摘する通りだが、他面でまた、同じ島民の特権層の横暴も、相当に一般島民を迫害してきたことは問われなければならない。だが、その怨念のほとんどは鹿児島側に向けられ、島民特権層は問われることがなかった。それ

「南島雑話」に描かれた島役人と供。彼らは琉装を強いられ、その身分階級はもっぱら簪の数、性質で区分した。

は地縁血縁をかつては同じくした者への配慮からだが、この奄美内部の二分化を、全てが許容していた訳ではない。後年、奄美史研究に没頭した昇曙夢は、自著『大奄美史』の薩藩直轄時代の項で、島役の弊風を厳しく糾弾、以下のように記している。

「大島の郷士のなかには多くの富と下人とを擁してゐる上に、種々の特権を与へられてゐるのを笠に被て、鳥なき里の蝙蝠の如く振舞ひ、甚だしきに至っては往時島民が皆同じ一つの血族団体であったことを忘れ、恰も種族でも異にする如き態度を以て同胞に対する者あって、一般民衆は大いに悩まされたものである。今でも郷士や与人の子孫のなかには、……たかだか今日の村長格以上に出ない祖先の格式を誇る遺風があって、一種の門閥でもあるかの如く威張りたがる風のあるのは笑止の至りで、大いに慎むべきである」

筆者は昇のこの一文に接して、多くの顔なきヤンチュ、さらには時代を下って、与論島を出たユンヌの悲しみを思い浮かべないわけにいかなかった。

奄美の島々の貧窮の多くは、逃れようのない自然災害・繰り返す伝染病の流行という宿痾に加え、権力層が無慈悲に一般の血肉を貪った結果に他ならない。その結果、近世の貧農は近代になっても貧窮か

旧藩時代の島吏（『徳之島事情』）

役職名	報酬年米	徳之島人員
(間切)		
与人	10石8斗	6
惣横目	4石8斗	6
黍横目	3石6斗	13
田地横目	(人夫1日1人)	6
津口横目	(人夫1日半人)	24
竹木横目	(人夫月10人)	6
筆子	6石	6
目指	2石8斗	6
黍筆子	(人夫あり)	6
黍見廻	2石	24
(代官所付)		
定書役	4石	10
定助	3石6斗	3
見習	1石5斗	3
稽古	なし	10
茶番	なし	3

ら抜け出せず、やがて生き延びんがため、命がけで島を離れ、都会や海外に逃れ、「ボートピープル」になっていった。

【注３】

※3-1柳田国男は官僚を辞すと、朝日新聞入り。紀行文を執筆すべく、沖縄を旅したが、帰路、奄美に立ち寄ったのは、すでに沖縄からは消えてしまった琉球文化の残滓に接したいとの思いからだったという。

※3-2「潰れ村」は凶作続きで村人がヤンチュに堕ちて村を去る他に、明治のヤンチュ解放によって人口が減り、廃村に至った例があって、名瀬市誌は有屋、朝戸に加え佐念村（サンギヤマ）を挙げている。他の間切でも廃村跡は相当数、確認されている。

※3-3皆村武一『奄美近代経済社会論』は薩摩藩の「天保改革」による年平均収入増加は28・3万両で、うち83％が砂糖の増収分だったと分析。また大島支庁長だった小林三郎は「幕末に藩が蓄えた3百万両は、京都、江戸、国元にそれぞれ百万両ずつ分配、国元の百万両は明治10年の西南戦争の時、県令大山綱良の手によって薩軍の軍資金に当てられた」（『幕末三代窮乏の薩摩藩を救った大島の黒糖』）と述べている。なお金貨百万両の現在の価値をＡＩに問うと、日本円換算１３００～２０００億円と推定する。

※3-4『奄美史談』の作者・都成植義《となりたによし》（１８６５～１９１４）は名瀬生まれ。教員、裁判所書記を経て、名瀬村長に。傍ら郷土史研究にも打ち込み、『奄美史談』は１８９１（明治24）年の初稿とされているが、当時の黒糖販売を巡る混乱を背景に、一貫して藩・県の苛政批判を展開。なかでも島民から系図を取り上げ焼却したとする「系図焼き捨て論」はその後の郷土史書にも継がれたが、実際は城内火災による

焼失だったとされ、近年、「奄美史を歪めた元凶」との指弾さえ出ている。しかし、単なる文献史学に拠らない明治の勝手世運動の息吹を伝える生き証人として、さらには奄美人のアイデンティティを守ろうとするその精神は古びることがない。

※3-5奄美における「膝素立解放令」に伴う解放運動として知られるのは、奄美で流人体験のある藩士・伊地知清左衛門がその救済に来島。名瀬金久の押宅を本部に「人身売買は厳禁である。各自無償で家を出て差し支えない」と説き、島民から一時、神の如く崇められた。これによってヤンチュと主家が激しく対立し抗争激化。鹿児島から巡査団が来島、ヤンチュ数人を切り捨て、鎮圧したという。その運動の主導者・伊地知は1879(明治12)年、捕縛され大島監獄に投獄、その子孫は徳之島に健在だという。また徳之島では、阿権村・ヤンチュ前安が自ら立ち上がり、島内を仲間とデモ行進。しかし同じく投獄の憂き目を見ている。

※3-6「郷士格」は郷士ではないが、郷士に準ずるという扱い。薩摩藩では有力家臣団を城下に配備、他は地方で屯田、自活させた。彼らは「唐芋郷士」と城下士から侮蔑されたが、奄美ではそれに劣る「郷士格」を最上の家格としてその付与を特権層が要望した。

※3-7西家についてはまたこんな逸話もある。奄美の豪農が維新によって多く没落したのは、一時期までヤンチュを虐待酷使した祟りと信じられていた。1883(明治16)年、豪農の多くが「養恩料50円で解放したが、西家は無償解放。したがって祟りを受けなかったという」(「大奄美史」)

※3-8大蔵省の勝手売買の通達を県が「島民に秘して伝えなかった」との解釈は、旧来多くの史書に継がれてきたが、故・弓削政己氏が『瀬戸内町誌　歴史篇』に、①明治5年、2名の与人役が大島商社と契約を結んだ折、商社側提案に基俊良ら与人側が反論、勝手商売ができることを認知していた。②明治8年、

名瀬方伊津部村百姓中の願出書に、貢糖以外の砂糖は勝手売買ができるとの布告を知っていた——とする2点を論拠に旧来の『名瀬市誌』等の解釈に反論した。しかし「旧藩政は一家の如く親切」と語る特権層代表格の与人・基らを、果たして一般島民と同一視してよいのか、1873（明治6）年の布告を2年後に「知っていた」と語ることの史料の同時代性への疑問をも惹起させ、多くの検証されるべき課題を残している。

だが、問うべきは鹿児島藩・県が事実を秘匿したかどうかにあるのではない。政府方針を受け入れず、独断的な県政運営を続け、なおも島民搾取を画策する姿勢こそ問われなければならないはずだ。

※3-9 基俊良は1825（文政8）年、喜界島代官から大島代官に転じた四本庄蔵が実父。島妻との間に生まれ、長く与人、戸長など要職を歴任、奄美初の代議士にも。こうした鹿児島系人脈が多く島役に就いており、基家は名瀬金久の山裾一隅に邸宅を構え、一時は名瀬の3分の1ともいわれる壮大な土地を有していた。

※3-10 丸田南里（1851〜1887）は名瀬伊津部の農家生まれ。島妻だった姉の旅籠屋に出入りしていた藩役人などから初学を授かり、14歳時に白糖工場の機械導入に来島した貿易商グラバーに伴われ長崎へ。上海、イギリスの自由経済に触れ帰国。勝手売買運動後は自ら砂糖商になったが事業に失敗。上京後はソテツ葉輸出などに携わったといわれるが、資料がなく多くは不明のまま。奄美が黒糖負債に苦闘していた中で、36歳で急逝した。

※3-11 黒糖の勝手売買を巡る対立・抗争の広がりは大和村今里の『今里の歴史』からも見ることができる。同誌には「里地区は勝手派、金久地区は商社派に住民同士が別れて対立」し、勝手派の森田一族はナガクチャ（木造舟）で名瀬の大支庁に歎願で出かけたら海岸に警察が待ち構えていて、リーダーを連行。残された村人が警察署に乗り込み窓ガラスを壊す騒動があったと伝えている。

※3-12「鹿児島県統計書」（皆村武一『奄美近代経済社会論』）

※3-13 黒糖生産地・奄美の歴史評価について、南日本新聞（1971年11月28日）は「黒糖地獄」として取り上げ「近世中期以降の薩摩藩の財政を支えたのは奄美の黒糖であった。もし、藩に黒糖が無かったら西郷や大久保らが近代史の転換の時点で十分に腕を振るえる条件も生まれず、〝明治維新の主役・薩摩〟は歴史に登場することがなかったかもしれない」と総括している。しかし、それは鹿児島の一貫共通した歴史認識だったろうか。維新後、奄美黒糖がその生産力を落とすと、県内で声高になったのは奄美の切り捨て論だ。明治13年、大島郡経済分離の建議がなされると、鹿児島県会では登壇議員が「大島のような厄介者は内地に付けておいては随分迷惑なことだが……」と奄美を厄介者扱いしている。さらに下って昨今、鹿児島史研究で名のある歴史学者が、幕末期の薩摩藩財政に寄与したのは上海貿易で、奄美の黒糖の比重は「取るに足らない」と、その寄与を軽視、奄美の郷土史家から反駁されるなど、彼我の解釈、心情にはなお乖離が残る。

※3-14「鹿児島県統計書」（皆村武一『奄美近代経済社会論』）

※3-15 沖永良部島国頭村の「オイチュ＝ヤットイ」関係は、近代沖縄の新富農と奉公人の「ウェーキ＝シカマ、イリチリ」関係と酷似している。また与論島でも富裕者をウェーキと呼んでいた。

第3章　近代のとば口で

近代のとば口で

一年がかりで育てたサトウキビの製糖風景 (1973 年)

慢性的な貧窮

「明治18年のことである。それがおそらく日本の飢饉の最後のものだったろう。私は貧民窟のすぐ近くに住んでいたので、自分で目撃したのであるが、町の有力な余源（商家）をはじめ二、三の家の前にカマドを築いて、食糧のない人びとのために炊き出しをやった。人びとが土瓶を提げてお粥を貰いにいくのである。おそらく米粒もないような重湯であったかと思われる。約1カ月も、それが続いたように憶えているから、よほど大きな飢饉だったろう」

柳田国男は播磨平野の山裾（兵庫県神崎郡福崎町辻川）に生まれた。代々、学問好きの医家で家庭は貧しく、四畳半二部屋（『柳田國男小伝』）で育った。長兄は2度結婚するが、嫁姑の争いが絶えず、その先妻は1年ほどで家を出、再婚相手は入水自殺した。少年柳田は兄嫁たちの不幸に胸痛め、つくづく貧困を恨めしく思った。そして、やがて『救荒要覧』を読み耽り、卒論「三倉」の研究に駆り立てられていった。

「飢饉といえば、私自身もその惨事にあった経験がある。その経験が、私を民俗学に導いた一つの動機ともいえるのであって、飢饉を絶滅しなければならぬという気持ちが、私をこの学問に駆り立て、かつ農商務省に入らせる動機になったのであった」（『故郷70年』※4-1）

しかし、飢饉は柳田がいうように1885（明治18）年が最後だったろうか。確かに発生件数そのものは減ったが、〈飢餓〉は続き、多くは〈貧窮〉に置き換わったにすぎなかった。

柳田が茨城・布川町の長兄宅に身を寄せていた頃、地蔵堂で見た子殺しの絵馬。そこに描かれた恐怖の情景は、柔らかな13歳の心に衝撃を与え、農村の貧困研究に向かわせた、といわれている。

（1）明治19年の悲惨

西南の役で破綻寸前の国家財政を立て直すべく、薩摩藩士・松方正義※4-2は大蔵卿になるや、紙幣整理によるデフレ政策を敢行、国民には増税を課し、豪商には官営事業を払い下げて近代産業育成に力を入れ、「松方財政」は政治的には成果を収めつつあった。

しかし、劇的な松方デフレ政策下で農作物の値段が暴落、とりわけ米価の低落で農民の現金収入は半減する。加えて公租公課の増徴で窮地に陥った農民は、その支払いに私立銀行や高利貸に駆け込み、農民の負債総額は１８８４(明治17)年、2億円にも達した。「しかも、この負債にはおそろしい高利がつく。高利に負ければ、けっきょくは家や田畑をすっかり押さえられ、身代限※4-3を迫られる。こうして正式に裁判にかけられ破産した者３万３千８４５人だったのが、２年後(明治19年)には10万8千50人へと激増した」(色川大吉『日本の歴史　近代国家の出発』)

農民は明治維新以来、最も苛烈な季節を迎えていた。柳田が播磨で見た１８８５(明治18)年の惨状は、それに留まらず日本各地で吹き荒れた。朝野新聞が伝えるところだと、この年、岩手では「酸鼻の極、草根木皮をかじり死馬の肉を食ふ」ほどになり、鹿児島・日置郡でも「餓死するもの甚だ多し」、和歌山・那賀郡では「粥をすする農民2万人、餓死に迫るもの3千余人」と飢餓の波が拡散、鍬や鎌を手に、世直しを迫る徳川時代同様の一揆が続発した。

状況は奄美でも同様、あるいはより悲惨だった。

キビ農家は黒糖販売自由化後に押し寄せた本土砂糖商人の前貸しで借金漬けになり、１８８６(明治19)年、「郡民の背負える負債額は39万挺（1挺＝１３０斤入り樽）に達し、ここにおいて商人は郡民の飼育する牛馬豚の値段をつけ放題にして取り上げたり。甚だしきは容姿うつくしき娘と見れば妾に引き取り、一人娘さえ泣く泣く奪われし例も。実に見るに忍びず」（大島島司・新納中三《にいろちゅうぞう》※4-4回顧談）の有様だった。

この「明治19年」は殊更難渋の年として明治奄美人には記憶されたことだろう。この年、天も味方せず、台風・旱魃が相次ぐ。吉満義志信『徳之島事情』（明治28年編）は、8～10月、3度の台風で人家倒壊、農作物ほぼ全滅。さらに11月17日の季節外れの台風で「人家3千余戸吹き倒され惨状を極めた」と記す。そして貧しい村々でも不文律の〝渇して盗泉の水を飲まず〟だった畑荒らしが続発。亀津村・竜家ではキビ畑が毎夜荒らされ、見張りを立てていたところ、深夜に母親とその女児とおぼしき二人が現れ、畑でキビを貪り始めた。駆けつけ取り押さえると、「食を絶って三日、空腹に耐え得ず、悪い事を承知で露命をついでいた」と告白、土下座して許しを請うため、地主も同情、そのまま帰したとある。

こうした非常事態に政府は備荒儲蓄金8万9039円を奄美五島に支給、救済にあたるが、この年、奄美の産糖量は史上最悪の497万斤、例年の3分の1に落ち込み、「明治20年代には、大島郡といえば、負債と身代限という言葉が連想されるほどであり、それを巡る裁判訴訟も頻発した」（皆村武一）と混乱を極めている。そして、これに止めを刺すように砂糖消費税（明治34年）、織物消費税（明治37年）が導

18、19世紀における一揆・騒擾

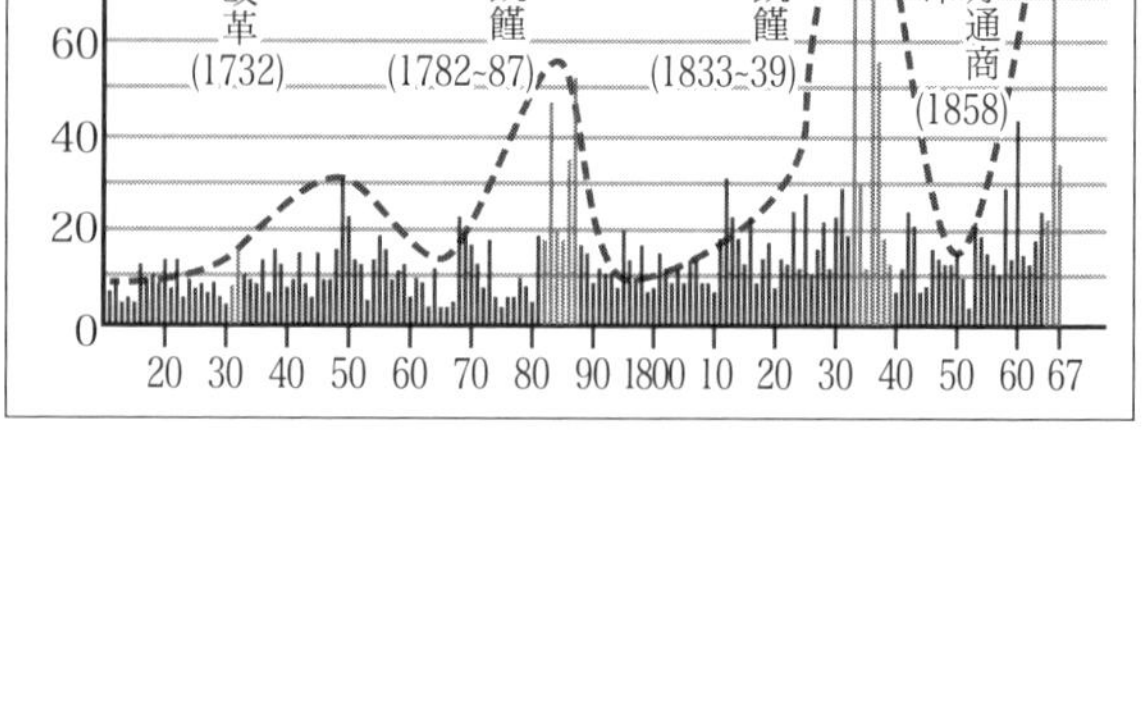

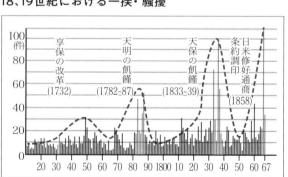

入実施され、消費者離れを懸念した販売業者がそっくり生産者に転嫁。奄美の2大産業である黒糖、大島紬産業を痛打した。

柳田の奄美訪問から6年、再び島外からの訪問者によって奄美の窮状が捉えられている。大阪毎日新聞経済部長・島田将実で、1927(昭和2)年11月、柳田に似たコースを辿り、その見聞記『南島経済記　孤愁の奄美大島』には「行く先々に島民疲弊の影は色濃く描き出されている」「島民の生活が行き詰まって、人間らしからぬ境にまで落ち込んでいる」として、疲弊の原因を「大島くらい諸税の高い所はありません。恐らく税の高いのでは日本一だろうといふ人もあります」と名瀬町民の指摘を紹介。さらに鹿児島県の奄美独立経済を取り上げ、県立病院職員や教員に支払う給与が遅延、「大島支庁の金庫をあけて見たら現金が3百円しかなかった。嘘のような本当の話である」との話も加えて、「よくも今日が今日まで島民は生きて来たものである」と嘆息している。

藩政期の『南島雑話』から「潰れ村」の古事を引き出し、奄美の背負う時代を考察してみせる柳田ほどに、島田記者の見聞記は深部には到達しえてはいないが、それでも昭和初期に住用村城《ぐすく》の宿屋で「四畳の家人の部屋だというので覗いてみると、泡盛でも入れるらしい大きな瓶のころがっている板敷のそばに、豚のように丸くなって誰かが寝ていた」といった観察には、なおヤンチュが存在していたことを明かしてすこぶる興味深い。

明治、大正、昭和……。時代はなお封建の残滓を留めていた。同時に開国以降の市場経済の荒波で、旧態の黒糖農業を営む島民は家や田畑を失い、その安住の地を追い払われようとしていた。

（2）大資本誕生と農民プロレタリアート

奄美の封建期から近代への歩みもまた茨道だったことは述べた通りだが、全国の農家をどん底に陥れ、幕末以来の一揆・騒擾《そうじょう》を誘発した「松方デフレ」。その松方と奄美の因縁を一部紹介しておく。

松方正義の父・正恭《まさやす》は鹿児島・谷山郷の生まれ。郷士の次男で、弟と家を出て船乗りに。沖縄・奄美を航海、黒糖の私貿易を営み、蓄財して城下・松方家の家督を買収。下士の一員になって子の正義に継ぎ、正義は薩摩藩船奉行に累進した。『笠利町誌』には「正義の祖父は大島で役人をしたことがあり、（奄美大島北端の）笠利には叔母がいる」との記述があるが、祖父ではなく父親と見られ、島妻との間に生まれた、正義の異母姉がいたことになる。

松方の名が知れ渡るのは、西南戦争後のデフレ対策によるが、紙幣整理は実は名目で、真の狙いは「大産業の育成と軍備拡充にあった」（丹羽邦男）。その実現にまず租税増徴で国庫を潤し、政商たちに惜し気なく官業を払い下げた。薩商・川崎正蔵には兵庫造船所、旧財閥番頭の古河市兵衛には足尾銅山を提供。それに留まらず三菱には長崎造船所、三井には三池炭鉱を払い下げ、「財閥時代」をつくりあげた。

つまり松方はデフレで貧民化した農家を、自身が育てた大資本の労働力に吸引させる、日本プロレタリアートの生みの親だったことにもなる。そして、与論島民が三井三池炭鉱の末端労働者に、奄美出稼ぎ者の多くが神戸の川崎、三菱造船の工員になっていく苦難の道のりもまた、奄美の黒糖の〝甘い汁〟で郷士から脱し〝出世双六〟を辿る、松方が果たした皮肉な運命に他ならなかったのだ。

〝出稼ぎ世〟の序章

奄美の島々から、農民が先を競うように、大都市工業地帯へ向かう潮流は、与論島からの集団移住を除けば、いきなり激流が生じたのではない。その序章になる、島嶼間の小さな流れが、やがて合流して奔流になっている。初期の移動を見てみよう。

(1)〝移住の島〟種子島

鹿児島市からジェットホイールで約2時間、種子島の玄関口・西之表港に辿り着く。南蛮伝来の火縄銃「種子島」の発祥の地で知られる島は、今はロケット基地として日本の宇宙開発の先端拠点である。島は平たん地が多く地味が豊かで、白砂清松の海岸によって好漁場が多い。したがって農漁業が盛んで、サトウキビ栽培は模範地として高単収を上げ、救荒用に領主・種子島久基が栽培させた琉球イモは「安納イモ」として全国にその名が知られるブランド品だ。だが、恵まれた環境からか、他を押しのけてもといった競争心が乏しく、幕末の経世家・佐藤信淵は「豊かになろうと心がける気持ちが弱い」(『薩摩経緯記』)と評している。

そのせいかどうか、種子島は古くから無主地が多く、「移住の島」として近隣から多くが移り住んでいる。知られたところでは、前章でも紹介した台風・飢饉・悪疫による鹿児島西部・甑島からの集団移住(1886~87年、395戸、1732人)、桜島大噴火による桜島島民の集団移住(1914年、348戸、2193人)※4-5が知られているが、他にも沖永良部島、徳之島からの移住もあった。

西之表・立山地区には明治以降にできた五つの集落があるが、その一つ、野木は徳之島からの開拓団によって拓かれた地として知られている。その引率者は石井清吉。石井は三重県出身で慶應義塾を出て東京日日新聞記者になるも、退職して弁護士に転じ、徳之島に来島。「弁護士になった動機は不明だが、恵まれない離島のために一生を賭けようという宗教的情熱に駆り立てられたのであろう。徳之島では商店を経営するかたわら、住民のよろず相談を引き受けていた」（『鹿児島百年』）

その石井が、豪農が農地を独占する徳之島での農業展開に限界を感じたのか、1891（明治24）年、同志25戸を率いて種子島入り。入植地・立山で養鶏、養蚕、キノコ栽培に取り組んでいる。ところが、移住を斡旋した深川某が約束した耕地を譲渡せず、このままでは労務者に過ぎないとの判断から、一念発起して互いの貯蓄金で徐々に買い取り、やがて深川が事業に失敗、土地を放棄したことですべて徳之島移住者の所有になったという。それが今の野木集落で、かつては「直」「偵」といった徳之島由来の一字姓があった。

一行を支え奮闘した石井は後に西之表・中目に移り、1917（大正6）年、亡くなったという。

この石井入植団に遅れること4年の1895（明治28）年（国上・白石集落碑には明治30年と刻まれている）、島の北端部・国上に沖永良部島・国頭の轟木カネが家族で移住している。これは種子島出身の旅芸人女性が国頭に寄留、病に伏し最後を看取ったのが縁になり、同女から種子島は理想の地だと聞かされてきたことから、移住を決意。遺骨を携えて親類を訪ね、居つくことになった。やがて上之古田という険しい荒地に奄美大島出身者が塩炊きで暮らしていると聞き、同地に移転。夫婦も塩炊きで自立、一升三銭の塩を馬の背に乗せ西之表で売り歩き、あるいは粟・麦と交換して厳しい生活に耐えた。そうした夫婦の話が広まって、1904（明治37）年には飢饉で長崎・口之津に集団移住した沖永良部島出身者が再移住。

この地で懸命の開墾をするも、所有者から立ち退きを求められ、やむなく桜園、白石に土地を購入、大正期には3集落40戸の沖永良部島出身者が定着するに至っている。

(2) 諏訪瀬開拓の父

奄美大島の北部からはトカラ列島の南端の無人島・横当島、上ノ根島が見える。とりわけ大和村からは水平線上に雲を戴いた横当の三角錐の島影が美しい。当然、探検家として北方・千島をも踏査した、笹森儀助は北に連なる七島遠望に血が騒いだろう。1893(明治26)年10月、石垣・宮古の民情調査の帰路、名瀬に立ち寄って顕官らから島情をヒヤリング。

しかし、島庁の統計書に七島の記述が一切ない。さっそく島司・大海原尚義(志賀出身、内務省御用掛、滋賀県警察部長)を訪ね質問攻めにしている。「七島は何郡の所属か」「本島庁の所管なり」「島庁統計に七島のことが一つもないのはなぜか」「それがしも官命で先年一度訪ねたが、実に困難で、春から夏には渡ることができるが、帰りは順風が少なく鹿児島に渡るしかない」。しかも七島の戸長は年1回の地租金納のために一旦鹿児島に出て、汽船で名瀬入り、上納が済むと再び鹿児島経由で各島へ帰任するのだという。気の毒極まりない処遇に〃憂国の士〃儀助は「七島の人民また陛下の赤子にあらずや」と憤りを隠さない。

その儀助が「南方探験」の帰任報告時に面談した井上馨に請われ、1

種子島の移住先

甑島 → 御牧、国上、野間（中種子）
徳之島 → 立山、野木
沖永良部島 → 国上、古田
与論島 → 芦野
桜島 → 桜園
※右記地図上の地名は移住当時のもの

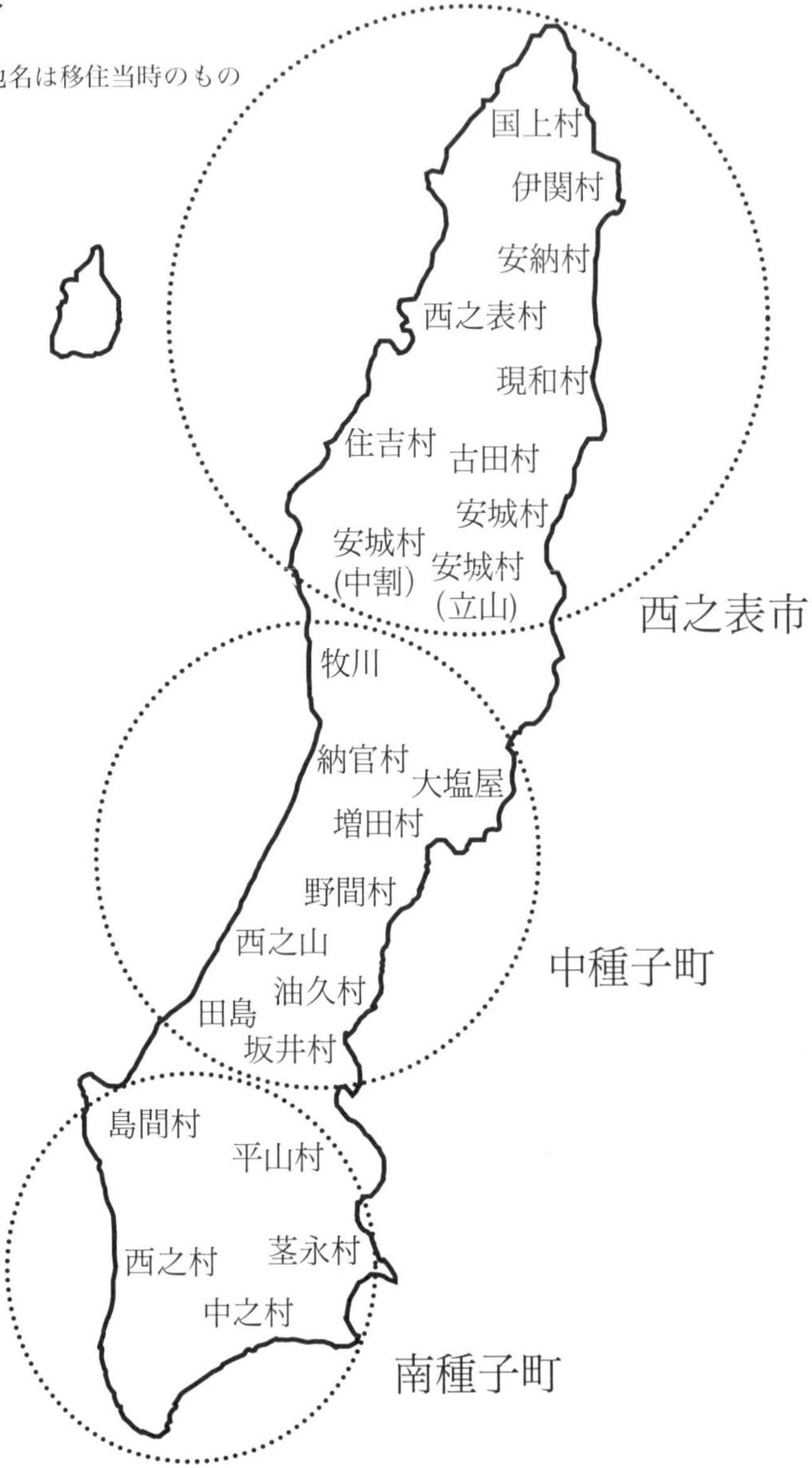

種子島・薩南諸島間の移動

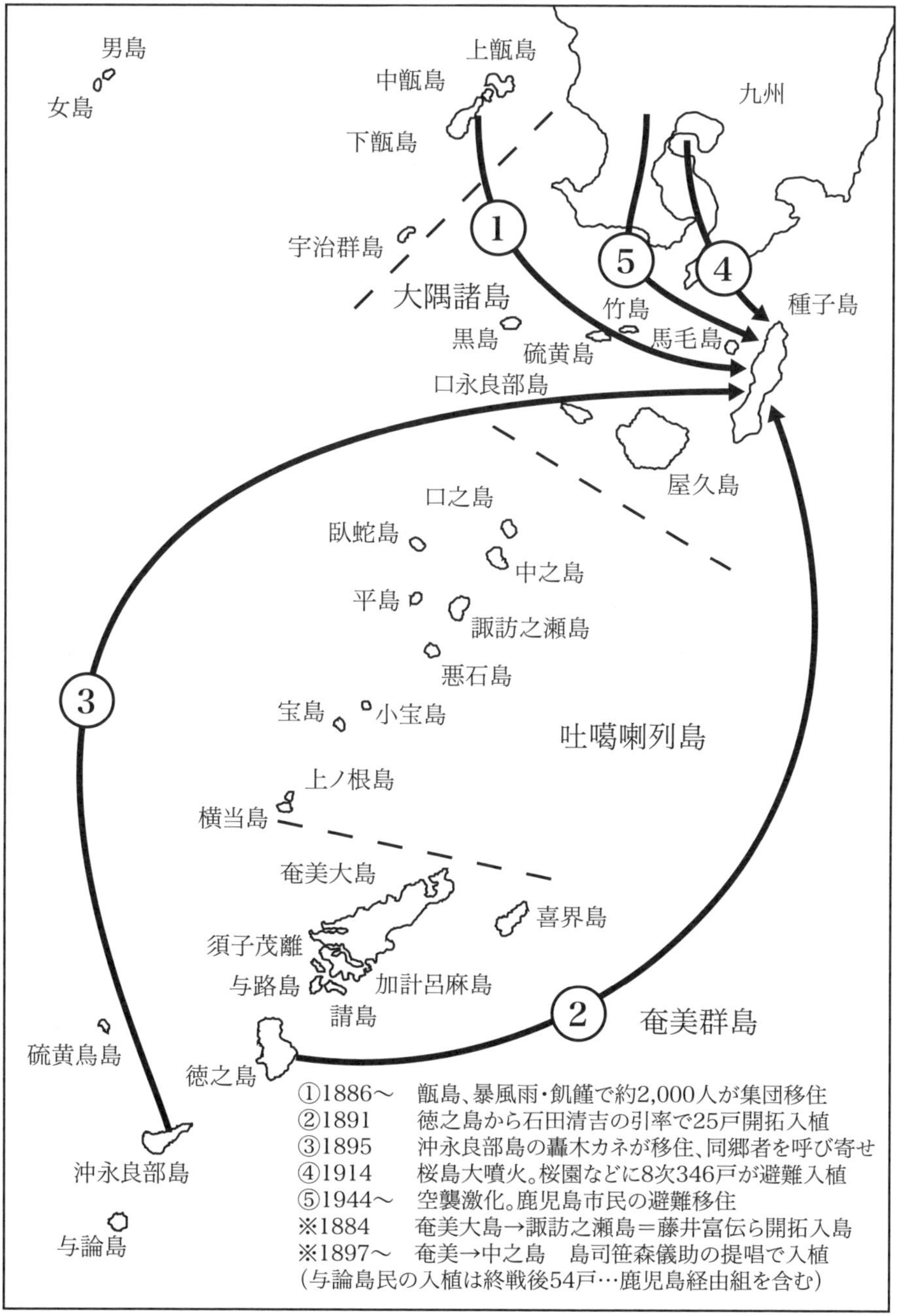
男島
女島
上甑島
中甑島
下甑島
九州
宇治群島
大隅諸島
黒島
硫黄島
竹島
馬毛島
種子島
口永良部島
屋久島
口之島
臥蛇島
中之島
平島
諏訪之瀬島
悪石島
宝島
小宝島
吐噶喇列島
上ノ根島
横当島
奄美大島
喜界島
須子茂離
与路島
加計呂麻島
請島
奄美群島
硫黄鳥島
徳之島
沖永良部島
与論島
1
2
3
4
5
①1886〜　甑島、暴風雨・飢饉で約2,000人が集団移住
②1891　徳之島から石田清吉の引率で25戸開拓入植
③1895　沖永良部島の轟木カネが移住、同郷者を呼び寄せ
④1914　桜島大噴火。桜園などに8次346戸が避難入植
⑤1944〜　空襲激化。鹿児島市民の避難移住
※1884　奄美大島→諏訪之瀬島＝藤井富伝ら開拓入島
※1897〜　奄美→中之島　島司笹森儀助の提唱で入植
（与論島民の入植は終戦後54戸…鹿児島経由組を含む）

年後の1894(明治27)年9月、伊藤博文により高等官7等・第5代大島島司に任ぜられるや、翌年には七島調査に手漕ぎ船で出かけ、諏訪瀬島で感激の対面を果たしたのが、〝開拓の父〟笠利村外金久出身の藤井富伝だった。

富伝は1827(文政10)年生まれ。父親は川内・平佐の人で、氏が4歳時に死去している。ところが晩年の長患いで田畑、家屋は人手に渡り、母親と二人、砂糖小屋での生活に。兄はその薬代滞納の砂糖千斤のために家を出て、医師宅で9年間、ヤンチュ暮らしだったという。

一度借財すると奈落に沈むしか術ない、当時のヤンチュの窮状を映したような話だが、富伝が生まれた外金久、赤木名は藩政期から御用船の寄港地の一つで、船頭・水主らが風待ち長逗留する。そうした寄留者から諏訪瀬島が無人で恵まれた土地を有すると聞かされ、1876(明治9)年、同志を募り下調べに三間板付舟で渡航。一旦、帰島し県庁に開拓助成を申請したが、西南の役の混乱で同意が得られず、7年後、本格移住へ27人と板付舟2隻でトカラの荒海に乗り出し、岩場の間のわずかな浜に叩きつけられるように上陸。作物の栽培に取り組む間に、持参食糧を食べ尽くし、ついには餓死者が出たことで止むを得ず再び帰島。翌1884(明治17)年、島での作物の実りを待って再上陸。この時わずか8人での挑戦で、板付舟をわざと打ち割り、帰路を絶って開墾に挑み、さらなる試練を乗り越え、1895(明治28)年には人口155人を数えるほどになり、藤井の初心は貫徹された。

絶海の孤島での開拓を目指す決死の行動は、島司・儀助には身震いするような感動秘話だったようだ。対面時すでに富伝は老い、失明して杖を頼るほどだったが、「性剛毅にして活発なり、その言語もまた快明」であったと歓び、帰任後にその開拓精神を称え『藤井富伝翁』を執筆刊行した。

トカラは室町時代1万人超の人口があったとの説があるが、火山の島々のために大噴火を頻発、百戸を数えた諏訪之瀬島もことごとく灰に埋まり、富伝らも1884(明治17)年の大噴火の前兆で一旦、帰島中断を余儀なくされている。そうした灰のなかに富伝らの闘志が芽を吹き、近隣から野生牛を運び、緑野に変えた。文字通り、「愚公、山をも移す」実践例に他ならない。

惰眠観と農民の屍

(1) なお居座る士族

「近代」が華士族によって用意され、体制化されたことは、真の国民国家への到達に幸いしたか、災いしたか。おそらくそれは「民」という国家の基礎単位への理解如何だったろう。その尺度の一つに「惰眠観」がある。

維新の変革は士分層だけでなく農工商をも破壊、多くの下層民を生じさせ、凶荒が慢性的に続いた。政府は対応に苦慮、救護施設を設け救済に乗り出すが、それは常に慈恵的なものだった。公家にして維新政府を仕切った岩倉具視は、貧民を「懶惰《らんだ》にして業の勤めす、自ら貧困を招くもの」(『岩倉公実記』)と酷評し、民権派でなる「郵便報知新聞」主筆・矢野文雄さえ「世の壮健なる貧民を見るに概ね遊惰にして職事を勉めざるものなり」と評している。

奄美でもまた怠惰性が繰り返し強調された。役人らから「怠け者」「無気力」と叱責され続け、島司・笹森儀助からも華美を戒められ、ついには奄美出身の文化人・昇曙夢にさえ「中庸と節度の観念を失い、堅忍持久の精神に乏しく、実生活上の弱者・敗北者」と突き放され、島民はさらに意気消沈したろう。

しかし貧民が世にあふれたのは、他でもない「政府による資本の蓄積の強行から来る、一つの犠牲」（西田長寿『明治前期の都市下層社会』）、つまり政策的失敗であって、そのことに為政者たちは気づこうとしなかった。そして、奄美の農民がクラクラとする夏場の農作業や毒蛇ハブへの脅威に、おのずから労働に制限を伴うことを弁ずることができなかったように、村の困窮を前に農民は政治の無策を正す力を持たなかった。

だが、旧態の士族支配の政治を糾弾する声が皆無だった訳ではない。「わが維新以来20年間の歴史において最も政治の大局に変動を与えたる者は、士族という一種の階級である」と評論家・徳富蘇峰（1863～1957）は嚆矢を放っている。熊本出身の弱冠25歳の青年は、自ら興した雑誌『国民之友』に「田舎紳士論」を展開、青年知識層に熱狂的支持を得た。蘇峰が言うに、身分的特権が剥奪されたはずの士族層がその後の政治においても、一方で政府に肩入れ、片方では反政府自由論者になり、左右を士族が独占した状況を挙げ、とりわけ民権運動家を激しく糾弾し、来る時代の担い手は士族を廃して、地方において勧業、学校、衛生に尽力している〝田舎紳士〟、つまりは脱士族政治と、庶民政治家よ出でよと主張したのである。

その蘇峰の指摘の背景には当時、国の基礎たる農村が破綻に晒される、憂慮すべき事態があった。1887（明治20）年前後、松方デフレと地租条例制定で地価4百円以下の中・下層農民の30％が土地を手放し、それを大地主が次々と集積（坂野潤治『近代日本の出発』）した結果、没落農民は離村して都市労働者になり、士族商法に失敗した下層士族とともに、資本主義の成立に必要な労働力の供給源になって行ったのだ。それは松方正義の自ら撒いた種だったことは既に触れたが、それに留まらず、大局的には開国以降の経済の国際的なうねり、〝エコノミック・インパクト〟に起因すると見るべきかもしれない。

（2）農民から工員へ

「産業革命と労働」を構想しつつも、なかなか踏み入れないのは、「明治の飢饉」「大正の恐慌」という二つの激流に、農村が呑み込まれてゆく様を、まだ十分に描き切れていないとの思いからだ。暫く時代の展開を見てみよう。

１８８６(明治19)年、奄美の疲弊がその極に達し、処方策さえ描き得ぬ惨状はすでに触れたが、同時に「全国的な飢饉」でもあったことを当時の新聞で見ることができる。この時期、政府の経済失策で農家の収入が半減、増税と銀行・高利貸からの借金で、推計40万人もが破綻、路頭に迷い、秩父困民党事件などの騒擾が相次いでおり、「東京、大阪、京都、横浜には周辺から流れ込んだ逃亡農民のために、都市下層民のさながら餓鬼道地獄が現出されている」(朝野新聞)と報じている。

当時、大蔵卿・松方は自らの政策を「産業資本の活況の現出」と自賛、底辺を顧みることがなかったが、農民が農地を棄て、都市へ群れを成して向かう、農業国ニッポンの異常を、さすがに農商務省は傍観できなかったと見える。この年の８月、「済救趣意書」を発布、沖永良部島の地名にその名を残す前田正名（１８５０～１９２１、薩摩藩士子弟・官僚）※4-6ら官吏を全国派遣するが、官僚団は現下の惨状をいかに救済するかの自問の上、「労働の度を増し貯蓄の法を設くるの途あるのみ」という誠にガッカリな総括で終えている。歴史家・色川大吉はそれを「つまり三度とる田の草は五度、六度もとれ。朝六時から夜六時までの働いたものは朝四時から夜八時まで延期せよ。そして借金を返し荒村を建て直せと説得して歩いたのだ」(『近代国家の出発』)と失望と怒りのない交ぜを記し、「ここ数年の間に数百万の小豪農、自作農をおしつぶし、60万近い農家を解体、５万社近い小会社を倒産させ、松方財政は死骸の山を戦車でひいてゆくように勝利のうちに驀進したのである」と口を極めている。
累々の屍を乗り越え、この国の農民は「工員」に変身して行ったのだ。

【注4】

※4-1柳田国男は、〝民俗学の泰斗〟として名声の反面、その評価には2論あって、とりわけ近年、柳田批判論が増えている。柳田は最晩年、常民の祖先は「海上の道」を北上渡来したという雄大な仮説を唱えたが、それについて思想研究家・村井紀は「柳田の民俗学は幼年期の神秘体験から産み出されたのではない。農政官僚として帝国主義の渦中にあって、植民地問題に遭遇したところから出発した。柳田は法制局参事官だった1910(明治43)年、日韓併合に関する土地調査事業に深く関与していた。また山人(異民族)研究をすぐに放棄し、別の世界へ転向していくのも三一独立運動、関東大震災での朝鮮人虐殺が契機。直後に貴族院書記官長を辞し、翌年には南島への関心を高め南島旅行に出発している。南島への転向は、柳田の植民地主義への関与を、南島において消去・隠蔽するものだ」(『南島イデオロギーの発生』)という。また船木裕『柳田国男外伝』には「柳田の旅は天皇に忠誠を示す白足袋の貴公子姿で行われ、大名行列然としたものだった」「柳田は天皇制国家官僚として白足袋で一般民衆の心のなかに踏み込んだ。そこには貧しい山村に暮らす平民の暮らしを理解しようという構えがあったとしても、その暮らしぶりが理解できたとは思えない」と記している。奄美大島への訪問時も秘書をしたがえ、宿代は定額の3倍をも支払う大尽ぶりだったという。

※4-2松方は租税権頭だった明治初期、奄美の黒糖の特権を手放さない鹿児島県令大山綱良に対し、一時現

物納付するように迫り、一大バトルを演じたことも。中江兆民の評によれば『山県は小點、松方は至愚』で、大人物ではないが根気強く物事を成し遂げるタイプだったようだ。

※4-3 江戸時代、借金を返済できなくなった債務者に対し、官が全財産を没収して債権者に与え、借金の弁償に充てさせたこと。身代切り。1719（享保4）年に江戸において採用されて以降、幕府法として確立した。債権者が債務弁済に関する訴訟を起こして債務者の要求を是とする判決を出した場合、奉行所などの訴訟機関はまず債務者に対して一定の期日までに全てもしくは一部の弁済を命じた。応じなかった場合には訴訟機関は債務者を拘禁し返済を迫る身代限を命じた。

※4-4 新納中三（1832～1889）は薩摩藩の譜代重臣の家柄。薩英戦争で成果を挙げ、1865（慶応元）年、藩遣英国使節団長として五代友厚や松木弘安（寺島宗則）らと渡英、ヨーロッパを視察。帰国後は勝手方家老に昇進、明治維新後の新藩政で再び大目付となり藩政改革に尽力。しかし下士が台頭した維新期、その家格から疎んじられ退職するが、1885（明治18）年、大島島司となり、黒糖の流通改革に専念。負債に苦しむ島民救済に奔走したが、鹿児島商人団の画策で翌年に突然免官、位記返上を命じられた。しかしその誠実な治政は島民の信頼を得、後々も救世の恩人と敬慕された。没年58歳。

※4-5 溶岩で陸続きになった1914（大正3）年の桜島大噴火は指定地外を含め移住者は3067戸、2万人以上にのぼったとされている（『鹿児島百年』）。なかには県の斡旋で、植民地時代の朝鮮に西桜島村小池から10戸54人の渡航があった。

※4-6 前田正名は松方正義派と対立、官を辞すと全国を行脚して、生糸・茶・織物などの輸出産業を中心に地方産業の育成と振興に生涯を捧げ、「布衣《ほい》（江戸時代の旗本の服装）の宰相」「無冠の農相」と称された。「今日の急務は国是・県是・郡是・村是を定むるにあり」という信念は町村是（農村計画・地

域計画）運動の潮流を生み、地方産業の担い手たちを発奮させた。なかには波多野鶴吉のように、前田の思想に共鳴し京都府綾部市で養蚕を奨励、それを「郡是（郡の急務）」として「郡是製糸（現グンゼ）」を設立、日本を代表する繊維メーカーとして発展させる成功例も出た。

第4章　近代の犠牲─女工の悲劇

ソテツの実

近代の犠牲
女工の悲劇

産業革命と女工

飢餓の波は、山深い養蚕地を越え、東北の野を吹き荒れ、南冥の海を渡って島々を襲った。これが1885（明治18）年前後の日本の惨状だ。

神奈川県・三多摩からの流民の列は、「新出来の乞食ものは50人宛群をなして来り、婦人ばかりの家などあれば放言脅迫し金銭食物を出させる」（『東京横浜毎日』）という凄まじさだった。新出来《しんしゅつらい》とは新たに生まれた没落農民である。農産物価格の下落で収入が激減、借財返済に行き詰まり、農地を手離し行き場を無くした村の衆が、集団で物乞いをし、時には強盗まがいを働きながら目指していたのは横須賀だった。だが技能のない彼らを横須賀造船所が雇用するはずがない。止む無く物乞いをし、残飯を漁って露命を繋ぎ、吹き溜まって海辺や川岸、神社仏閣の周辺で小屋掛けした。

日本の貧民窟、スラム街の形成は、江戸期、被差別集団や農民の都市流入に始まるが、その夥しい増大は明治以降の農村破壊による。とりわけ東京、大阪が貧民の流入先になった。「東都の壮観を説くものは多し、坂府の繁栄を語るものは多し、而して東西の二大都府に如何なる暗黒世界の存ずるやを知るものは少なし」（『貧天地饑寒窟探撿記』）。この記事は、陸羯南が主宰する『日本』新聞に1890（明治23）年に掲載された、記者・桜田文吾の筆による。コメ騒動が魚津で起きたこの年、桜田は乞食に扮して貧民窟で実際の生活を体験、彼等を「生まれながらの窮民のみに非ず、浮世の生存競争に失敗し、哀れにも人生の行路難を行き盡して、悲惨なる境遇に陥れり」と擁護。さらに「法律の発布は年に百を以て数えられ、日に完備の体裁をなせりとも、此無告の民を救わず」と政府を批判、「世の志士仁人よ、今日に於いて此の救済を行わされれは、将来生存競争の激烈なると器械の発達とは、遂にわが国に於いても、恐るへき貧民党を生するに至らん」と警告している。

事態は大方、桜田の予見通りではあるが、人生の焼け野原が灰に埋まり、すべてが荒野に吹き散ったわけではない。人びとは紙屑拾い、車夫、土方手伝いで銭を得、妻女も団扇の骨割り、ランプのホヤ磨きの内職で稼ぎ、やがて棟割長屋から女子は糸繰工女、男児は丁稚に出て、工員、労働者のブルーカラーとして芽吹いて行った。

（1）生糸を売り軍艦を買う

近代初期の日本経済を支えたのは製糸・紡績、つまり婦女子の労働力、その奮闘による。「生糸を売り軍艦を買う」といわれるほど、国家の屋台骨になった婦女子は、不況の農村から送り出され、昼夜兼行の過酷な労働の結果、痩せ細って結核などに感染、戸板に乗って瀕死の帰省を果たす無残な哀史を生んだ。

それでも近代化の旺盛な労働需要は、絶望的な農村の労働吸引力になり、阪神、京浜工業地帯などへ、全国から出郷者の列が続いた。

（2）世界最大の紡績国

日本の製糸・紡績業の発展史を見てみよう。ウエブサイト『双日歴史館』に「日本の紡績の発展」の一考がある。離合集散の業界史を簡潔にまとめて読みごたえがあり、資本側資料であることを断りつつ紹介する。

「1853(嘉永6)年にペリーが来航し貿易が再開されると、英国から機械生産による規格の統一された安価な綿織物が大量に輸入され、我が国の伝統的な綿織物工業は大混乱に陥り、休業もしくは倒産が相次いだ。こうしたなか、当時の薩摩藩主の島津斉彬は造船、製鉄、電気、ガス、砂糖などの洋式工業を積極的に導入し、我が国最初の洋式紡績工場となる鹿児島紡績所を１８６７(慶応3)年に設立している。

明治時代になると、外国綿糸の大量輸入により、国内の綿糸生産が圧迫されるようになり、危機感を持った明治政府は１８７８(明治11)年、英国マンチェスターからミュール２千、錘紡績機２台を購入し、官営紡績所を設立。その後も次々と官営工場を設立し、民間に払い下げた。

１８８２(明治15)年、渋沢栄一らの主唱で、大阪に近代的設備を備えた大阪紡績会社（現・東洋紡）が設立されると、これが刺激となり、１８８６(明治19)年から１８９２(明治25)年にかけて、三重紡績、天満紡績（いずれも現・東洋紡）、鐘淵紡績（旧・鐘紡）、倉敷紡績、摂津紡績、尼崎紡績（いずれも現・ユニチカ）など20に及ぶ紡績会社が次々と設立された。大阪は『東洋のマンチェスター』とよばれるようになり、その後、日本は世界最大の紡績大国に成長していく」

商都・大阪はこの頃から、日本・東洋におけるイギリス産業革命の地・マンチェスターに比肩される工都へと変貌した。

鐘淵紡績の兵庫工場（明治後期）

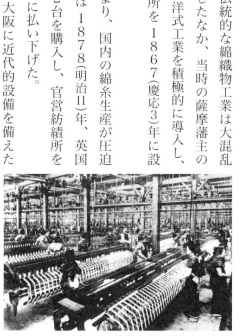

「女工哀史」を追う

（1）子女に頼る農村

日本の国力の急成長の陰には、農村の絶対的貧困、いたいけな少女たちの犠牲があったことを見逃すわけにいかない。製糸工場の女工（主に16～22歳の未婚者）は1日14時間労働を強いられ、「あまりの辛さに便所や寄宿舎の暗い部屋の片隅で声を押し殺して泣いた」（小学館『日本の歴史／労働者と農民』）。わずか数反歩の田畑で生きる貧しい農家では、娘たちの出稼ぎ送金に頼らねば生活が成り立たなかった。女工たちは支度金、前借に縛られ、工場の塀から逃げ出せず、長時間労働で肉体を蝕まれ、検番による性暴力にも晒され自殺者も少なくなかった。

同様、紡績業も女工たちの犠牲のうえに発展した。1897(明治30)年の綿糸輸出が輸入を逆転した頃から、都市部の〝良家の娘〟に頼って来た労働力は、低賃金が望める女工の遠隔地採用（九州・沖縄や東北）へと転換、同時に虐待が深刻化した。坂野潤治『近代日本の出発』によれば、大小の乱立する紡績業界では女工集めに全国に情報網を張り巡らし、「水害や震災が起きるとその地方に出かけていき、災害地の救済をうたいながら低賃金で女工をやとってきたのである。明治24年10月の濃尾大震災のときには『震災工女』が採用された」と記している。

〽工場は地獄で／主任が鬼で／廻る運転（機械）火の車……。女工の残した歌と同様、工場側は同業者の引き抜き対策に高塀を巡らし、休日も外出を許さなかった。それでも虐待・酷使に耐えかねて逃亡者が後を絶たず、裸足で逃亡して捕まり、リンチを受けた凄惨な例が農商務省『織工事情付録』

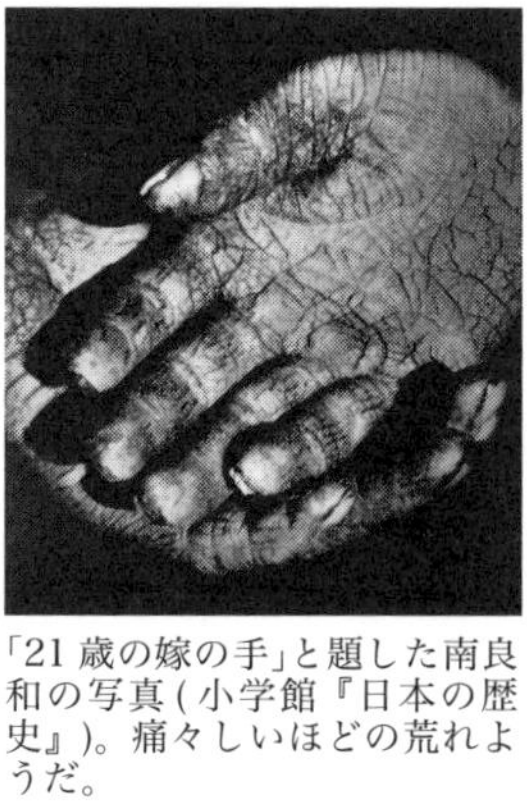

「21歳の嫁の手」と題した南良和の写真（小学館『日本の歴史』）。痛々しいほどの荒れようだ。

に数多く記録されている。とりわけ「工女虐待」は30人ほどの女工を有する小規模な自営機織り業に多く見られた。

「女工」は当時、紡績約5万6千人、製糸17万3千人、機織82万8千人。総計106万人に上り、当時の有業人口の4.4％を占め、「その悲惨な状況は、けっして社会の片隅で生じていた一部の問題ではなかった」と坂野は結論づけている。

（2）娘たちの悲しみ

「自分は紡績女工に売られた」。大阪市此花区在住で奄美大島の加計呂麻島・秋徳出身の牧志徳さん（1950年生まれ）は、母親から何度かそういう打ち明け話を聞かされている。母の故・ミツさんは太平洋を見晴るかす長閑《のどか》な秋徳集落で暮らしていた14歳の時、募集人によって集落の娘たちと一緒に寺田紡績（大阪府貝塚市）※5-1に働きに出ている。恐らくそれは僅かな金銭契約で親によって承認された工女採用だったのだろうが、元女工たちの記憶ではそれが「人身売買」に置きかわっている例が多い。少女時代、突然、わが身に降りかかった人生の中断に対する悲しみや怒りが、「売られた」という記憶に変容したのだろうか。

大阪で検査技師の傍ら、島唄活動で奄美・沖縄出身者との連帯の場づくりに取り組む志徳にも、母の辛い体験は自身にも投影され、旧寺田紡績の赤レンガ造りの遺構を訪ねては、関係者や近隣住民から〝かつて〟を聞き取っている。それは母への追憶の旅に違いなく、「有刺鉄線を張り巡らせて脱走を防いでいた」といった思い出話を蘇らせては、朽ちかけた宿舎に無言の語りかけを続けている。

紡績女工たちの見るに見かねる境遇は、やがて社会的な耳目を集めることになるが、農村子女の犠牲には、日本の家族制の旧弊を指摘しなければならない。家父長制度下では女性は卑しい者とされ、親に孝を尽くすのが務めで、場合によっては娼婦になることさえ美徳として容認された。したがって実態的には、身売りに近い女工たちは、過酷な労働と劣悪な環境で体を壊し、契約中途で帰国。その実情を、農村を廻り調べた青年医学士・石原修の報告(1913年)では、「国に帰る7人に一人は重篤者で、1万3千人中3千人は結核」だった。そして感染女工の帰国によって、「結核が伝染の処女地の農山村と生活条件の低い農家で、工場内以上の猛威を振るい、農山村そのものを破壊した」(生活古典叢書『女工と結核』)

(3) 犠牲への怒り

「鹿児島駅待合所は最近、京阪神へ出稼ぎに行く女工軍がひしめき合って繁盛している。一列車に少くとも40から50人が乗る。幼きは12歳の小娘も加わっている」。大正不況下の「鹿児島新聞」(1921年)記事だ。この頃、つまり日清・日露の特需以降、九州の農村からの娘たちの出稼ぎ熱が本格化している。そうした人列のなかで、勇敢にもストを敢行した〝薩摩おごじょ〟の話が『鹿児島百年』(南日本新聞編)に採録されている。1906(明治39)年、横浜在住の船員・有馬武二が鹿児島知覧村に里帰り、墓参を果たして帰宅支度をしていると、近所の娘たちが押しかけて来て、「他所に出て働きたい。一緒に連れて行って欲しい」と懇請された。娘たちは「鹿児島ではいくら働いても着物一つ作りがならん」と訴えたという。

明治末、鹿児島の紡績女工の待遇は大方、類似しており、勤務は午前5時から午後7時までの14時間、休みは月3回。入社時は無給、数カ月後から製糸高に応じて給料があり、熟練者で月給8～9円。食費は月3～5円が天引きされ、手取りはほとんどなかった。花嫁衣裳の準備どころか、任期中に過労で倒れ、借金を背負い込んで村に帰った者も少なくなかった。それでも娘たちは、我が家の困窮打開に、さらに自らの花嫁支度へ、募集人の甘言にそそのかされ旅立ったのだ。

娘たちの訴えに心動かされた武二は大阪に立ち寄り、巡査をしていた兄に相談の結果、「尼崎紡績」（ユニチカの前身）※5-2での採用が決定。娘たちは喜び勇んで鹿児島港に駆けつけ船待ちしていると、貧相ななりが警察に通報され、婦女誘拐で一時調べを受け、ようやく解放されて大阪商船便で職場入り。しかし、新たな環境で知覧娘たちを悩ませる事態が起きる。労働はさして辛くはなかったが、言葉が通じず、同僚に馬鹿にされ、悔しさに地団駄踏んだ。ある日の朝食後、全員が寮の一室に集結、年長者が「（他所の連中が）薩摩のアホと馬鹿にするから、みんな今日は仕事に行かんでほしい。うまくいかない時は田舎に引き揚げよう」と団結を呼びかけ、全員欠勤。異常に気づいた寮監らが駆けつけ事情を聴き、「これからは薩摩の悪口は絶対言わせません」と誓約、全員機嫌を直して職場復帰したという。

しかし全国の女工たちの怒りはこのレベルではない。すでに知覧女工より20年早く女工ストが山梨の地で起きている。1886（明治19）年、甲府・雨宮製糸で女工百人余が就業を拒否、近くの寺に立て籠もってストに突入した。甲府では幕末開港以来、製糸業が発達、女工争奪が激しいため、業界が同業組合を結成し、労働時間延長などを取り決めた。これに反発したストで、会社側の譲歩で解決したものの、この女工初のストライキは甲府一円、さらに全国に飛び火する発端になった。

女工の怒りは、三つに集約される。①重労働（「募集人から親に渡された前借金はわずか10円、3年間の契約だった。工場では12時間立ち続けの労働が待っていた」山内みな自伝『12歳の紡績女工からの生涯』)、②低賃金(「植民地以下的＝インド以下的」山田盛太郎『日本資本主義分析』)、③結核蔓延(「紡績と織物は女工の半分は一年と続いた者がありませぬ」青年医師・石原修)……。そうした人命無視に、当の女工はむろん、娘を瀕死に晒す工場側への親の怒り、加えて、軍隊に入った兄、コメ不足に立ち上がった主婦、さらには良識層にも共鳴し、大正デモクラシーで覚醒した国民の怒りそのものになっていく。

事態を看過できなくなった政府は、ようやく重い腰を上げ、「工場法」制定へ動き出した。すでに世界各国では幼年・女子労働者の保護に深夜業禁止が19世紀以降、法制定が進み、ようやく日本でも1911(明治44)年、法制定※5-3に至るも、財界の抵抗でその施行は1916(大正5)年を待たなければならなかった。しかし、女工たちには命の瀬戸際で一刻の猶予もない。残されたのはたった一つ、「団結」だった。彼女たちは工場側に何を突き付けたか。「親族の危篤の際は帰郷を許可してほしい」「親近者との面会の自由を」「休日は外出自由に」など実につましやかなものばかりだが、それにしてもと思うのは「食事の改善」要求だ。女工たちの食事内容は「主食は麦7割に米3割ていど、オカズも朝は実もない味噌汁にたくあん、(夕食は)皮のままのジャガイモ、昆布の煮つけ、名ばかりの魚。ある年は腐ったアサリで6百人も中毒者を出して……」(『神奈川県労働運動史』)といった例さえあった。娘たちは「二日に1度は肉もしくは魚を使用されたきこと」と訴える。育ち盛りで旺盛な食欲もあったろうが、しかし、実際は激しい労働で肉体を消耗、日々痩せ細っていく不安がそうした要求の背景だったといわれている。

女工たちの切羽詰まった窮状が、争議へと立ち上がらせたことは全国的な争議の増加が何より物語っている。労働省の統計によると、紡績業における労働争議は▼1914(大正3)年の13件(参加者

2千231人）▼1918（大正7）年＝56件（1万26人）▼1926（大正15）年＝143件（1万2千425人）▼1930（昭和5）年＝164件（2万2千60人）と著しい増加傾向を示し、とりわけ1925（大正14）年の神奈川・富士瓦斯紡績川崎工場、1930年の大阪・堺の岸和田紡績分工場の争議は、スクラムで抵抗する女工に危機感を抱いた企業側が、親を呼び寄せて説得に当たらせる拉致事件のような騒動になり、ついには自然発生的に労働組合が結成され、大争議と呼ばれる激しいものになった。

塀を越えた向こう

（1）逃亡女工と私娼

「幽霊が出る」。紡績会社の寄宿舎ではよくそうした噂が広まった。実際に見たという娘もいて、勤務1カ月で逃げ出す例があったという。しかし女工逃亡の増加は幽霊などではなく、その虐待酷使が理由である。「会社は女工たちの逃亡を防ぐために、工場の周囲に壁をつくった。工場の多くはその周囲に川を巡らせ、工場自体が一つの島のようになっていた。だから橋を渡るか船でないと逃げ出せないようにできている」（福地曠昭『沖縄女工哀史』）。実際にも牧志徳さんと貝塚市・旧寺田紡績で工場周囲を巡ってきたが、運搬の便もあるのだろうが、河口部の川と海に面した位置にあって、ちょうど長崎・出島のように塀囲い（高塀と鉄条網）と小島状の二重封鎖の環境下にあったことが分かった。そして塀の外へ抜け出すのに、ブロック塀の下にトンネルを掘り、あるいは養豚業者が残飯を運ぶ裏口がわずかに開く隙を突くといった映画『大脱走』さながらの試みが実際にあったという。しかし、うまく脱出しても近くの駅で電車待ちをしている間に捕まり連れ戻され、リンチを受けたといった体験談が語られている。

耐えて結核に感染し死を待つか、わずかなチャンスを捉えて自由の身になるか、娘たちの壮絶な資本との死闘が繰り返されるが、無事に塀の外に逃れた女工たちはどうなったのだろう。誠に心痛む話ながら、女工を待ち受けていたのは、都市が内包する奈落への誘惑だったという一面を見逃すわけにいかない。

「大阪における私娼の問題を考える時、考慮に入れなければならないのは、女工の比率の高さである」。注目作『通天閣―新・日本資本主義発達史』(2011)を世に問うた研究者・酒井隆史の分析は興味深い。

スラムなどの社会思想史を専門にする酒井は天王寺界隈、その一角・飛田地区の代名詞「木賃宿と淫売」の過去の闇に分け入り、その闇の明滅、交錯のなかに「逃亡女工」に辿り着くが、酷使に耐えかね、着の身着のままで監獄同様なブロック塀から抜け出た娘たちを待ち構えていたのは、場末の街のとぐろを巻く、深々とした世の闇だったという現実を語っている。

酒井を先行して、大正期の新聞記者・村島帰之が調べ上げた『淫売婦の生活』によれば、東京向島の私娼窟・玉ノ井における元女工の比率は15・6%なのに対して、大阪では45・3%も占めていた。しかも飛田で摘発された私娼108人中、58人が女工崩れで、「より絞るならば女工の逃亡の問題と接続している」とし、その背景を、大阪の工場労働者は軽工業(紡績、織物、メリヤス、マッチ)が主で、女性雇用が主だったためとしている。当時、紡績では優良企業とされた鐘淵紡績兵庫工場でさえ、1900(明治33)年の年間退社者数は5千824人にものぼり、うち82%が「逃亡除名」だったことを挙げ、私娼化の背景を明らかにしている。

「出るに出られぬ籠の鳥」。我が身を嘆いた女工たちは、塀を乗り越えて自由を得たものの、黐《もち》に絡み取られて帰途を失い、やがて口過ぎと男貢のために、自由でありながら不自由な籠の鳥に逆戻りし、闇多き世を生きていくことになる。

（2）十三の姉ちゃん

鎌倉時代の僧・法然（1133～1212）は、浄土宗では元祖と崇められ、ただ「南無阿弥陀仏」と唱えれば、死後はだれも極楽往生できるという画期的な「専修念仏」を説き、その加護から見捨てられてきた下層民の熱狂的支持を得た。だが勢力拡大を恐れた一派の陰謀で、75歳の時に讃岐国に配流される。その道中、一つの事件に直面したことが上田秋成『春雨物語』に記されている。

大阪・加島から神崎川を渡ると兵庫県になる。山陽新幹線の高架近く、神崎と呼ばれる地区がある。付近は古代から中世にかけて神崎津《かんざきのつ》と呼ばれ、湊町として大いに栄えた。遊興の地だったことも大江匡房『遊女記』に記されていて、上流の江口、対岸の蟹島（加島）とともに「天下第一の楽地」として名を馳せ、京から舟で訪れる貴族らも歌舞音曲を演じる遊女たちを溺愛した。

1207（承元元）年、讃岐へ流される途中、神崎に立ち寄った法然のもとに、遊女5人が面会を申し入れ、「卑しい自分たちにも念仏を唱えれば往生できましょうか」と問うたという。すると法然は直ちに「誰もが往生が可能」と説くと、遊女たちは踵を返して舟からあっという間に入水、周囲が慌てふためくうちに溺死した。遊女たちの極楽浄土への思いが伝わるような逸話だが、その現場近くには後年の1692（元禄5）年、石碑が建てられ、遊女たちを偲んで今も供花が絶えない。

遊女・松島らの極楽往生を伝える「遊女塚」の対岸、三つの川が交わる中州の、戸ノ内地区には加島から神崎川を跨いで「モスリン橋」という奇妙な名の橋がある。

ふた昔前ほどを知る者には思い浮かぶだろうが、モスリン（毛斯倫）は羊毛を用いた織物。軍服などの毛織品もそれまではヨーロッパから輸入されていたが、輸入関税が撤廃された1896(明治29)年に、大阪では毛斯倫紡織株式会社が設立され、日本毛織に次ぐ日本第2の毛斯倫会社になった。

「毛斯倫紡織」は1923(大正12)年、加島の対岸である園田村・戸之内に工場を設立、本社と工場を結ぶモスリン橋を建設。橋は工員や資材搬送に使われていたが、鐘紡が工場を引き継いだ後、戦時中は日本国際航空工業の発動機工場になり、1945(昭和20)年、空襲により工場が焼失。残った橋だけが大阪市に継がれ、その名を留めている。

その戸ノ内が「神崎新地」の名で青線地帯として知られるようになったのは、戦後、難波新天地やパーク街など大阪市内に散在した遊郭が、住宅街や学校の中に存在したことで社会問題化し、追放運動が起きた。この結果、〝川中島〟で、世間から隔離されたも同然の戸ノ内に移転したことによるという。

そして、興味深いのはこの歓楽地には1930年前後の昭和恐慌期に、出稼ぎでやって来ていた沖縄・奄美出身者が生活改善運動の標的になり、西成や港区を追われて移り住み、養鶏や素灰、から消しを生業にし、ひどく貧相なスラムを形成していたことだ。

「比嘉が養鶏を営み、文字通り仙人生活を営んで居たが、その気楽な生活を聞

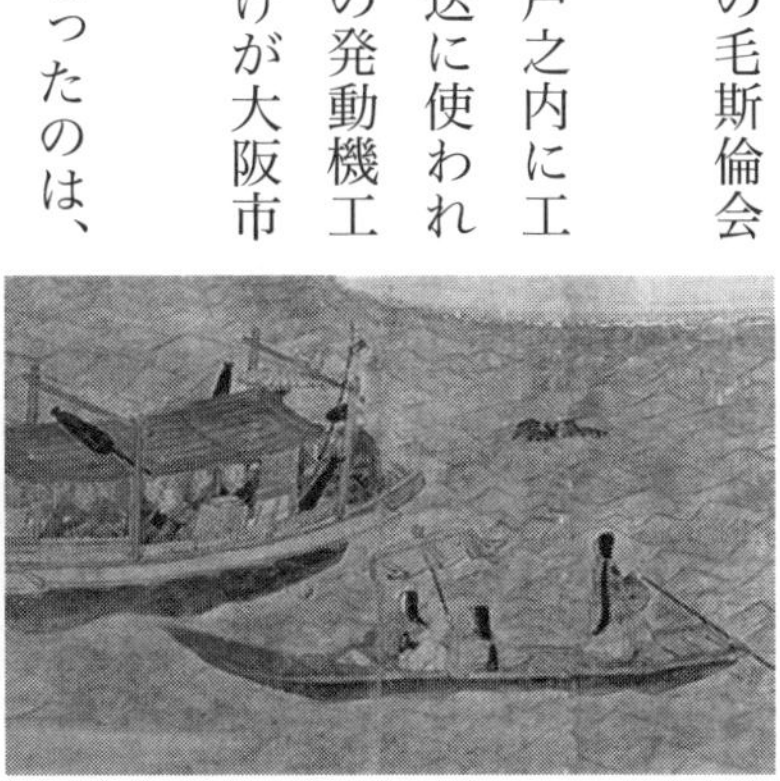

遊女塚(左)と法然から教えを受ける遊女たち(右)

き知った大阪や神戸の友人たちは我も我もと押しかけてきて忽ち10戸20戸と殖えて行った」(『榕樹』)。元来、束縛のない温暖な海辺で暮らしてきた南島の民には、干渉と規則づくめの都会生活は息が詰まるものだったろう。それはあるいは労働の過酷さには耐え得ても、精神的不自由には我慢がならないという体質的なものであったかもしれない。したがって河川敷や後背湿地という、都会人が見捨てた荒無地も、彼らには別天地だったのではないか。

後段でも触れるが、当時すでにこの地に間近な、阪神神戸線・大物、杭瀬駅一帯には2大紡績工場があって、数千人規模の女工が暮らし、奄美、沖縄からも多くの娘たちがやって来ていた。その過酷な労働から裸足で抜け出した逃亡女工らが、やけっぱちになって遊郭に身を売り、あるいは私娼となって街角に立つという社会現象……。繁栄の片方で歪み続ける都市の闇に娘たちが絡み取られたとしても何の不思議もない。

20年ほど前、一帯で街角に出没する私娼を見てきた知人の案内で、戸ノ内を巡った。沖縄・奄美びとの住家の多くはすでにアパートに変貌、わずかに欄干のある家や沖縄料理店がポツリ、目につく程度だった。この一角には最近まで名の知られた反社組織の事務所が在ったのだという話を耳にして、なぜヤクザ、沖縄・奄美人、朝鮮の人びとは同じ場に吹き溜まるのかと考えずにいられなかった。しかし三者が隣接して生きてきたのは、実際は親和性などとはほど遠い、社会から排斥された者が、僅かに得た自由気ままな空間だったせいではないか。それはまた同時に、資本の狡猾な搾取に耐えかねて逃亡した娘たちにも同様だったろう。

〽園田はなれて神崎過ぎりゃ
恋の花咲く　十三《じゅうそう》よ
やがていつかは結ばれる
ネエちゃん　ネエちゃん
モスリン橋をきょうは二人で渡ろうよ……

俳優の故・藤田まことが『十三の夜』という、ネオン街に生きる女性たちを励ます流行歌を世に出したのは沖縄復帰前年の1971(昭和46)年だ。父親が無声映画スター、母親は芸妓で、継母に育てられ、非行と彷徨の末に役者として名を馳せた藤田には、遊び人が放つ独特な魅力があったが、その歌にもまた粋さとほろ苦さ、フェミニズムのごったが臭い立ち、同時に阪急電鉄駅・十三のネオン街の成り立ちをも暗示して興味深い。

「十三のネエちゃん」とは、奄美や沖縄の元紡績女工、逃亡女工の一握りが身を持ち崩し、夜に慣れ親しんで酌婦や私娼になり、紡績地帯・尼崎から神崎新地へと流れ、戸ノ内に身を移し、新しいネオンの眩い歓楽街・十三のホステスに吸収され、モスリン橋を渡って行く……。その青春の蹉跌が思い浮かぶ。筆者は20代の頃、沖縄から集団就職し、寮を飛び出して「アパート付きホステス」になった女性に出会ったことがある。従って、藤田の鼻にかかったあの演歌を聞くたび、女性の曇りがちな表情が蘇って切なくなる。鮎のように川上を目指して旅立ちながら果たせず、中瀬の腐臭にまみれて果ててゆく、離島や寒村を出自とする貧困農家の娘たちの一面の宿命を思わずにいられない。

南島からの女工

（1）結核感染で中途帰郷

「関西への出稼ぎは1910年代に始まり、その多くは製糸・紡績工場に雇用された女性であった。1920年代から30年にかけては、年間2万人が関西に職を求めた。那覇と大阪を結ぶ航路も1910年代は10便、20年代には18便に増えた」

南島からの女工職はいつ始まったか。上記『沖縄県史』（各論編第5巻近代）では「明治末」としており、女工保護をめざし1911（明治44）年に公布された「工場法」（施行は大幅に遅れ1916年）と関連した動きと見られている。旧来、大都市周辺の良家の子女に頼った労働力は、この時期、紡績工場における最新鋭機導入で24時間操業が可能になり、遠隔地からの採用が本格化し始める。そうした採用地の拡大で、低賃金労働力が豊富な沖縄・奄美でも募集が始まり、会社の直接雇用に加え、募集人や周旋人が押し寄せ、引き抜き合戦に。「なかには甘言、嘘八百で誘う、人身売買的なブローカー」（福地曠昭『沖縄女工哀史』）もいて、卒業名簿を手に部落を訪ね回っていたという。

こうしてかき集められた沖縄の娘たちは泣く泣く七島灘を越え、レンガ塀囲いの作業場で厳しい労働現場に投入され、夜、暗い部屋で両親や兄弟に募る思いを手紙に託するが、やっと届いた返信に胸ときめかせて開封すると、「ジン（銭）から先どぅ、手紙や後から」と突き放されるような文面で、声を偲ばせて泣く仲間たちの姿がとらえられている。

紡績工場が監獄同様といわれたのは、決して言葉のアヤだけではなかった。食費は1日9銭を差っ引きながら、「臭いご飯とか腐った魚も出された。肥料に使う半分腐りかけたイワシ類が食卓に出されることもあった」(『沖縄女工哀史』)というから、ほとんど囚人同様である。「沖縄、奄美出身者は豚肉が故郷から送られてくると、みんな集まって食べた。また外出すると、ソーキ(豚の肋骨)やミミンガー(耳皮)を食べた」のは恐らくは郷愁と栄養補給からだろう。ところがそうした食習慣に女工仲間から「沖縄の人たちは人糞で飼った豚を食べるそうだ」と噂が立って、奇異の目で見られ、琉球語が馬鹿にされ、次第に人前に出たがらなくなったという。

紡績工場は「冬は極楽、夏は地獄」と呼ばれた。『沖縄女工哀史』によると、夏の工場内の気温は65度にも達することがあった。外気熱に原動機の熱が加わり、換気が不自由なために耐えがたいほどの暑さだった。その熱気と綿の屑が舞い散るなかで12~14時間も働く。肺には粉塵が吸い込まれ、過労と睡眠不足で食事をかき込むと、せんべい布団に折り重なるように体を横たえ、毎日が過ぎていく。その衛生の悪い寝床は、工場に搬入される原綿に南京虫が卵を産みつけ、大量発生し、刺されると全身が赤く腫れあがった。

少女たちは日を待たず病に罹る。消化器疾患、呼吸器疾患、眼病などに加え、当時不治の病だった肺結核に冒される。日に日に体力が衰え、やがて寮の部屋で起き上がれず、血を吐いて寝込むようになると、親元に引き取りに来るよう連絡が来る。なかには幸運にもふるさとの海風に吹かれ回復した娘もいたが、多くは青白い顔で痩せ細り息絶えた。沖縄の紡績女工の悲劇を、愛情と執念を込めて追い続けた福地曠昭の生地、大

姫路の「しかま紡績」寮前の沖縄女工。家族を安心させる宣伝写真に一張羅盛装で収まっている。

宜味村喜如嘉では「病気で里帰りした8人中6人が2、3年後にこの世を去った。しかも帰還した罹患女工が結核を拡散し、結核県の烙印を押される不幸に至った」と記す。

遠く離れた沖縄から結核に冒された妹を引き取りに来たものの、その臨終に間に合わず、会社が葬儀を挙げ、遺骨を抱いて沖縄に帰ってきた兄もいたという。

（2）奄美の女工たち

戦前、16、17歳で紡績女工になった女性たちは、現在では95歳以上である。筆者は戦前の紡績女工を求めて訪ね回ったが、関西でも、奄美でもついぞ会うことが叶わなかった。それどころか、奄美の紡績女工の記録そのものが極端に乏しい。従って断片的に語られている字誌などから読み取る他ない。もう少し早い時期に問題に向き合っていたら、と悔やまれるばかりだ。

わずかだが、奄美の女工については仲地哲夫「瀬戸内町伊須湾沿岸の人びとの生活と出稼ぎ」（『南島文化』）の論文がある。１９８８年(昭和63)年、奄美大島南部の太平洋にV字型に湾口が広がる、伊須湾一帯の小集落を徒歩やバスで回り、大正～昭和戦前の島民の出稼ぎ実態を聞き取った記録は、今や接することのできない貴重なものになっている。

戦前、シマの娘たちはほとんど大島紬の機織りに従事していたが、不況による工賃低下と倒産続出で稼ぎが無くなり、仕送りができる紡績女工めざして次々とシマを離れて行ったという。

仲地の聞き取りによると、節子集落の栄みすえ（１９２２年生）は於済出身の募集人の紹介で、同郷者14～15人と関西に渡り貝塚市・寺田紡績（１９１２年創業）に就職したが、当時すでに約50人の鎮西（加計呂麻島東部および請・与路島）出身者が就労していた（時期は不明だが、18歳だとすれば１９４０年前後になる）。仕事は早朝5時に起き、午後2時まで。後は遅番の午後10時までの交替制だったが、繁忙期には昼夜働いたという。工場内は綿粉が飛び回り、後から就労した姉は機械に右手親指を切断され、保障金３百円で帰郷。みすえは一人奮闘、月5円の実家への送金を続け、５年間で5百円の貯金をたくわえ、弟妹にランドセルや学用品も贈っている。

また同じ節子出身の新田ケサエ（１９２６年生）も１９４１(昭和16)年3月、シマを出て寺田紡績に就職、一人前になると月給が60円になり、毎月10円を送金していた。そこには稼ぎを託され、厳しい労働に耐えて懸命に働く姿が浮かぶが、実家の母親から豚味噌や手紙が届くたびに泣いたものだという。同様、阿木名出身の出水エダ（１９１６年生）は結婚前の１９３５(昭和10)年前後、鐘紡（前身は東京綿商社、１８８９年に紡績稼働）で女工をしたが、阿木名から2～3人、加計呂麻島から約20人の出身者がいたという。

娘たちを紡績工場にスカウトし、送り届ける募集人は、元女工らの証言だと地元在住者が多い。みすえを斡旋したのは於斉出身者、ケサエは古仁屋在住者で、卒業式前になると「紡績に行かないか」と勧誘して回っていたという。彼らの募集方法は「極めて詐欺的、誘拐的」（中村政則『労働者と農民』）で、職工生活の楽しい事ばかりを強調し、娘たちの関心を買おうとした。「食事は美味しくて無料。帰りたい時はいつでも辞めれる」といった甘言を振り撒いている。紹介人たちは、集めた女工を工場に送

瀬戸内町網野子。井戸端ならぬ川端談議に花を咲かせていた３人組。ともに戦後、関西に出稼ぎ経験があった（中の女性は福沢ミツ江さん、夫は神戸・三井倉庫に勤務）

り届けるか、出張社員に渡すと一人1円内外の手数料、時には特別賞与が支給された。
紡績女工の足跡を追って気づくのは、奄美群島のほとんどのシマから娘たちが旅立っているが、数的には瀬戸内町、なかでも加計呂麻島が突出して多い。先述した秋徳出身・牧ミツと同様、戦前で推計約2千人が女工として「売られていった」ことになり、それだけ〝離島の中の離島〟の生存の厳しさを物語っている。

戦後ひと頃まで、奄美の子供たちは親から「言うことを聞かんと糸満に売るぞ」と脅された。糸満は沖縄本島南端の漁業の街で知られ、集団の追い込み漁で一網打尽にし、取り尽くすと漁場を変えて九州沿岸域まで進出した。そこでは少年期から素潜り漁の徹底した訓練が重ねられ、疲れて浮上すると頭を押さえつけられ海水をしたたかに呑まされ、恐怖の特訓、短期養成で一人前になった。それだけに貧困家庭の男児たちは「糸満売り」を何より怖がった。

「糸満売り」は男児だけではない。女児もわずかな契約金で糸満に売られた。娘たちは飯炊きに始まり、カミアチネー（頭上運搬での行商）でアギヤー（追い込み漁）の集団漁を支えた。

とりわけ伊是名島、与論島など貧しい離島の女児が多数売られているが、カミアチネーから紡績女工を体験した女性がいる。

天城町平土野の吉田マサ（1915年生）は伊是名島仲田出身。5人兄弟で家計が苦しく、口減らしに親類宅で子守り生活。1926(昭和元)年、11歳時に10年年季50円で糸満のヘーナーカミングァー家に売られ、30人の漁師集団の家事手伝いに。15歳になると那覇まで毎日3里をバーキ（竹籠）に20斤の鮮魚を乗せて売り歩いた。年季明けに親が迎えに来たが帰らず、独立してカミアチネーに。1936(昭和11）年、魚を売りに来る糸満系与論島男性と結婚。素潜り名人の夫に伴われ、舅の待つ与論島へ。しかしほどなく夫が病に倒れ、紡績工場の募集に応じ、3歳の長男を残して身重な体で山梨の女工に。やがて戦況が悪化、いっそ死ぬなら長男共々と帰郷を決意。1944（昭和19）年10月、敵潜水艦が潜む東シナ海を乗り切って与論島へ。だが夫は終戦2カ月後に死亡。舅との折り合いが悪く、1946（昭和21）年7月、徳之島で漁師をしている義兄夫婦を頼って平土野へ。子供二人を抱えて島中をカミアチネー、さらに養豚、蒲鉾づくりも。試練の日々ながら、やがて長男が独立し漁師に。蒲鉾づくりも軌道に乗り、畑と家屋を購入、ようやく安定した暮らしに。平成末、この地でその生涯を閉じた。

一人の女性が辿った人生の過酷さが、その旅程の夥しさに反映されている。生地・伊是名島に始まり、糸満――那覇――与論島――山梨――与論島――徳之島と、通常の女性の数倍に匹敵するだろう変転流浪の生涯。「徳之島や名瀬には、吉田マサと同様の、カミアチネー女性の試練の人生が散見される」（中楯興編著『日本における海洋民族の総合研究／上』）

平土野にはマサの子息が健在だ。訪ねてその母親の人となりを聞こうと面談を申し入れた。だが電話口に出た子息は、力ない声で「母さんは、いないよ、いないよ（だから会えない）」と繰り返すばかりで、断念せざるを得なかった。

帰港した糸満舟と魚を運ぶ女性たち（沖縄タイムス）

【注5】

※5-1「寺田紡績」は関西の寺田財閥が始めた紡績業を一族の寺田利吉が継ぎ、1912（明治45）年に現在の貝塚市津田南町に工場を建設、本格操業した。現在のテラボウはユニチカの完全子会社で合成樹脂加工会社。津田川河口付近には大正時代に建てられたレンガ造りの工場が残り、映画『岸和田少年愚連隊』（1996年）のロケーション撮影にも使用された。

※5-2「1882（明治15）年に渋沢栄一らの主唱で大阪紡績が設立されると、阪神地区に数多くの近代的紡績工場が設立された。そんななかで、日本綿花とゆかりの深い紡績会社が尼崎紡績。同社は、NHK連続テレビ小説『あさが来た』のモデルである広岡浅子の夫・信五郎が、尼崎紡績の初代社長に就任している。広岡家発祥の地は尼崎。その尼崎は坂上綿と呼ばれる綿花の栽培地であり、廃藩置県で窮乏している藩士を救うため、紡績工場設立の話が地元有力者の間に持ち上がった。しかし、巨額の資金が必要となり、大阪財界を巻き込んで設立すべきとの結論に。1889（明治22）年、尼崎側・大阪側の有力者が発起人となり尼崎紡績が設立された。この尼崎紡績は、尼崎地区における大規模工場発展のさきがけといわれており、阪神地区の工業発展のきっかけとなった。尼崎紡績会社の本社事務所は、現在ユニチカ記念館として創業時の資料も展示されている」（『双日歴史館』）。

※5-3工場法の足踏みを招いた実業家らの言動は、1896（明治29）年の農商工高等会議に記録が残る。席上、渋沢栄一は「職工の働く時間が長いということはござりましょう。（しかし）夜間の仕事は害があって職工が段々衰弱したという事実は、まだ私ども見出せぬのでござります」と資本家の本音を吐露し、最後に「ヨーロッパの丸写しのようなものを設けることは、絶対的に反対申し上げたい」（中村政則『労働者と農民』）と夜勤禁止に反対を唱えている。

第5章　大正・昭和の大流出

大正・昭和の大流出

現在の高機式になる前の旧式機による大島紬製作（那覇歴史博物館）

白いご飯と娘売り

（1）大戦景気から戦後恐慌へ

〽雨が三年　旱《ひでり》が四年
出入七年　困窮となりて
新発田様へは御上納ができぬ
田地売ろかや子供売ろか
田地は小作で手が付けられぬ
姉はじゃんかで金にはならぬ
妹売ろとて相談決まる
さらばさらばよ　おとっやんさらば
さらばさらばよ　おっかさんさらば……

越後平野は豊かな稲作地帯だが、内実は「千町歩地主」が支配し、小作の多い地だった。明治から大正にかけ、その田園は繰り返し洪水に見舞われ、「大自然の猛威による凶作・不作の波と、地主のあくことなき搾取の板挟みのなかで、土地にしがみつかざるを得ない多くの農民は、どん底生活にあえいでいた」（金原左門『自由と反動の潮流』）。その蒲原郡の村々で、遠く天保から歌い継がれている『瞽女《ごぜ》の口説き』は娘売りの悲哀を歌って胸に迫る。

大正～昭和初期の恐慌

1920年（大正9）**戦後恐慌**
東京株式市場の大暴落により、恐慌に陥った。米、綿糸相場が暴落し、農村が困窮、中小企業の倒産が相次いだ。日銀が救済資金1億2千万円を貸し出し、沈静化を図った。

1923年（大正12）**震災恐慌**
関東大震災により、被災地の企業は大きな打撃を受けた。政府はモラトリアムを公布したほか、震災手形は日本銀行に特別融資させた。

1927年（昭和2）**金融恐慌**
大蔵大臣片岡直温が帝国議会で「東京渡辺銀行が破綻」と失言。取り付け騒ぎが起こり、続いて大戦中に急成長した鈴木商店が破綻した。政府は3週間のモラトリアムを公布、沈静化した。

1930年（昭和5）**昭和恐慌**
1930年1月の金輸出解禁後、前年に始まった世界恐慌が日本に波及、大量の金が海外に流出し、輸出は激減、農産物物価、企業の倒産、失業者が増大。大凶作にも見舞われた東北、北海道では欠食児童、女子の身売りが急増した。こうした中で財閥がドル買いで為替益を獲得したことに非難が続出、血盟団事件などの導火線になった。

日本の景気は第一次世界大戦（1914〜18）による好況で、にわか成金を輩出するなど、バブル景気に沸いた短期間を除き、むしろその反動による恐慌に沈み、その後は2〜3年越しに景気が底打つ慢性的不況に見舞われた。つまり大正―昭和恐慌の実態は、①戦後恐慌、②震災恐慌、③金融恐慌、④昭和恐慌の、4度の連続恐慌だった。

なかでも農村は農産物価格が急激に暴落、不況で紡績工場を失業した女工の里帰りも加わって、7割をも占める小作農家は行き場を失っていた。

瞽女口説きの通り、当時の農村の窮乏として世間の注目を集めたのは「欠食児童と娘の身売り」だった。東北では稲作地帯でさえ白いご飯に憧れる飢饉が続き、空腹を抱えて学童も親と一緒にワラビ採りに山に入り休学、貧窮農家の娘は借金のかたに売春婦として売られる例が頻発していた。ある村では妙齢の娘の4分の1が身売りを強いられ、ついに村役場に身売り相談所ができ、「娘身売りの場合は当相談所へおいで下さい」との看板が掲げられた。

しかし、混乱続く政治は戦後恐慌に有効な対策を打てず、政党腐敗と富独占の財閥に国民の苛立ちと不安は募り、軍人や右翼によるテロが頻発。農村出の兵士たちは、実家の妹が売られる現実への危機感から軍改革、あるいは軍部と官僚※6-1の結託が生まれ、ほどなく日本は十五年戦争へ突き進んでいく。

（2）奄美でも娘売り

「一年中蚊帳を用いる常夏の大島に、それをもたぬもの多く、あっても小さいのに雑魚寝して頭をつきこむ位である。シキブトンをもった農家というは殆どなく、食物も甚だ悪い。牛の数も数年前までは

1万5千頭だったが、本年は漸次減少して1万5百頭となっている。之は他に売って金にする品物がない為に、最愛の牛を売却した為である。地所の如きも売って了うから、自作農から小作農へ移る者の数も多い。甚だしいのは最愛の娘を紡績会社に売って日常の費用にあてているとても悲惨な状況は、単に経済上ばかりでなく人道上社会上の大問題である」（1927年12月10日付、鹿児島朝日新聞）

県財政から切り捨てを受け、分別財政になり、それによる「大島郡の疲弊」を伝える鹿児島朝日の記事はその具体例を右記のように描写しているが、牛を売り、娘を売ってもなお補えない、奄美の窮状は本土農村と同様、あるいはそれ以上の赤貧状態であったことになる※6-2。

この年、つまり1927(昭和2)年は大正天皇崩御で、若く健康な昭和天皇に皇位継承が行われ、新天皇は8月、海軍演習の帰路、連合艦隊を率いて奄美大島の名瀬、古仁屋に上陸した。

ロシア文学者として名を馳せていた瀬戸内町出身の昇曙夢《のぼりしょむ》は、その天皇来島を「奄美の歴史に一大光彩を添えたばかりでなく、有史以来の画期的事件として、新大島の黎明を告げる警鐘でなければならぬ」（『大奄美史』）と興奮気味で、やたら奄美振興への島民の自覚と発奮を求めるのだが、現状の疲弊がそうした精神的なものではなく、藩政期からの負の遺産と、自然災害と現下の経済情勢に起因するものであることは、傍からも一目瞭然だった。それは、鹿児島県会が国庫による救済を訴え、内務大臣に宛てた建議書が記す、「畏くも聖上陛下親しくも奄美大島に行幸遊ばされるやその窮状を臠《みそな》せは給ひ痛く御軫

東北から売られ、売春宿に向かう途中に警察に保護された少女たち。

念あらせ玉へりと漏れ承る」との文面からも窺い知れ、天皇訪問は前年の未曽有の台風被害に対する慰問が主眼で、実際にも天皇から5千円の下賜金があった。昭和の幕開けもまた島々は貧窮にあえいでいたのだ。

(3) 黒糖暴落と大島紬不況

奄美の窮状が抜き差しならぬ状況になったのは、昭和恐慌より幾らか早い、いわゆる大正期の戦後恐慌期からで、全国の農村と同様、特産物の黒糖価格が暴落、加えて新産業として台頭著しい「大島紬」※6-3製造が贅沢品として消費が落ち込み、〃ダブル不況〃に直面、「ソテツ地獄」が出現した。

新産業として明治中期に登場した大島紬は、「黒糖価格が下落、島民大いに生活に苦しみ、概ね紬業に転業し、急に隆盛をみるに至った」(『大奄美史』)が、浮沈もまた著しかった。

日本の絹織物を代表する大島紬は、家内手工芸品で現金収入が稼げるため、多くの主婦や娘が家計を支えようと夜なべで機織りに精出し、名瀬の町には「トントン、カラー」と筬音が夜更けまで響き、戦後長く名瀬市長をつとめた大津鐵治も、母親の機織り収入で東京遊学を果たしたと公言していたが、その主婦の細腕が子弟を一本立ちさせた多くの逸話を残すほど現金収入になった。そして第一次世界大戦による好況下の1919(大正8)年には、年間生産単数27万8千反に躍進、高額品であるため織物

奄美の砂糖生産量と製造戸数(鹿児島県統計書)(貫=3.75kg)

	1900年(明治33)	1911年(明治44)	1915年(大正4)	1919年(大正8)	1927年(昭和2)	1934年(昭和9)	1936年(昭和11)
生産数量(千貫)	2,511	4,799	2,955	4,946	2,121	3,272	3,475
生産価格(千円)	901	1,408	1,190	3,800	1,035	1,524	1,704
製造戸数(千戸)	23	23	25	24	19	19	20

消費税も響かず、業界は「ビールで足を洗う」活況を呈した。

ところが1920（大正9）年、世界不況（株式暴落⇒商品暴落）になると一転、大島紬1反36円が、1927（昭和2）年には16円16銭に下落、機屋の多くが廃業。黒糖と共に2大産業が窮地に陥り、『伊仙町誌』は「砂糖も大島紬も下落した。鹿児島商人や買付人が買っておいた黒糖は連日の値下がりで、倉庫に寝かせたままで倒産者が続出した」「大島紬は1反30円まで上がったのが、9年には14円に、さらには9円に下がり、紬工場の倒産が続出した。小学校教頭の月給は紬1反分。教員を辞めて紬工場をやりなさいと豪語していた工場主も、織子に払う給金や原料糸代が払えず倒産して大阪に行った」という有様で、「米が買えず芋さえ減収した農家は、ボロボロの唐白米に醤油をかけて食べるのが流行した」と記す。

産業構造が似通う沖縄も同様で、明治中期のサトウキビ作付制限の撤廃以降、奄美を上回る黒糖産地に急成長したものの、植民地・台湾糖が大量に国内市場に出回って価格が低迷、同時に砂糖消費税が農家に転嫁され、大正恐慌の追い討ちによって、農家は米はおろか芋すら口にできず、多額の借金を抱えて身売りが公然化し、男児はイチュマンウイ（糸満売り）、女児はジュリウイ（辻遊郭売り）が目立って増えたという。

大島紬工場・織元・家内工業・職工の推移（鹿児島県統計）

	1904(明治37)年	1915(大正4)年	1919(大正8)年	1921(大正10)年
工場数（戸）	1	59	126	90
織元（戸）	21	422	4,282	1,253
家内工業(戸)	4,530	2,420	6,923	7,938
職工数（人）	5,080	12,061	33,150	23,409

(4) チュッキャリ節の流行と出稼ぎ世

〽きばてぃ行ぢいもれ　指折てぃ待っちゅさ
徴兵いぢちか　わ二人加那ぐわ
(……一方、母間の男女青年の歌は)
〽吾二人談合ぐわしゅて名瀬かちひん逃んぎろや
名瀬やシマ近かさり　鹿児島ひんぎろや
鹿児島むまだ近かさり　大阪ひんぎろや
牛売てぃ馬売てぃ鶏売てぃ山羊売てぃ大和ちひんぎろや……

右記はいずれも奄美の島唄界で一世を風靡した『徳之島チュッキャリ(一切)節』である。仲宗根幸市『しまうた百話』によると「青春の恋歌。母間《ぼま》(徳之島町)の成ちよと仲間が歌い広めた」とある。チュッキャリとは節を小さく刻んだ歌で、簡潔な歌詞と軽妙洒脱な掛け合いが人気を呼び、浜遊びなどで歌い広められた。特に日露戦争終盤の1905(明治38)年、名瀬に徴兵検査に行く恋人の熱い思い、さらには大正恐慌で働き場のない徳之島の青年が、駆け落ちを談合するリアルな歌詞が人気を呼び、一大ブームになった(『更生の伊仙村史』)。

この唄は他にも多くのバリエーションがあって、徳之島郷土研究会・幸多勝弘氏採譜の『うわーぐわー』もその一つだ。

〽うわんくわ売てぃ　儲けたん拾円金《じゅうえんがね》
屋仁川ぬ娘《めらん》きゃに　ぬきゃぎらてぃ
家《や》かち戻りゅん　顔《つぃら》ぐゎやねん
〽親ぬやっけなりゅん時や
鳥島　挽臼《しるす》買てぃちゅうてぃ
古仁屋の浦なんてぃ　他人《ちゅ》にならんぐ
豆腐ぐわ作てぃ　暮らしゅさや
〽うりし暮らしぬ　ならん時や
金ぐわぬ拾円儲け出し　大阪紡績走ちぃじ
みし飯《ばん》食てぃ　暮らしゅさや

徳之島町母間の「一切節」誕生地の碑

唄では徳之島を飛び出た青年が、行くあてなく「名瀬⇒古仁屋⇒大阪」と目まぐるしい変転を重ねる、青春の彷徨、挫折が歌われ、とりわけ「大阪紡績」の固有名詞が目を引く。歌詞にある駆け落ち先の「大阪」と合わせて、近代奄美人の「大阪」に寄せる期待の大きさが浮かび上がってくる。

だが「徳之島一切節」が描くのは、男女の愛の逃避行の世界だけではない。①近代以降も砂糖生産に依存した特異な奄美・沖縄経済、②大正期の国際的な糖価暴落による「ソテツ地獄」への直面、③邑都・名瀬で急成長した大島紬産業の急衰退、④当時、大々的な女工募集中の本土紡績への出稼ぎ——という歪で底浅い経済構造がもたらす不況を背景に、家族ぐるみでシマを脱出せざるを得ない、翻弄される島民の姿が描かれている。そしてその唄の世界の通り、年間4〜5万人が海を越え、阪神・京浜コンビナート地帯での就労をめざし流出した、切実極まりない心情を歌った唄でもあったのだ。

大正期、沖縄・奄美からは、農民の多くが雇用先を求めて島外に脱出するが、この時期、沖縄の出稼ぎ者数は「1920年代以降、毎年1万人を超え、1925(大正14)年統計ではほぼ2万人に」。しかしこれらの数値は正式な業者の届出者数だけであり、実際はその2〜3倍といわれている。またその出稼ぎ先は「主に阪神、京浜地区で、大阪42%、神奈川14%に吸収された」(山川出版『沖縄県の歴史』)

一方、奄美からは、明治維新後も、船運賃が高く(奄美―鹿児島間＝米3斗3升)利用が富裕層に限られたが、1891(明治24)年には大島郡274カ村の補助金拠出で大阪商船と契約し、朝日丸(3百トン)が月1回各島間を結んで定期航海。これが鹿児島―関西便に接続し、鹿児島、関西との往来の利便性が飛躍的に増した。以降、島民の各離島⇓名瀬⇓本土への人口移動が進み始め、島内の余剰労働力や赤貧層が糧口を求めて離郷、名瀬での一時滞留を経て本土へ渡るスタイルが一般化した。

こうした状況を『徳之島町誌』は「(昭和恐慌になると)貧農や運転資金の少ない人びとは、わずかな農地や家具を売り払って、京阪神の工業地帯へ出稼ぎに行った」と記し、1927(昭和2)年の大島郡出寄留人口(外国を含む)では転出者が4万人を超え、町村別比率では、①亀津58・4%、②与論29・0%、③東天城26・0%が際立って多い。

なかでも徳之島・亀津村の6割近い異常な出郷は、実際は恐慌よりも伝染病、大火の為であったかもしれない。鹿児島県下で流行の兆しを見せていた天然痘が1919(大正8)年初頭から亀津で猛威を振るい、1〜3月の間に541人が感染、死者162人に達した。混乱初期の1月8日、集落中心地で

288戸を全焼する大火が発生。村からは鹿児島市へ避難者が群れを成し、さらにそのなかから多くの感染者が見つかった。このため県は、検査隔離の一方、衛生課長、警察医を急派したが、村々の境界には見張りが立ち、亀津は孤立状態。村びとは復興を急ぐために、学童を焼け残った教会に集めていたところ、そこからまた感染が広がっていった。2月になると死者が急増したことで、村はパニックに。消毒、患者手当てに動員された役場職員さえ逃げ出し、遺体運搬10円でも引き受け手がなく、署長以下、警察官全員、大島署の応援で処理に当たったという。そうしたなか、再び2月、3月と大火が起き、3度目のそれは放火であることが判明。犯人の27歳船員は「牛小屋に火をつけた」と自白、裁判で無期懲役になるが、「動機は曖昧で、たぶん相次ぐ大火、天然痘で、新たな異常心理を生んだためではないか」と南日本新聞『鹿児島百年』は推測している。

島民がそれぞれの島々から一旦、名瀬に上陸し滞

大島郡出寄留人口(鹿児島県統計)※6-4

	外国へ	他府県へ	他郡へ	兵役	失踪	合計
1877年(明治10)						427
1888年　21		37	38	34	72	181
1892年　25	9	58	39	111	193	410
1896年　29	7	136	85	167	249	644
1900年　33	84	772		326		1,182
1903年　36	118	1,229		330	109	1,786
1910年　43						5,221
1913年(大正2)		2,504	4,207	689	698	8,098
1916年　5	1,267	4,435	6,667	797		13,166
1919年　8	1,538	7,323	8,445	1,181		18,487
1920年　9	1,934	6,767	11,100	944		20,745
1921年　10	2,155	9,498	11,619	1,155		24,427
1927年(昭和2)	3,338	31,136	5,944			40,418
1931年　6	5,738	44,824	7,544	1,963		60,069

留したのは、本土渡航への船待ち※6-5とともに、産地化した大島紬に職を得ようとする移動でもあった。そうしたなか、近隣からの一時滞留先になり人口が急増した名瀬村では、昇格運動が起き、1922(大正11)年に「名瀬町」に。商店街が軒を連ね賑わいを見せたが、それも短期間で、大島紬の価格暴落で機屋が相次ぎ倒産、〝失業者の町〟に一変する。

こうした事情を背負い旅立った奄美の出郷者は、辿り着いた京阪神でも恐慌による失業者増大の嵐に遭遇。職を得られず、短期間で帰郷した入寄留者が1万5〜6千人にのぼるなど、不安定な社会情勢が続いた。

【注6】

※6-1陸軍は2・26事件後、皇道派に代わり統制派が主流化するが、政治的発言を強めるべく官僚との結託が模索された。そのなかで注目を集めたのが「国維会」で大島辰次郎、吉田茂、後藤文夫らの新官僚派が、「腐敗した」既成政党の官僚支配に反発し、軍部革新将校らと選挙粛清などに取り組んだ。その一人の大島辰次郎は奄美・名瀬出身で大島仙蔵の次男。仙蔵(1859年生)は代官帰任時に伴われ、藩校から東京・工部大学校卒。ペンシルベニア留学を経て山陽鉄道技士長に成るも35歳で急死。子の辰次郎は東京帝大政治学科卒後、内務省入り。鈴木三郎内相秘書官として頭角を現し、衛生局長で退官後、45歳で急逝した。叔父の大島直道は内務省参事官で後藤文夫との交遊が深い。「彼らの活躍は当時の奄美出身者の声価を高め在郷郷友の先駆けになった」(重信健次郎『奄美の人びと』)。直道の

兄・直治もまた九州帝大教授（倫理学）で名瀬市名誉市民だが、その父親・大江直佐登が島役人として１８７７（明治10）年の勝手世騒動を弾圧したこと、さらに子弟が戦前の軍国化の潮流下で果たした役割を含め、その毀誉はなお定まらない。加えて、学問に新たな活路を見出した、奄美の豪農を出自とする子弟は、弁護士や官僚として名を成すが、彼ら立身出世者を主軸とする郷党組織は、果たしてシマを弾き出されて出稼ぎに出た貧農たちの救済にどれほど貢献・尽力したろうか。

※6-2 大正期の奄美のソテツ地獄で引用される事例として、１９２５（大正14）年８月２日付の鹿児島朝日新聞「生活難の悲劇　蘇鉄の中毒から一族６人が枕を並べて死亡　同情すべき大島の惨状」の記事がある。「大島郡笠利村では昨年の暴風、大島紬及び黒糖の下落から大打撃を被って生活苦の惨状目も当てられない。村民の多くは豊富な天然の蘇鉄を唯一の食料としてその日〳〵を送って居る有様である。然るに此の蘇鉄に有毒素あり夫れがため一族６名が中毒して死者を出した悲劇。同村須野の常田フクチヨ（44）方では兼ねて貯蔵していた蘇鉄に煤の混入したのを知らず粥にして喰ったところ忽ち腹痛を訴え、約２時間後に死亡。呼び寄せられた親族５名はフクチヨの死因が蘇鉄にあることを知らず粥を昼食にした。之がまた中毒を起こしハタ〳〵と倒れ程なく死亡」と記されている。

ソテツ粥による家族６人もの死亡という痛ましい事件に違いないが、原因はソテツの毒抜き、あるいはソテツのカビに起因するもので、必ずしも一家が飢餓に直面していたかも明らかでない。したがって「ソテツ地獄＝飢餓・餓死」という表現を疑問視する声がある。金城達也らによる論文『ソテツ地獄を問い直す』はソテツ地獄という歴史観と、現実社会で生業としたソテツを利用する生活との認識のズレを指摘し、「イモ―はだし論」と同様、「現状にそぐわない、象徴化した表現」と批判している。

※6-3 大島紬の起源・来歴は必ずしも明らかでない。『本場奄美大島紬八十周年誌』は「太古の昔から織られ、

結城紬とともにわが国でも最も古い伝統を持つ織物」と記すが、1521年、中国から導入された久米島紬から技術伝播したものとの説もある。「紬の大島の長羽織」と井原西鶴『好色盛衰記』が記す通り、元禄期に粋好みの江戸っ子に受け、その名が知られた。明治以降に生産が本格化し、大正好況期には製法が鹿児島にも伝播、鹿児島県織物同業組合が誕生し、2大産地を形成した。戦後の日本復帰後、苦境を乗り越えて和装ブームに乗って生産ブームに。女性陣は機織り、男性は染色・締機に従事、裾野の広い家内手工業が家計を支え、最盛期の1976(昭和51)年には91万反(鹿児島を含む)を生産、奄美だけで生産額287億円に達した。それ以降、和装離れで衰退したが、離島単体で2百億円台を稼ぐ特産品は珍しく、大島紬の隆盛は一時期ながら奄美経済の一大牽引力になった。

※6-4 寄留《きりゅう》とは知人縁者宅に一時的に身を寄せること。寄留法は日本の旧法令で、90日以上本籍外において一定の場所に住所または居所を有すること(寄留法第1条)とされている。同法は戦後廃止になり、住民登録法にかわった。沖縄では県外商人を「キル商人」と呼んだ。

※6-5 大阪商船はこの時期、運航会社の大小が乱立、過当競争のなかでダンピング合戦を展開し、一時は運賃ゼロのサービスも。これを制して独占化すると、今度は逆に奄美群島では名瀬経由だけに減港、運賃も値上げした。また乗客をモノ扱いする接遇に不満が高まり、1931(昭和6)年、地元資本の「川畑汽船」がこれに対抗し平壌丸(1千2百トン)を阪神——奄美各島間に就航させた。同社が苦境に追い込まれると、沖永良部島を中心に島民の支援組織が誕生。同社船の寄港時は島民が押し寄せ、「千と二百の平壌丸は神の恵みの助け船」と串木野節と日の丸で出迎えたという。

第6章　阪神と奄美人

阪神と奄美人

大阪・大正区の〝リトル沖縄〟商店街。奄美出身者も多い。

ストライキの波

（1）行き場のない失業の街

「大阪へ出稼ぎに行くという連中と一緒の船に乗ったんです。女は紡績に、男はどこかの鉄工所へ行くという話を聞きましたがね。あの頃の船のなかは大変でした。着くまで三線で踊り狂ったような日々でした」

沖縄出身の社会運動家・大里康永※7-1は1923（大正12）年、阪神航路に乗船し大阪で下船、陸路、目的地の東京へ向かっているが、出郷者たちの船内状況は恐らく奄美も同様だったろう。苦しい、食うや食わずの生活から逃れられる、ひと筋の希望。逆に故郷を棄ててきたことへの自責。そういうない交ぜの感情が船の揺れのなかで脳中に波打ち、堪えられなくなってつい泡盛に手が出、酔って三線を奏でる。すると周囲から合いの手が入り、やがて歌えや踊れの一大宴会になる。

だが、船が横づけし、六甲の山並みのなかに神戸の街並みが現れる。その初めて見る大都会の絢爛と喧騒に目を奪われたのも束の間、〝約束の地〟が楽園には程遠い、失業者にあふれ、デモの嵐が吹き荒れていることに気づく。

（2）資本主義と民衆の試練

「我等は職なく、金なく、仕事なく、信用なし。我等は今産業の犠牲となり、墓石の如く棄てられる。我等は資本主義経済の毒牙に斃れ、我等を待つにただ飢饉と墳墓とあるのみ。然るに政府に誠意なく、資本家に識見なく、曾て見ざる暗雲を前途に望見している。……産業自治の新世界を創造することに依りて、失業撲滅の日の1日も早からむ事を望む」

これは1921（大正10）年、大阪電燈、藤永田造船が争議のなかで解雇にした労働者たちの怒りと悲しみの抗議文だ。戦時景気に沸いた日本は1920（大正9）年に入ると、世界に先駆けて世界恐慌に突入。日本資本主義は一大試練に直面したが、同時に労働者は失業し、深刻な影響が広がっていく。なかでも中小零細が多い繊維産業では解雇の嵐が吹き荒れ、『日本労働年鑑』によると、西陣の解雇職工1万1千170人（うち他の工場へ移ったり帰農できない〝真の失業者〟7千人）を筆頭に▼前橋の製糸女工3千人▼大阪・京都の友禅工2千人▼久留米絣の失業者9千人▼大島絣の女工5千人▼泉北の機業地2千人が解雇され、繊維部門の職工失業者は11万人余に達している。大島絣とは奄美・鹿児島の「大島紬」のことで、藤原彰『弾圧の嵐のなかで』は「好況期には工場法そっちのけの労働強化で酷使しながら、今度は不況だからといって紙屑のようにすてていった」と述べている。

ただ、繊維産業は不況からの脱出も早く、再雇用などが徐々に進んだが、深刻だったのは機械、化学、器具など日本資本主義の基礎になる重化学部門で、回復の兆しさえなかった。特にワシントン軍縮会議※7-2で日本は海軍軍備の縮小を迫られ、建艦中止命令で神戸・川崎造船所、三菱造船などで大量の解雇者が出た。一般の造船所、鉄工所も大きな影響を受け、工場閉鎖と従業員解雇に追い込まれた。この大量解雇は職工たちの闘いを喚起、とりわけ、川崎、三菱の争議※7-3は「戦後恐慌期に起きた典型的かつ最大規模の争議であった」（藤原彰）

労働者のなかでも造船・車両・工作機械で働く人びとは「鉄工」と呼ばれ、恵まれた部類だった、といわれている。女工が昼夜交替12時間労働で平均日給20銭なのに対して、35歳の旋盤工は14時間半労働で日給75銭。しかしそれでも最低限の生活を維持するのに、４時間以上の残業か妻の内職が必要だった(毎日新聞記者・横山源之助『日本の下層社会』)。

そうしたなかでの大量解雇と、残業廃止による実質賃金の減少が、職工たちを直撃、おまけに平職工と工場長の日給格差が３倍、技師・事務員からなる社員は月給制で、通用門から便所までが日給平職工と差別され、不満が鬱積。とりわけ臨時工・社外工は差別的な低賃金と会社の都合で首切りにあい、八幡製鐵所では1万5千人の職工中、6千人が臨時人夫だったという。

憤怒はついに発火する。１９１９(大正8)年、川崎造船所で賃上げなど労働条件改善を要求するサボタージュが起き、交渉の末、８時間労働制と増給を獲得。すると１９２１(大正10)年には三菱内燃機械工場で労働条件改善などの嘆願書を提出して大争議に。「賃金２割減に追い込まれていた平職工は大阪の争議に勇気づけられ、伍長など下級職制の制止を振り切って立ち上がった」(『弾圧の嵐のなかで』)。こうした動きはたちまち各工場に飛び火、７月２日に川崎造船の電気工作部、二日後には同造船所の兵庫工場鋳鋼課、さらに６日には三菱造船の造船工作課で争議が起き、友愛会神戸連合会傘下の労組を糾合した支援活動に発展する。しかし、川崎、三菱ともに争議指導者を解雇。加えて職場内で団結示威行進が行われると、川崎造船でペンキ塗りを請け負う片福組が「会社の恩顧に報いん」とハッピ姿にこん棒で労働者を襲撃。短刀で内臓を刺され一人が重傷を負い、十数人が負傷、かえって火に油になって、川崎・三菱争議団が発足し、両造船所のほぼ全員、３万人が一大デモを敢行した。この争議は労働者を鍛え、組合を鍛え、「友愛会神戸連合会を労働組合に成長させる役割を果たした」(藤原彰)。だが同時に会社側の強硬姿勢で争議に関係した1千13人が解雇され、サーベルでデモ隊を蹴散らす官憲の弾圧、さらには軍隊の投入で労働者群は運動から撤退、手痛い敗北を期すことになった。

解雇に加えて、争議に敗れ辞めていく者、無届欠勤で解雇された者を含め、川崎、三菱両造船所の1922(大正11)年段階の減員は6千5百人以上にのぼっており、大量の失業者が発生。翌年の関東大震災も加わって、世相は一層混乱、暗く打ち沈んだものになった。この時期に流行った流行歌は「籠の鳥」「流浪の旅」、流行語は「デモクラシー」「生まれいづる悩み」だったという。

こうした阪神を主にした労働争議の詳細に立ち入ったのは、大正恐慌によって奄美から年4~5万人の大量出稼ぎ者が流入、しかも多くが神戸の川崎造船、三菱造船所に職工あるいは臨時工として入り、工場周辺に集住していく時期と重なるためだ。彼らは流れ着いた海抜ゼロメートル地帯の大工場でどのような役割を演じ、生き延びたかを次項で触れてみる。

1921年7月、行進する川崎・三菱争議団支援デモ(ジャパン・アーカイブス)

南島人たちの移住地

（1）新たな苦潮世の始まり

「沸騰期が去った島々の山野から、土地なき農民、かつてのヤンチュ層を中心とする出稼ぎ者が、鹿児島ヤマトをこえてその奥の方のウフ（大）ヤマト、地図の上でいうと阪神地区や北九州に流れ出していきました。新しい差別の待つ新しい『ヤマトかち、わったり（我ら二人）ヒンギロ（ひん逃げよう）や』と、できたての島唄を口ずさみながら、むらむらを脱出して行く群れが続いたのでした」（『海の神と粟のアニマ』）

郷土史家・大山麟五郎の論考がいう沸騰期とは、「勝手世騒動（黒糖自由売買と農奴解放運動）以来の中心的な指導者が夭折したり憤死したりするうちに、やがて始まった日清戦争の精神総動員がすべての抵抗運動を呑み込んだ」奄美の明治中期以降を指し、「大ヤマト」とは、封建期までは決して見ることのなかった世界、権力の絶対的極北として君臨・圧迫し続けた薩摩のさらに雲上の、〝ヤマト国〟の存在を見出した島民の驚きの表現に他ならない。そして、その新大陸の発見にも等しい、「大和」を目指した島の貧農の脱出行はしかし、実は母の懐のように温かく迎え入れる母国幻想をすぐさま現実の生存の苦さと過酷さに引きずり込み、その近代の出会い、接触は新たな「ニガシュユ（苦潮世）」との遭遇に他ならなかったという、史家の告白に聞こえる。

大山は郷土史誌として評価高い『名瀬市誌』編纂の中軸として活躍、稗田阿礼ばりに島々の古代精神史さえ蘇らせたものだが、一度だけ「ネリヤカナヤは奈良・河内である」と発言したことがあった。ネ

奄美大島からの阪神・京浜移住者数（鹿児島県統計）

年	人数
1900（明治33）	1,203
1910（明治43）	5,221
1920（大正9）	20,869
1927（昭和2）	56,109

リヤカナヤは奄美の祖先たちが憧れ続けた、海の彼方の理想郷である。大山は漠としたその水平線の彼方を、奈良朝から絢爛たる大伽藍が聳え立つ〝難波津から河内 ―― 大和国に至る繁栄の地〟と具体設定して見せたのだった。確かに奄美大島は遣唐使船の南島路でもあったし、万葉古語が奄美語には今も多く含まれ、荒唐無稽でもないという論者も現れたが、論拠の不十分さから定説化に至らなかった。しかし、その着想の背景には、奄美の祖先たちが実は古くから大ヤマトへの憧憬を語り継いでいて、氏そのものものもサツマを超越したヤマトへ憧れつつ、郷土史に踏み入るなかで、必ずしも現実にはそう成らなかった、やはり夢の破綻者の一人だったように思われてならない。

氏の系譜は、医家などいわば学問の一族で、出稼ぎに都市に渡る労働層とは異なるエリート層だが、それでも植民地主義が横行する戦前期、奄美を出自としたことはどこか後ろめたく、時には名乗ることを躊躇せざるを得ない局面にも遭遇したようだ。たとえば論考集には東京に滞在していた折の苦い体験がこう記される。「(アジア太平洋戦争に終盤迫る頃)町内で隣組が組織され、初の顔合わせで出身地を名乗り合った時、私の番が来たので立ち上がって何気なく、鹿児島の何某の旨を名乗って座ると、真向いで床柱を背おっていた年配の人が『鹿児島のどこな』とその県のなまりで聞いてきました。大島です、と答えると、大島は鹿児島ではなかでな、とつぶやきが聞こえてきたのでした。周囲の他府県人には意味不明のやり取りでしたが、手痛く懲りた私は、以来自己紹介には必ず県名の下に『奄美大島』をつける手数をいとわなくなりました」と記している。

誇るべき祖土と県名さえ名乗ることを拒まれる奄美……。幾らか時代は降るが、作家・島尾敏雄の『日々の例』のなかに「妻は赤子をあやす手つきで私をふとんのなかに入れると、『クヘサ、クヘサ、アンマー』

と郷土のことばで死んだ母親に訴え、声をしぼって泣きつづけた」というくだりがある。

作品は戦後、学徒出陣で加計呂麻島の特攻隊長に赴任していた作家と、島の女先生がめでたく結ばれはしたものの、やがて都市放浪のなかで夫の浮気がもとで精神に異常をきたす妻・ミホの狂気の一場面を描いたものだが、その破綻は実際には戦後すぐ、夫の待つ神戸へ勇んで赴いた時に始まっていたのかもしれない。それは貿易商を営んでいた島尾の実父が、結婚に難色を示し、ほどなくその実家2階で新婚生活を始めた頃、「南洋のカナカナ族とお前の方の土人とはどっちが上か」「未開の蛮人」といった類の罵られ方をされ、怯えて暮らした時期があって、ミホ自身のエッセイにも登場する。『島尾ミホ伝』を書いたノンフィクション作家・梯久美子は「故郷を侮蔑されることは、ミホにとって両親を侮蔑されることでもあった。のちに『死の棘』に描かれることになるミホの狂乱は、発端は島尾の情事の発覚であったにせよ、結婚以来プライドを踏みにじられてきたことへの怒りと悲しみの噴出でもあったのである」と書く。巫女ノロの血筋を引く、誇り高い島の女が、本土都市で体験した精神的断裂は海よりも深かった。

そして、大山にしろ、島尾ミホにしろ、島の知識層の受けた精神的受苦を、もっとその数倍をも痛打されながら、ただ押し黙って生きてきた奄美出身出稼ぎ者の個々に置き換える時、私たちはその悲鳴を伴いそうな差別の痛打がいかほどのものであったか、自らのものとして省みる必要がある。

(2) 吹き溜まりのなかで

大阪市の南西部の一角、西成区「釜ヶ崎」(行政呼称あいりん地区)は、萩之茶屋、太子などから成る、関西最大のドヤ街(宿街の変名)だ。かつて大阪の貧民窟は日本橋周辺が「長町スラム」と呼ばれ、安価な木賃宿が軒を連ねたことに始まり、1903(明治36)年の内国勧業博を機に同地に強制転居させられた歴史を持つ。戦後は高度経済成長の建設ラッシュで、全国から流入した労働者約4万人もが毎朝、職を求めて殺到した「寄せ場」として知られ、その失業者が吹き溜まって路上生活の場にもなった。今は厚生行政もあって、アパート暮らしが多い〝福祉の街〟に変容しているが、都市のスラムは釜ヶ崎に限らない。海や河川の荒無地や中州、公園あるいは繁華街の片隅といった雑踏周縁に慈善の〝おこぼれ〟にあずかるべく、ひっそりと暮らす例が多く、阪神一円に散在している。それはかつてほどの劣悪な住宅地の印象は薄いが、それでも華やかな都市の一角にしては、幾らか仄暗さと荒廃した過去の残滓を抱え込んでいる。筆者は40年ほど前に釜ヶ崎(差別用語との指摘があるがあえて使用)を訪ねたことがある。それは奄美で地元新聞の記者になった頃、かねて交流のあった中学の同級生が突然蒸発、取り残された若妻から「ぜひ主人を探してほしい」と涙ながらに依頼され、出張のついでに釜ヶ崎一帯を探したことがある。それは大阪に集団就職した、やはり同じ仲間から「浮浪者生活をしている」との情報を元にしたものだったが、簡単に見つかるはずもない。以来、同窓は消息を絶ったままだが、その後、「路上死していたのは奄美出身者」などという情報がもたらされるたびにギクリとして、ふと同窓の横顔が蘇ったものだ。冒頭の大阪・豊中での孤独死を含め、都市で自立できなかった奄美の出郷者は、出戻るか、あるいはネオンの海や場末、とりわけ釜ヶ崎のようなスラムに埋もれていった例が少なくない。

さて、生き残った出稼ぎ者についてだ。南島の出稼ぎ者は、先行者が幸運にも企業に職を得ると、募集のたびに近親者・同郷者を呼び寄せて、集住する特徴がある。しかし、そうした連鎖就職もそう簡単でなかったろう。会社側に気に入られるため、自らの精勤はもちろん、他の労働者が嫌がる職種をこなし、スト破りもあったかもしれない。あるいは縁故を頼るも採用からあぶれ、「朝鮮人、リキ人・大島人お断り」の貼り紙の下に駆逐され、止む無くスラム街周縁に吸引され、そのなかに生きる術を見出してきた人びともいたに違いない。

それは鹿児島県の統計資料からも明らかで、奄美からの出稼ぎ者は、大阪湾沿いに造船・製鉄など重工業が集中する阪神の海岸線、いわゆる海抜ゼロメートルの臨海地、さらには紡績工場が軒を連ねた尼崎（兵庫県）などに就労、集住例が多い。

都市は田舎者の憧れや、「資本VS労働」の抗争の場だけではない。先住者と転入者の居住権・生活権をかけた角逐の場でもあった。次の項では神奈川・鶴見（沖縄県人3万人）を上回り、最大の受け皿となった、阪神一円の奄美人の「流入 ―― 集住」のプロセスを検証する。

大阪湾一帯の奄美人

（1）神戸の沖洲、徳洲人

神戸は1868（明治元）年の開港とともに外国船寄港が増加、発達した。初期の主産業はマッチ、ゴム製品の輸出だったが、1881（明治14）年、川崎兵庫造船所※7-4（現在の川崎重工業）が開設して造船・鉄鋼地帯に変容、1905（明治38）年には三菱重工神戸造船所（略称＝神船）も登場し、一大重工業都市に成長した。

その「ミナト・神戸」に奄美出身者が詰めかける状況を月刊コミュニティ雑誌『奄美』※7-5の1936（昭和11）年11・12月合併号は「阪神地方に奄美同胞実に3万人　郷土の延長」との見出しの特集号で以下の

関西における奄美出身者の主な集住地域

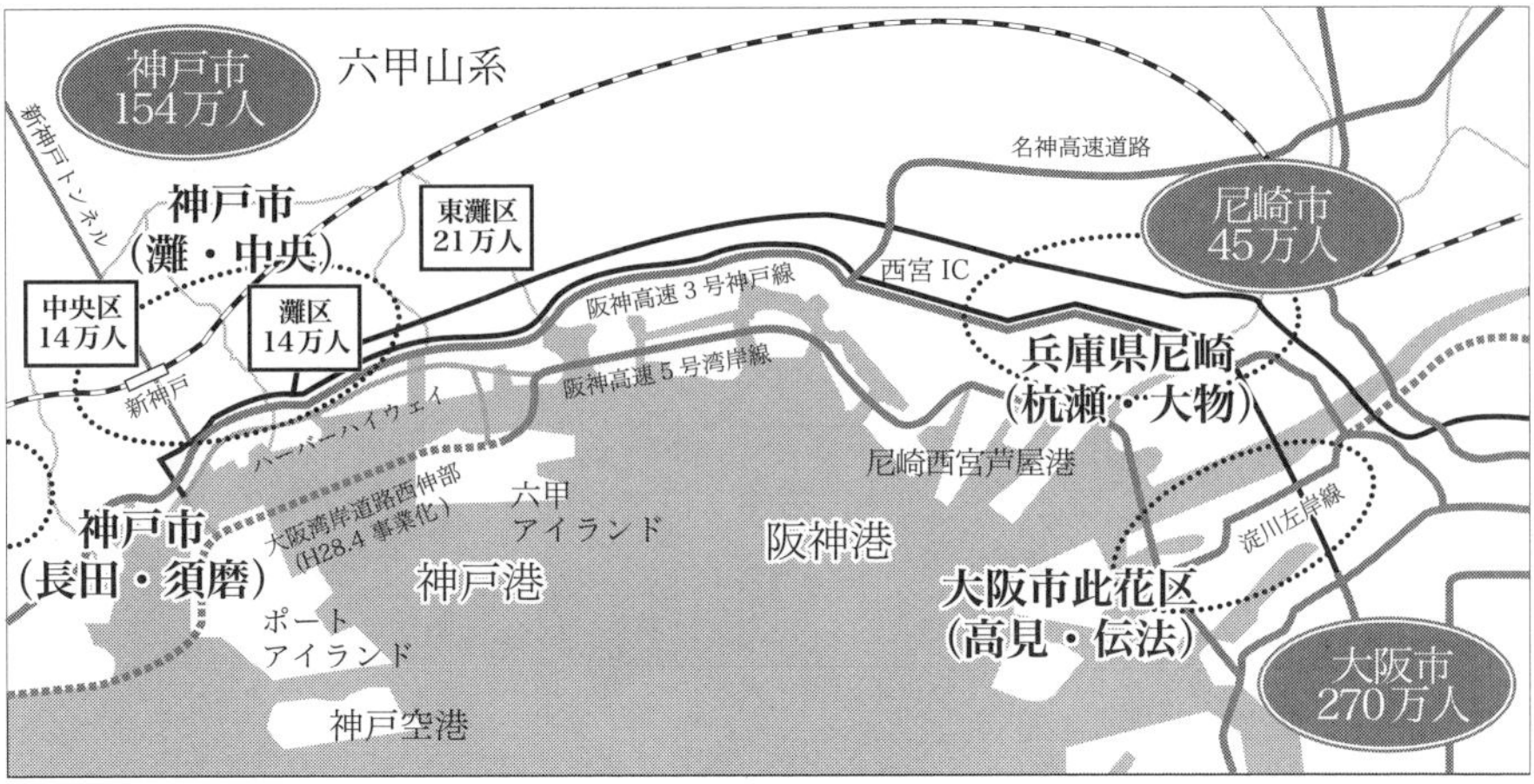

ように報じている。「郷土を離れて郡外にあるわが同胞が最も多く集まってをるところはどこであるか。……何人も明らかに阪神地方であると答へる。それほど此の事は既に郡人の常識となってゐる」「阪神在住三萬人といえば名瀬町人口の1倍半に當り、沖永良部島の人口よりも遥かに多く、しかも年と共に尚増加の趨勢に有り、正に第2の奄美大島を建設した観がある。試に神戸の街頭に立てば東神戸に於いて沖州人、西神戸に於いて徳州人の姿を見る」とレポートしている。沖州人とは沖永良部島、徳州人とは徳之島出身者である。この時期、神戸を中心に労働争議によるストが激化し、「全日本労働総同盟」が結成される一方、2・26事件など軍靴の高鳴りが見られた。そのなかで奄美人社会が形成され、機能し、この雑誌の題名が示す、旧来「大島」あるいは各島名で呼称されてきた群島の総称が「奄美」「奄美大島」という名で総括されているのが目を引く。もっと具体的な集住状況を見てみよう。

(2) 沖永良部島出身者と川崎製鉄

沖永良部出身者の神戸移住第1号は誰か。「川崎製鉄の前身である川崎造船所葺合工場では、工場が開設された1917(大正6)年に八幡製鐵所から沖永良部出身者であるI氏が熱鈑工程の親方労働者として派遣され、このI氏が同郷の沖永良部出身者を子方職工として採用したことに始まる」との定着過程が西村雄郎『阪神都市圏における都市マイノリティ層の研究』他で示され、一致している。

I氏とは今栄民平氏に他ならない。元は1899(明治32)年の台風被害時に口之津へ集団移住した沖永良部島出身者の一人で、同地から北九州・八幡製鐵所※7-6に転じ、ほどなく親方として同郷者を次々

神戸の沖洲・徳洲会員の居住分布
（中西雄二論文に拠る）

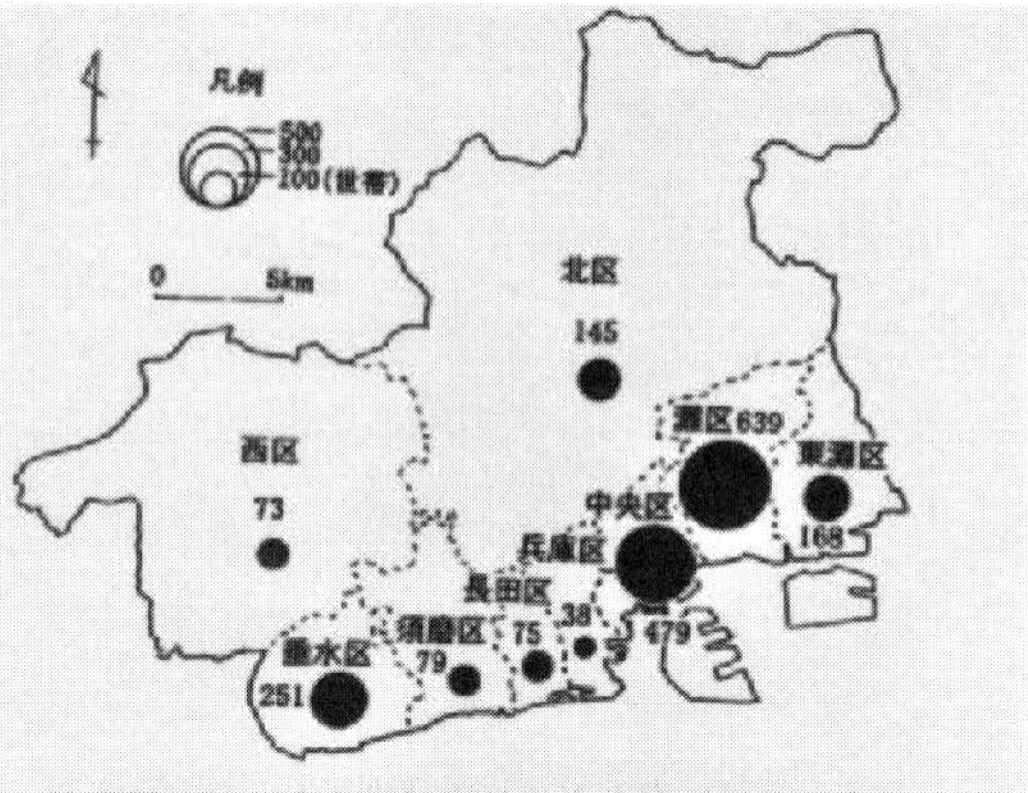

第1図　神戸市在住神戸沖洲会会員の居住分布
(1988年)
Figure 1. Residential pattern of members of the Kobe Chushu-kai in Kobe city, 1988.
資料：注41）をもとに筆者作成。

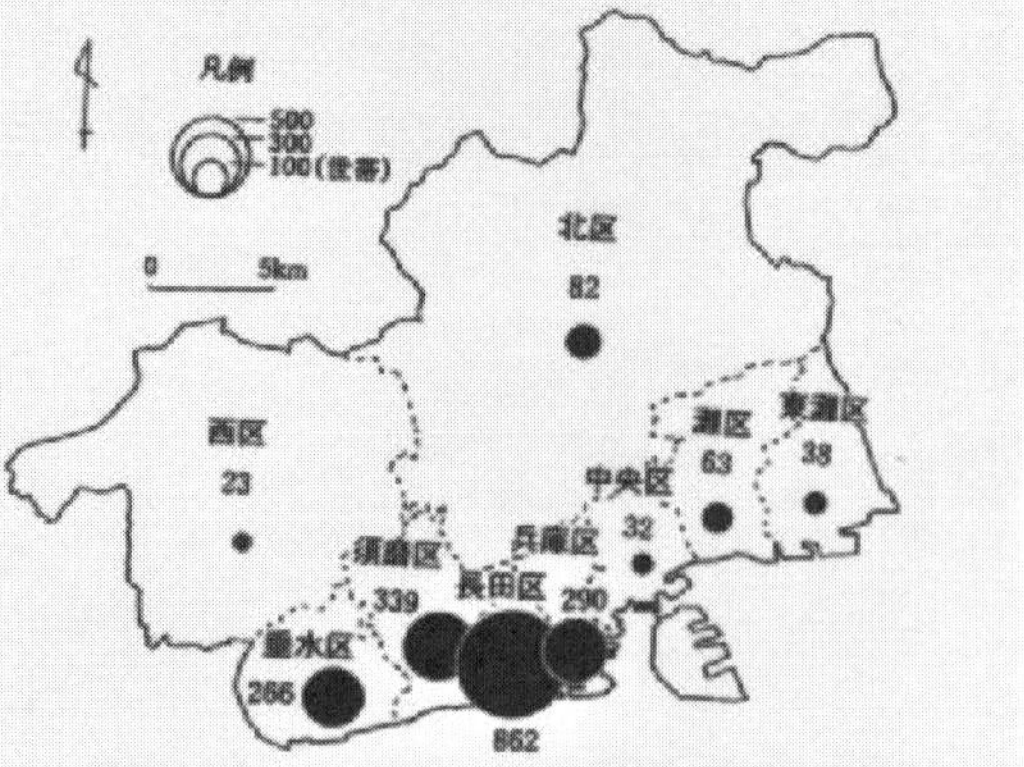

第2図　神戸市在住神戸徳洲会会員の居住分布
(1984年)
Figure 2. Residential pattern of members of the Kobe Tokushu-kai in Kobe city, 1984.
資料：聞き取り調査をもとに筆者作成。

と呼び寄せ、「川鉄＝沖州人」と評されるほどの企業内定住を遂げていった。

それは、日清・日露戦争で日本が未曽有の「海運景気」に見舞われ、これに乗じた川崎造船が規模拡大とともに、欧州鉄鋼材の価格高騰を受け、海外依存から自社生産に転換したことに始まる。この際に葺合工場での熱鈑製作の指導者に迎え入れられた今栄氏が、子方として沖永良部島出身者を呼び入れ、「葺合工場における熱鈑作業は、沖洲人ならでは堪え得ない高熱作業」といわれる危険な業務をこなし、「各職場において黙々として汗みどろの精勤振りをみせ」たことで会社経営陣の注目の的となり、1千人に及ぶ社員大量採用時に「逸することなく後輩子弟を神戸に招致し、会社に信望厚い先輩達の縁故によって多数入社」したというのが1989年刊行の『神戸沖洲会創立65周年記念誌』が伝える事の経緯だ。

その折に、新採用者たちは「生活区域も先輩達が築いた（葺合工場近い中央区大日通り（旧葺合区、「えらぶ銀座」と呼ばれた）、灘区、水道筋周辺に居を構え、つねに相互の交流を怠ら」ず、「勤倹貯蓄と相俟って、ふるさとへの送金を実行し、島の経済を助け、併せて、子弟の上級学校への進学などめざましい活動ぶりをみせた」という模範的な移住社会を形成したことになる。

台風で壊滅状態のシマを離れ、与論島民と共に海を越え、長崎・口之津の石炭積込み人夫になった沖永良部島出身者たち。その一粒が弾け飛び、新たな地に花開くように、神戸の地に新天地を拓いたことになる。

新設なった川崎造船葺合工場の薄板工程（絵葉書から）

（3）徳之島出身者と長田町

一方、徳之島からの神戸移住は、阪神航路の終点という利便上からだろうか。その嚆矢となった人物を特定し得ないが、明治末の経済的混乱、さらに大正期のソテツ地獄を背景に、その多くは１９１９（大正8）年の年初の、島の中心地・亀津を襲った天然痘と連続大火による脱出劇からと見られている。鹿児島女子大にも籍を置いた研究者・西村雄郎によれば、徳之島出身者は「川崎重工、三菱電機などの工場労働や、長田区の地場産業であるケミカルシューズの縫製や裁断作業、商店・飲食店の従業員として戦前期から働き続けているが、これらの人びとを頼って徳之島から親族や同郷者が長田区に次々と集まり、コミュニティがつくられた」という。

明らかなのは沖永良部出身者が川崎製鉄という「特定企業内で縁故採用」を重ねて定着したのに対して、徳之島出身者は川崎、三菱といった「大企業周縁の下請け」労働力、孫請け自営といった、企業に依りながらも独立した職工として互いに交流、「東は泉南から西は長田まで」と広範に集住していた。

その出身者が多く暮らす現・長田区二葉町は死者６千４３２人を出した阪神淡路大震災（１９９５年）でも最大の被災地の一つだが、「西新開地」として古くから知られ、ブログ「酒場放浪記」によると、いわゆる花街として栄え、昭和に入って商店街の形成や地域の発展と共に、置屋や茶屋が建ち並び、福原に対し〝西の検番〟と呼ばれ「客は三菱、川崎の偉いさん、駒ケ林の漁師も沢山いました」とある。一帯は１９４５（昭和20）年の大空襲で廃墟と化すも、戦後、再び赤線街として復活。現在のＪＲ新長田駅から海岸にかけた一帯の徳之島出身者の最大の集住地は、そうした歓楽街のなかに発展。「徳之島銀座」と称された六間道《ろっけんみち》には、島豚屋など島の香りのする商店が軒を連ね、「田舎の集まりや同窓会は大抵、六間道でやった。通りでドンチャン騒ぎをしたのも懐かしい。ここに来たら、いつでも島の人に会えた。ここは私の青春の地」（1998『月間奄美』）と投書子がいうような〝第2の徳之島〟になり、その後の連鎖移住にも繋がり、さらに都市化が都市化を呼んで、戦後には貸店舗、ビル経営者に転じた人も少なくない。

（4）朝鮮の人びととの触れ合い

この西新開地の戦後に至る発展史は、神戸スラム街の移動に起因する。

神戸市は工業生産の活発化による人口急増を受け、1889(明治22)年の市制施行と同時に葺合村、荒田村を編入、さらに湊村、林田村を合併し市域の拡大を図った。この結果、いわゆるドヤ街が市区中心部に接することになり、その移転地に東端の葺合、西端の林田を指定、これと併せて「下宿や長屋裏町の取り締まりも強化、宿所を失った貧民は市中から追い立てられた。木賃宿の強制移転を通じて、市の中心部に存在していた貧民街は『郊外』に押し出され」(外岡秀俊『地震と社会』)、工場労働者の居住地域が形成されたのだという。

工場労働者とは、飢饉や恐慌で故郷を追われた農民や離島民だが、これには朝鮮人労働者も加えなければならない。1910年代、とりわけ第一次世界大戦による日本経済の急速な成長と拡大、日本の植民地政策による朝鮮人農民の疲弊によって、朝鮮半島からの渡日者数は1万人を超え、強制連行が実行されて以降は年間30万人以上にも膨れ上がっていた。朝鮮半島からの流入者は、関西を中心に紡績や炭鉱の募集に応じ、あるいは造船、鉄工、道路・鉄道に日雇い労働者として集住しているが、神戸市においては1935(昭和10)年段階で約1万9千人が居住、林田区44%、葺合区25%で暮らしていたことが市統計で明らかだ。その同じ時期に沖永良部島、徳之島から進出した出稼ぎの一群と同じ市域で「住み分ける形で集住していた」(西村雄郎)ことになる。

奄美人は朝鮮の人びとと日常を接しながら、「とても親切にしてもらった」(徳之島から尼崎に出稼ぎ経験のある南郷弘文氏)といった個人レベルの友好交流は耳にするものの、一体的、共助的な活動の形跡が乏しいのは言葉の壁、生活文化の違いからだろうか。ただ、雑誌『奄美』1931(昭和6)年5月号に興味深い記事がある。神戸徳州同志会が3月に開いた雄弁大会の様子を「時に拾時半、聴衆場外に溢れて無慮五百、朝鮮人が数人居ったのも珍しい」と描写し、朝鮮の人々の参加があったというのだ。参加の経緯は不明だが、会場の公会堂がある林田区浜添通周辺は混在地帯で、「よき労働者」たらんとする徳之島出身の隣人たちの活動が興味深かったのだろうか。

神戸は中華街が形成され、中国出身者も多い。戦後、いちはやく神戸に渡って養豚・精肉業に活路を見出した徳之島・亀津出身者は、美味い豚肉に育てるにはどうすべきか工夫を重ねるなかで、朝鮮出身の密造酒業者から酒粕を餌に混入する術を伝授され、その肉が評判になると、中華店経営者から大量の叉焼《チャーシュー》の注文があり、経営が軌道に乗ったという話を取材で得た。国家の思惑を超え、奄美、朝鮮、中国の人びとが互恵精神で接する姿に、希望を見る思いだった。

しかし、戦後、それまでの抑圧・酷使に耐えてきた朝鮮人労働者たちの不満が爆発。1949(昭和24)年から始まったドッジ・ラインでデフレが進行し、失業や倒産が相次ぐと、地方税の減免や生活保護の適用を求め生活擁護闘争が活発化、各地の役所に朝鮮の人びとが押しかけるようになった。そのなかで1950（昭和25）年11月20日、約2百人が神戸市長田区役所に集結、「市民税免除」と「生活保護の徹底」を訴えた。だが、区長がこれを認めなかったため、軟禁状態に。警官隊が出動し30人が逮捕された（『神戸市警察史』などに拠る）。

以降、騒動が相次ぐが、そのなかで戦後、米軍統治領になった沖縄・奄美の出身者に対するＧＨＱの退去勧告を発端に、故郷への帰還事業の請負と食糧配給などに対応する「南西諸島連盟」（沖縄、奄美出身者による統合組織）、「奄美連盟」（奄美出身者のみ）が発足。やがて下部の奄美連盟神戸支部は「神戸入りした徳之島出身者が持参の黒糖2百斤を台湾出身者に奪われた事件に衝撃を受け、同郷者保護の必要性が叫ばれ」（『奄美復帰30周年記念　神戸奄美会記念誌』）たことで、血気盛んな若手で組織を再編成し「奄美連盟兵庫県連合会」に拡充。運動は自警団のパトと共に、買い出し荷物を横取りする山口組への実力対抗など一部は過激化。また「レンメイ通り」と呼ばれた長田区・眞陽小隣接のバラック長屋一帯では、住宅困難者の受け入れや、多くの奄美出身者の集住が見られるように。その『奄美復帰30周年記念』の座談会で出席者が語るように、「神戸や元町、三宮の高架沿いで悪徳外国人が暴れて手がつけられず、それを鎮めたのは奄美の人たちだった」「奄美連盟では百貨店のフロアを提供していただき、そこを事務所に青年隊2百人を組織、毎日30人を動員して治安と警備に当たらせせました。……その結果、日を追うて彼らの騒動が無くなりました」と、戦後の手薄な治安状況のなか、

長田区役所に押しかけた朝鮮出身者たち

奄美出身者たちが自らも食糧配給などで役得を得つつ、一方では実力で暴力組織に対抗、活動していたことが明かされている。

それは、１９７４(昭和49)年に高倉健主演でヒットした東映実録ヤクザ映画『三代目襲名』のなかで、山口組が戦後の神戸を掌握する展開のなかにも描かれているが、「奄美連盟」の存在はこれまでもっぱら裏面史として語られるだけだった。しかし、戦後という究極の混乱下で、郷党が団結によって自らの存在を際立たせた点には、その活動に対する検証を要するのではないか。

（５）郷友会は何をしたか

「神戸５万、尼崎４万」といわれ、都市に大量に流れ込んだ戦前期の奄美人の不安、孤独を解消し、助け合いの場になったのは「郷友会」だ。奄美市の中心市街地・名瀬にはわずかクルマで片道10分ほどでしかない、近隣の出身者たちが故郷シマを偲んで郷友会を結成しており、もとより「郷友会好き」な風土ではあるが、同様に阪神でも市域ごと、シマ単位で郷友会が組織され、夥しい組織が今日も活動している。

こうした成り立ちは中西雄二氏の「戦前の神戸」(『奄美出身者の定着過程と同郷者ネットワーク』)のなかで明かされており、多くはそれを頼るが、沖永良部島出身者たちは例の川崎造船葺合工場で親方職工になった今栄民平の着任した2年後の１９１９(大正8)年、早くも「阪神沖洲会神戸支部」を結成、その5年後には「神戸沖州会」として独立し、「本会の目的は単に親睦和合、救援のみに非ず。広く国家、社会に貢献する処があらねばならぬ」といささか気負った宣言になっている。やがて沖永良部島の全字《あざ》にあたる38字から幹事を選任し組織強化、1928(昭和3)年には神戸高等商業のグラウンドを借りて「第1回陸上大運動兼家族慰安会」を開き、1千5百人近い参加があったという。

また徳之島出身者は、亀津混乱の3年後の1922(大正11)年、「亀津青年会」が結成され、運動会や家族慰安会で親睦を深めた様子が月刊「奄美」に描かれ、近住する沖永良部出身者の舞踊も披露され、一定の交流があったことが分かる。さらに会は1930(昭和5)年頃に徳之島出身者を網羅した神戸徳州会同志会となるが、もっとも活発だったのは下部の神戸東天城郷友会、在神犬田布郷友会といった集落・校区単位の組織で、血族的な繋がりもあってか強固な結束が見られ、親睦に加え、頼母子講で貯蓄奨励を図っていたのも特徴だ。この他にも名瀬、三方、大和、住用の「神戸奄美中部会」、龍郷、笠利の「神戸龍笠会」を見ることができ、神戸における奄美人社会の広がりが感じ取れる。

さて、郷友会が単なる親睦団体だったか、という点だ。確かに運動会の熱狂や八月踊りに、シマを出た人びとは懐かしさと存分にシマ言葉が話せる解放感を味わったことだろうが、他面でまた大都市におけるマイノリティとしての悲哀、圧迫を抱え、それにいかに対峙し跳ねのけるかも内包していた場でもあったようだ。

たとえば、1930(昭和5)年に結成された神戸奄美中部会の初代会長・森山茂芳（川崎造船所製鈑工場勤務）は、家族運動会で「全員切磋琢磨協力一致向上の精神を以て不断の努力不断の活動を維持し他の同郷団体と相連携して、世上の誤解を断然一掃して吾等の受ける誤解に基づく侮蔑を子孫に傳ふるなきを切望する」と運動会には似つかわしくない精神訓話的な挨拶をしている。しかし、それは森山、あるいは会員の胸中を支配し悩みとした〝奄美差別〟に対峙する決意表明であったことは疑いようがない。

また他面では、少数・異端に対する都市の排除論理に抗し、如何に生き抜くかの模索の末、高まる大正デモクラシーを背景にした労働争議のなかで、これに加わらない方向で職を守りぬこうとする結束強化が模索されている。それは神戸東天城郷友会の１９２８(昭和3)年の総会の席上、会長が「会員各自の国民生活上適処すべき道を指示し、特に悪思想の撲滅を高唱し……」と社会運動や労働争議を悪思想と決めつけていることに現れ、また神戸徳州同志会会員が月刊『奄美』(１９３１・8月号)に寄稿した活動報告でも、労働争議に参加しない「思想善導、風紀の改良」を打ち出しており、企業への忠誠によって大失業時代を生き延びようとする姿勢が明らかだ。

こうした奄美の郷友会組織を、とりわけ初期に於いて束ねたのは、弁護士、医師といったエリート層だ。なかでも当時、神戸の各郷友会の連絡調整のために生まれた「神戸奄美連合会」は、郷士名士を招いて、たびたび修養講習会を開催、「郷土青年の士気鼓舞」に当たっている。そこでは、会長・生駒純(名瀬町出身、神戸弁護士会会長)自身も説話に当たり、以下のように述べている。「阪神地方に多数の郡青年が職工として労働せらるるは誤って居るのではないかと思ふ。此の大資本で固められた秩序整然たる産業組織のなかではいつ迄も職工の職域を脱らせられない……。遠く父母に離れて妻を迎へず家庭を造らず、遂に酒色に慰藉を求めて漸く鬱を散ず、活弁の文句の通りになったら誠に悲しむべきことである」。時代を考えれば、世論の大方もまた同様であったかもしれない。しかし、そこには社会の多様な構成を認め、平等であろうとする模索がない。もっぱら支配側の論理で貫かれ、弱者救済の方途も示されない。その一方的主張がやがてどうなったか。生駒はその14年後の１９４０(昭和15)年、なお会長職にあって、太平洋戦争突入を控え、町内会、隣組が隅々まで張りめぐらされた挙国一致体制のなか、月刊『奄美』

インタビューで私見を披露。奄美の青年たちが「貯蓄はできない」「教養されて居る子女尠し」「健康を蝕む職工生活」などと指摘し、さらに「遊女になって居る」ものさえ多いと懸念。不安定な阪神地方での労働を脱し、奄美の過剰労働力は「満州開拓地を目指すべきである」とさえいっている。やがてその満蒙開拓における植民者たちが、どのような悲劇的結末を迎えたかは語るまでもないだろう。

郷友会におけるこうした〝指導層の善導〟なるものもまた、時代の狂気と、奄美の出稼ぎ者が抱え込まざるを得なかった、都市における少数者への差別・排除の苦悩の上に生まれたアダ花だったと見るべきだろうか。

一方、郷土・奄美ではその頃、何があったか。生駒が奄美出身の青年職工を満蒙開拓に駆り立てていた幾分前の1923(大正12)年、瀬戸内町古仁屋《こにや》に奄美要塞司令部が築城され、軍服姿が町や村を闊歩するようになるが、これに抗するように奄美でもアナーキスト・武田信良らが同志を募って反軍・反税の「革新運動」を展開、軍国主義批判のアジ演説で注目を集めた。しかし、これを快く思わない国粋主義的な青年組織が夜陰に乗じて武田の同調者宅を次々と襲撃した。これにより多くは地下潜伏。ところが、関東大震災に乗じて甘粕正彦大尉率いる憲兵隊が社会主義者・大杉栄ら3人をリンチ、虐殺した3年後、人里離れた東方村蘇刈の山中に「SO」と刻まれた石碑が見つかったとの噂が流れ、大騒動に。これが大杉栄を称えるものとして、鹿児島県警の田中団吉高等課長が現地調査。その帰路、「地元の2、3人が集まり、追悼記念碑を建てようとした事実はあったが、当局に於いていちはやく探知して任意に撤廃せしめた。大袈裟な噂などに惑わされないでほしい」との談話を発表した。しかし、問題は鹿児島県会にも飛び火するなど、騒ぎは収まらず、奄美の思想善導の必要性が強調されている。以降、軍幹部による講演、カトリック弾圧、天皇の奄美訪問、満州事変と続き、戦時色に染まっていくが、奄美でも軍国化を明確に否定し行動した一群がいたことは記しておく。

（6）沖縄郷友会と労働運動

沖縄からの出稼ぎ者の動静も見てみよう。紡績女工など資本の低賃金政策で集中雇用された出身者、とりわけ若年女性には低賃金と長時間労働で肺結核に感染、廃人同様になって帰省する例が多かったことが、福地曠昭『沖縄女工哀史』に克明に記録されている。そうしたなか、沖縄人労働者は各地に相互扶助の為の沖縄県人会を組織、工場側に待遇改善を求めて立ち上がり、全国で紡績業労組を組織化、ストライキを展開した。

富山一郎『近代日本社会と「沖縄人」』（1990）に詳しいが、まず窮地にある沖縄女工の救済に1923（大正12）年、松本三益、井之口政雄ら左派活動家らが牽引する「赤琉会」が立ち上がり、その中核メンバーで翌年、「関西沖縄県人会」を結成した。同会は単なる親睦団体と異質の「あくまでプロレタリアート運動」（機関誌『同胞』）を目的とし、実業家主体の「球陽クラブ」とは一線を画し、その活動目標を「①災害・疾病、不孝ナドノ慰問 ②失業防止、就職紹介、関西在住県人ノ保護 ③県人ノ社会的状況ヲ調査、対策ヲ講ズ」としている。実際にも女工死亡の際には、遺骨を納めた白木箱を船で沖縄に運び、那覇港で遺族に手渡されていたが、県人会発足後は、会が身元引き受けした支部葬11件が『同胞』に記録されており、尼崎を中心に多数存在した沖縄女工の支援・相談、事故補償に対する会社側との交渉などに目覚ましい活動歴を残している。

（7）尼崎の奄美人

桜井氏城下町だった尼崎は、廃藩置県で窮乏士族救済と市勢活性化が課題になるなか、産地だった坂上《さかじょう》綿に着目、明治20年代に紡績工場開設の機運が高まり、1889(明治22)年、大阪財界有力者の出資で「尼崎紡績」(後に大日本紡績 ⇒ ユニチカ)を設立。尼崎大物一帯の芦原の官有地払い下げを受け、第1工場を整備稼働、尼崎における近代産業の草分けになった。また1900(明治33)年には渋沢栄一らの出資で「大阪合同紡績」(後に東洋紡 ⇒ シキボウ)が設立され、現・阪神神戸線の杭瀬駅近くの小田村今福に神崎工場が開設稼働。1931(昭和6)年の東洋紡への合併時には、労働者3千数百人を擁する日本最大の紡績地帯になった。

さらに明治中盤に設立された「毛斯倫紡績」が1923(大正12)年に大阪・加島の対岸の園田に戸ノ内工場を稼働。モスリン(木綿や羊毛などの梳毛糸を平織りにした薄地の織物)生産に当たり、これらの大工場に全国から女工が採用され、「紡績女工の町」として名を馳せた。加えて戦後高度成長期を通じて女工募集が続き、過酷な労働環境は戦後改善されたものの、中卒の「金の卵」が青春を犠牲にした地として、暗い戦後史の一面をも刻んできた。

尼崎はまた臨海部に大阪製麻、関西ペイント、旭硝子の工場群や、武庫川改修土木現場に職を求めて朝鮮の人びとが、大正前後に流入、これに沖縄・奄美からの出稼ぎ者が続き、「工都・尼崎 ―― 出郷者の町」と呼ばれる出稼ぎ地帯を形成した。

尼崎で奄美出身者は、大庄《おおしょう》に沖永良部島と喜界島出身者、杭瀬には徳之島や名瀬、東難波は瀬戸内町と、シマごとに集住、阪神神戸線・杭瀬駅一帯はとりわけ集住が多く、国道北側の商店街は出身者が行き交い、「リトル奄美」と呼ばれている。

（8）大阪・高見の秋徳人

淀川が大阪湾に注ぐ河口左岸、此花区高見・伝法は海抜ゼロ地帯で、今はスーパー堤防に守られているが、近年まで高潮のたびに浸水が繰り返された。その埋立地にラサ工業（本社・東京、創業者・恒藤規隆）が進出、大阪晒粉《さらしこ》を吸収合併、高見化学肥料工場が稼働したのが1920（大正9）年。社名のラサは沖縄本島東の沖大東島の別称で、アホウドリの糞が化石化したリン鉱石が豊富。創業者がその鉱物の採掘で化学肥料に製品化、リン鉱石を砕く作業に大量の人手を要し、雇用が増えた。

この頃、加計呂麻島・秋徳出身の徳田池茂久が大阪府巡査として千鳥橋派出所に勤務、ソテツ地獄下の郷友をラサ工業に紹介、呼び寄せ集住が始まったとされ、秋徳人たちは、発火しやすい鉱石を砕く危険な作業を厭わず、一大集住地に。1923（大正12）年には関西秋徳郷友会が結成され、その創立60周年記念誌には会員244人が名を連ね、かつては長屋街を形成、夜ごと唄遊びのサンシンの音が路地に響いていたという。現在、一帯はUR住宅公団が運営する高層住宅街に変容、新住人が増加しているが、高見3丁目を中心に、なお秋徳出身者の集住が見られ、伝法を加えた一帯は沖縄人も多く居住している。

阪神神戸線杭瀬駅

（9）出稼ぎのシマ・西阿室人の関西

カツオ漁基地の一つとして、マンユエ（万漁祝い）に湧いた加計呂麻島・西阿室については、プロローグで触れたが、この地はまた活発な出稼ぎのシマだったことが語られている。

西阿室からの大阪進出第1号は1904(明治37)年、大阪府警大正署巡査になった伊東義尚、伊東義雄の従弟同士で、以来、出郷の列が続く。義尚は西阿室尋常小を卒業、同小の教員の後、大阪へ。巡査を振り出しに文官試験に合格後、警察署長、鎌倉郡長（神奈川県）を歴任、1929(昭和4)年には名瀬町長に就任し、要塞司令部と名瀬を直結する国道開設、名瀬港修築を訴えている。

警察官が本土進出の魁になる例は、此花区高見の秋徳人と共通し、明治末段階では警察官採用者には旅費が支給され、警察官志願者が増えたとも。

西阿室では大正期も、恐慌やカツオ漁不振で、出稼ぎ熱が本格化、女工として堺、天満紡績への就職者が多かった。また大正末、古仁屋で歯科医をしていた西俣能之が大阪市港区三条に移転開業。氏が上阪して来る同郷青年の就職斡旋や身元引受人になり、親身に世話したことで、若者たちが関西を目指すようになった。その結果、1928(昭和3)年には氏を会長に、「阪神西阿室郷愛会」が結成され、約1千人がふるさとへの後援事業を展開。4年後には「親の肩代わりとして村民税を役場当局へ送金」（『50年の歩み――西阿室郷愛会』）を始めたほか、防波堤、船溜まり、奉安殿建設に寄付を続け、郷土愛に燃えた献身が続いた。

この郷友誌が記す、興味深いもう一点は、西阿室出身の嘉納英祖氏が1925(大正14)年に神戸を訪れた際、西阿室尋常小で教員だった喜界島出身者と偶然に再会。川崎製鉄葺合工場で事務員をしていたことから、元教員の斡旋で圧延工員として採用に。やがてその力量が認められ、親方工と尼崎杭瀬の尼崎製鋼所（富永鋼業の前身、後に大同鋼板）に移って工長に昇進。その嘉納工長の出現で1935(昭和10)年の就職難下、西阿室出身者はもとより、奄美・沖縄出身者などが富永鋼業の工員5百人中約8割を占めたといい、一人の出身者の奮闘と技能が、後進の就職安定にも繋がった好例といえる。

【注7】

※7-1大里が東京に着いたこの年の9月1日、関東大震災が起きた。死者・行方不明者は推定10万5千人という日本災害史上でも特筆すべき大惨事になった。このパニック下、「朝鮮人が井戸に毒を入れている」とのデマが流れ、いきり立った民衆が朝鮮人を無差別に拉致殺害し世界的非難を浴びた。大里も自警団入りするが、非番の日、新宿に買い物に出かけた際、別の自警団に持ち物検査を受け、無理矢理買い物袋をひったくられ、なかからパンと果物が転がり散ったことが自著『自由への歩み』に記されている。この震災時、朝鮮人だけでなく、中国人、地方出身の日本人も被害を受け、沖縄人「儀間次助」が千葉・検見川に殺害、投げ入れられたと東京日日新聞は報じている。

※7-2 1922(大正11)年、前年から開かれていたワシントン軍縮会議は海軍軍備制限条約など5条約を調印して閉幕。この条約で主力艦船保有比率は英・米5に対して日本3になり、建造中の戦艦「土佐」など9隻を廃棄、「海軍の休日」といわれた。同時に佐世保、南進基地を目指す奄美大島の基地建設が削減対象に。海軍に代わり、陸軍が瀬戸内町古仁屋に築城に乗り出していた奄美大島要塞司令部も計画が足踏みするが、軍は同時期、島内における戦時思想強化と、カトリック教徒弾圧にも乗り出し

ている。そうした一方で1930（昭和5）年、名瀬町長に就任した伊東義尚（西阿室出身）はこれを好機として基地と名瀬港を直結する道路整備の必要性を力説。名瀬――古仁屋間の国・県道の昇格、名瀬港修築を代議士・金井正夫とともに国に訴え、予算獲得に奔走。これによって名瀬港は「昭和7年度から国の匡救事業で防波堤156メートルが延長築造された」（『名瀬市誌』）

※7-3 第一次世界大戦のなかば以降高揚した労働運動は、1920（大正9）年の戦後恐慌によって厳しい状況に追い込まれた。大日本労働総同盟・友愛会の活動家の間には、労働力の集団的な取引を制度として確立しない限り、既得権益の維持すら困難だとの認識が広がり、1921（大正10）年には阪神地方の重工業経営陣と、団体交渉確立を目指す労働争議を活発化させていて、そのピークを成したのが川崎・三菱造船所争議だった。争議は、友愛会の主力「神戸連合会」が指導し、全国から多くの労働者が支援に駆けつけ、最終段階では友愛会が本部を神戸へ移すなど、個別企業の枠を超えた全労働者階級の闘いへと発展。一方、経営者側は要求が労資関係を超えるものとの判断から、大量解雇とロックアウトで応じ、厳しい態度で臨んだ。また、7月に労働者側が「工場管理」を宣言すると、警察に加えて憲兵隊も出動し、一層弾圧を強めた。このため、争議は労働者側の「惨敗宣言」で終息、以後、友愛会は急速に影響力を失った（『日本労働運動史論』や三宅明正氏解説に拠る）。

※7-4 政商・川崎正蔵（1837～1912）も松方正義と同様、黒糖によって飛躍の踏み台を得た。あるいは「造船王」の名の通り、船に命運を託して〝人生航路〟を拓いたともいえる。鹿児島城下・大黒町の生まれで、祖父の代に呉服商で財を成すも、父親が若死。貧窮の一家を叔父に託し、15歳で海商として名を馳せた浜崎太平次商店に丁稚入り。薩摩藩と組んで琉球黒糖貿易を手がけ、長崎で実務を学んで独立。1873（明治6）年に東京に出た折、琉球との定期航路開設への政府貢献が認められ、琉球藩貢

糖の廻漕販売権を得て、財を成した。この時、川崎を後押ししたのは大蔵大輔・松方で、以降、築地の官有地払い下げによる西洋型造船所開設、国営兵庫造船所の払い下げで足場を築くと、神戸に施設を集中させ、日清戦争も追い風になり、１８９６(明治29)年には職工1千3百人を擁する「世界の川崎」に発展した。正蔵は船乗り時代、２度遭難の経験があり、九死に一生を得るが、その地獄が造船への執念になったといわれている。そして、こうした松方、川崎の累進・出世の上に築かれた近代産業の興隆のなかに、奄美の出稼ぎ群像も吸収されていった。

※7-5 月刊『奄美』は沖永良部島出身の武山宮信が、１９２５(大正14)年に鹿児島市で創刊。出身者の消息を伝える情報誌とし支持され、戦前戦中には阪神にも支局を開設、1千3百部を発行している。内容的には工場労働者よりエリート層を取り上げた記事が多いが、戦前の郷友会の活動や背景を知る上で、今日では貴重な資料になり得ている。

※7-6 官営八幡製鐵所は、１９０１(明治34)年に操業を開始した福岡県北九州市の製鉄所。１８８７(明治20)年に操業を開始した釜石鉱山田中製鉄所（岩手県釜石市）に続き、日本国内で2番目。第一次世界大戦後の不況により、製鉄企業の合理化が推し進められ、１９３４(昭和9)年に日本製鐵株式會社法で官営製鐵所・九州製鋼・釜石鉱山・富士製鋼など官民合同で日本製鐵（日鉄）が設立された。この時、官営製鐵所の名称が八幡製鐵所へと変更された。一連の出来事は「製鉄大合同」と呼ばれ、国内のシェアのほとんどを日鉄が占めることに。第二次世界大戦前には日本の鉄鋼生産量の過半を製造する国内随一の製鉄所となり、鋼板類や条鋼類、兵器材料の特殊鋼など多品種の鋼材を製造した。

第7章　海外移民と犠牲

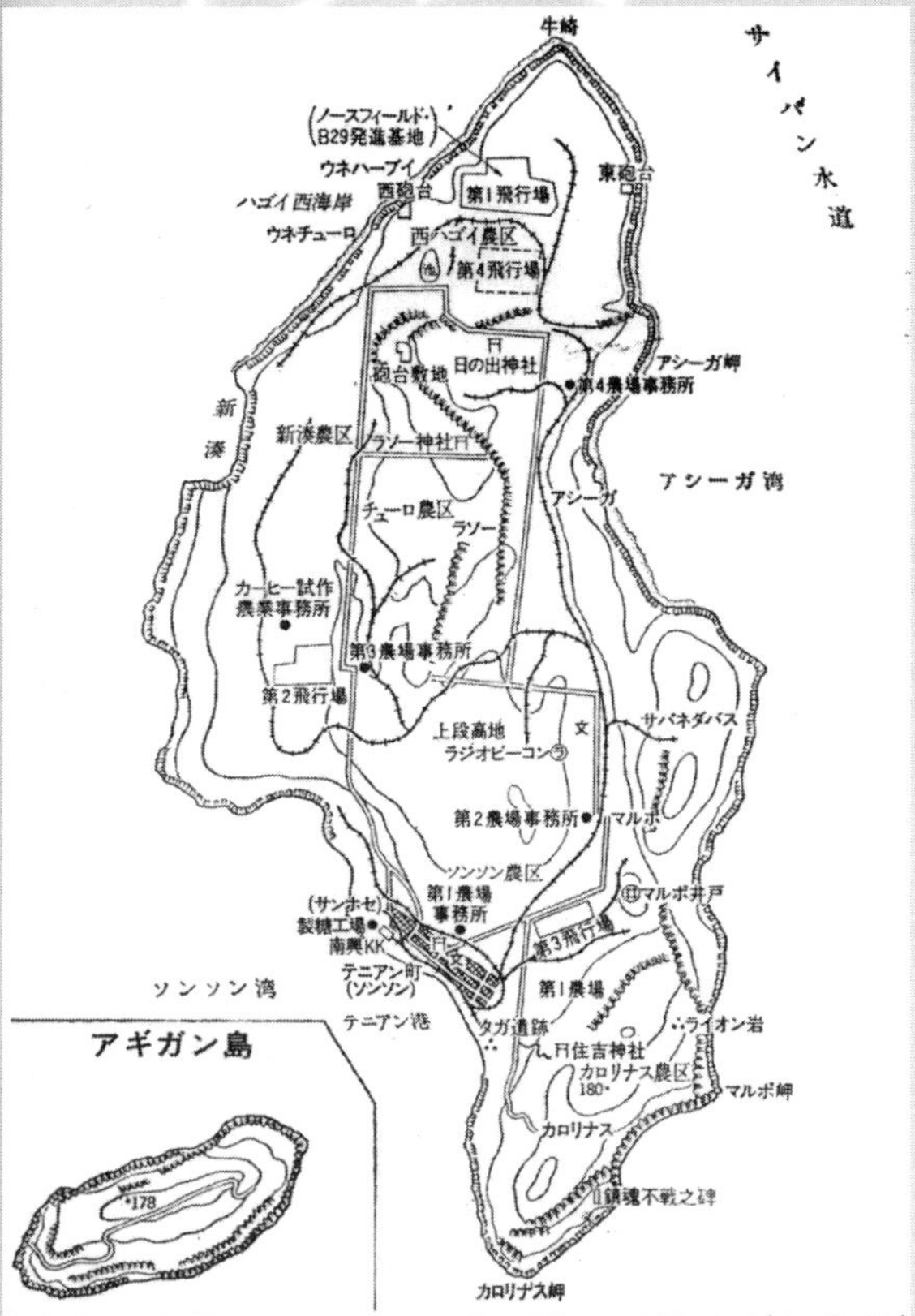

牛崎
サイパン水道
(ノースフィールド・B29発進基地)
ウネハーブイ
西砲台
第1飛行場
東砲台
ハゴイ西海岸
ウネチューロ
西ハゴイ農区
第4飛行場
日の出神社
砲台敷地
アシーガ岬
第4農場事務所
新湊
新湊農区
ラソー神社
アシーガ湾
アシーガ
チューロ農区
ラソー
カーヒー試作農業事務所
第3農場事務所
第2飛行場
サバネダバス
上段高地
ラジオビーコン
文
第2農場事務所
マルポ
ソンソン農区
マルポ井戸
(サンホセ)
製糖工場
南興KK
第1農場事務所
第3飛行場
テニアン町(ソンソン)
ソンソン湾
第1農場
テニアン港
タガ遺跡
ライオン岩
住吉神社
カロリナス農区
180
マルポ岬
カロリナス
鎮魂不戦之碑
カロリナス岬
アギガン島
178

海外への脱出

（1）沖縄人の海外進出

沖縄の海外移民は、与論島民の口之津移住と同年の1899（明治32）年、民権家・当山久三が送り出したハワイ移民27人がその始まりだった。本格化は日露戦争前年の1903（明治36）年以降で、沖縄県移民史上でピークを成した1906（明治39）年には4千670人中4千467人までがハワイ渡航で占め、さらにメキシコ、カナダ、フィリピンに拡大。しかし、ハワイ・北米については排日運動が激化し、1924（大正13）年、米国が排日移民法を施行したことで次第に先細りになった。

これに代わってクローズアップされたのが南米移民だった。なかでもブラジルへの移民は、第1回の「笠戸丸」（1908）に始まり、沖縄県人が半数を占め、以後、再三の渡航禁止措置を経ながらも、人列は途絶えず、昭和初期まで沖縄からの移民の主流を成した（安仁屋政昭『移民と出稼ぎ —— その背景』）。

大正期になると、新たに第一次世界大戦後の旧ドイツ領の南洋群島へ、大量の島民送り出しが推進され、気候的順応性があるとして受け入れが本格化。南洋移民統治地における沖縄県人は、在留邦人の57％、約1万5千人を占めた。

昭和に入って満州事変が起きると、今度は中国大陸への進出が本格化。軍の指導の下、「満州移民5百万人」計画が推進され、1940（昭和15）年には満州在住邦人は82万人を数えた。数は不明ながら

ハワイのキビ作労働者

沖縄からも開拓団、少年義勇軍が送り出されている。

こうした海外への出郷は、1920年代後半の5年間で1万5千687人に達し〝移民大県化〟、その故郷への送金額は県歳入の40~65%をも占め、困窮した県民生活の大きな支えになった。

しかし同時に、「この膨大な送金は、移民によって豊かな生活基盤をきずきあげることができた成果によるものではなかった。ほとんどの人びとがきびしい生活環境のもと、風土病や現地住民とのトラブルなどに苦しめられながら、骨身をけずる思いではたらき続けねばならなかった」(新城俊昭『高等学校琉球・沖縄史』)

(2) 刺青女性の送還

出稼ぎ沖縄県人のこうした奮闘はだが、他面で現地に複雑な波紋も広げていた。それは「『儲けて錦を飾る』を合言葉に、いかなる困窮にも耐えるのが沖縄県移民の一つの特質とされていたが、一般に移住地の事情に疎く、また、郷里沖縄の窮状を深刻に背負っていたため『金銭に対する執着心が強く、眼前の金もうけに急である』とか『契約の履行など眼中になく、定着性がない』などとして各地で排斥される傾向があった」(『那覇市史/通史編第2巻』)

那覇市史は「こうした蔑みと排斥に耐えて、移民たちは血と汗の結晶を郷里へ送った」としているが、国や県の理解は異なっていた。ハワイに続いて、外務省が1912年、沖縄・鹿児島両県からのブラジル移民の禁止措置に。とりわけすでに375人が渡伯していた沖縄移民が問題視されたのは、①契約を無視して耕地を逃亡するものの多きこと、②一箇所に定住する風を欠き移動甚だしきこと、③団結心強く他県人との融和を欠き紛擾を醸しやすきこと、④生活程度低く裸体其の他の悪習慣を改めざる者多きこと ―― などのブラジル政府からの指摘・抗議に基づくものだった※8-1。

外務省が問題視した具体例を挙げれば、④では1916（大正5）年、フィリピンに移民した沖縄人女性が手の甲にハヂチ（突針＝刺青）※8-2をしているのを大和人が見咎め、「嘲笑の眼」で接しているなどとして、強制送還される騒ぎに。しかし、『琉球新報』はこれに反論することなく、むしろ「多大なる希望を持して渡航せる三女子の送還の悲境を見たるがごときは、県民風俗言語の改善の急務たることを教訓せずんばあらざるなり」と「悪風汚俗の駆除」を呼びかけている（近藤健一郎『沖縄における移民・出稼ぎ者教育』）。

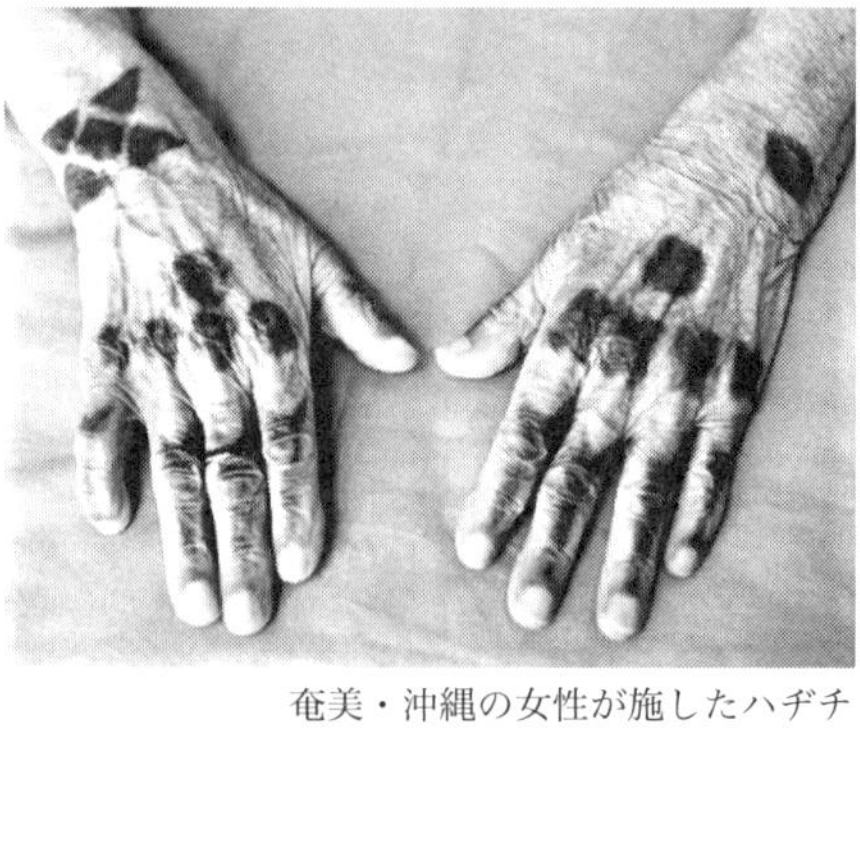
奄美・沖縄の女性が施したハヂチ

こうした新聞報道は、移民奨励によって経済窮地を脱したい、沖縄県側の意向に同調したものだが、外務省のブラジル移民禁止に衝撃を受けた県は、その解除に奔走。外務省に対し「今後移民に対し充分訓戒方尽力」する旨を誓約、ようやく解禁に漕ぎつけ、ブラジル移民が再開された。

しかし、この誓約は以降、沖縄での徹底した移民教育・皇民教育を図る契機、口実に利用された。そして「万国津梁《ばんこくしんりょう》」※8-3の歴史がことさら強調され、県民の移民熱を煽った。移民は軍国日本の先兵ばりにその進出先に送り出され、残された県民は本土防衛の捨て石として地上戦に巻き込まれ、一般住民約9万4千人以上（日米兵士含む戦没者約20万人、沖縄縣援護課）が悲惨極まりない戦場死を遂げた。

こうした経緯をなぞれば、沖縄・奄美からの本土への出稼ぎと海外移民は、貧困層を駆逐して恥じない、為政者たちの無謀無策と、資本主義と帝国主義が強いた「棄民」策に他ならなかったことは重ねて強調しておきたい。

奄美からの出郷

集団出稼ぎでは沖縄に先んじた奄美だが、海外移民では沖縄につきしたがい、あるいはその空隙を埋めるように行われた。ブラジル、南洋群島、台湾、大陸が主で、ソテツ地獄から終戦間際まで続いた。各移民地の状況を見てみよう。

(1) ブラジル移民

奄美からの海外移住は、大島農学校の卒業生が、キビ経営が立ち行かなくなった〝黒糖地獄〟の苦境下で、少数ながら農業技術者※8-4としてハワイへ渡っている。

集団移民としては大正期のソテツ地獄前後からのブラジル渡航が主で、1918(大正7)年10月26日、奄美移民71人の乗った「讃岐丸」がサントス港に初上陸した。宇検村の第1回移民は、湯湾から藤万次郎ら19人、芦検の島豊熊ら4人であったといい、村民総出の壮行、「稼ディ戻ティ来ヨ」という大声援のなか、湯湾港から船出している。また古老の座談を機に編まれた郷土誌『焼内の親がなし』によれば、芦検集落からは「大正2年に溜矢佐治郎ら56人が大東島」へ移住

戦前の鹿児島県ブラジル移住者数
(1906 ~ 1940 鹿児島県総務部)

地区別		市町村別	
川辺郡	1,671 人	枕崎市	679 人
始良郡	948 人	坊津町	596 人
大島郡	714 人	宇検村	455 人
鹿児島市郡	458 人	国分地区	420 人

したとしており、1900(明治33)年、八丈島出身の玉置半右衛門が命がけの航海の末に上陸し、私領植民地化した大東島(昭和21年に村政施行)※8-5に宇検村民が渡っていたことになる。田島康弘『奄美のブラジル移民』(鹿児島大教育学部紀要、1997)によれば、戦前のブラジル移民は、宇検村の73世帯440人が最多で、次いで瀬戸内19世帯82人、名瀬12世帯82人がいた。

さて、家屋敷を売り払い、ブラジル・サンパウロに渡った宇検村民は地球の裏側でどういう世界を目の当たりにしたろうか。『在伯鹿児島県人発展史』には、「当時の大島出身者の移民は、ほとんどが宇検村出身者で、各地に集住地を形成していた」とあり、ノロエステ線プロミッソンなどに集住し、契約農民として言語を絶する苦闘を経て、野菜・果樹栽培を軌道に乗せ、自歩を築いている。奄美ブラジル移住80周年にあたった1998(平成10)年10月、記念式典が開かれ、奄美から親善訪伯団24人が出発、これに同行取材した南海日日新聞の岩井幸一郎記者の現地レポートが同紙にある。それによると、式典には1世の生存者4人が招かれ表彰を受けている。▼島純徳(85歳、以下いずれも当時年齢)▼有川サチコ(旧姓・脇田、83)▼島竹千代(旧姓・国、81)▼川畑実三(80)で、その回想によると、一家族3人以上の労働者が契約条件で、渡航費用は賃金立て替え払いに。50日余の長い航海の末、サントス港に着くと、収容所で一晩を過ごし、列車で内陸部沿線の契約農場へ。モジアナ沿線ニーナスに配属された島純徳さんは「あの時代はひどいものだった」と言い、朝5時から夕方6時まで働く毎日で「渡航費用は1年で返せると思っていたが、

ブラジル移民100周年を特集した2018年の宇検村広報誌。第1回移民と壮行者が記念写真に収まっている。

賃金は予想より安く、返済に5年かかった。まるで奴隷のような境遇でした」。一方、有川さんはソロカバナ沿線のコーヒー農場で過酷な労働を強いられ、4、5家族で一緒にバンガ（用心棒）の隙を突いて夜逃げを決行。昼は茂みに潜み、夜に線路沿いを歩いて、十日ほどしてサンパウロに到着。辛うじて生き延びたものの、マラリアなどで死亡例も多かったという。島純徳さんは「海外雄飛のスローガンに期待を膨らませシマを出たが、よく考えると日本政府の移民政策は失敗だったと思う。当時は補助もなかった。私たちは棄民だった」と振り返っている。

宇検村から突出してブラジル移民が多かったのは、僻村からの脱出や政府の奨励に呼応したことなどによるが、もう一つは宇検村政の介在がある。通常、海外移民は「雇用契約」を結んで、渡航手数料を移民会社に支払い、その後は業務代理人と相談して旅券(パスポート)を得る。そして渡航許可が下りると、神戸あるいは長崎で移民船に乗る。つまり民間ベースによる契約によった。

だが、宮内久光『近代期に於ける奄美大島宇検村からの移民について』(琉球大法文、2017)では、宇検村からの移民はすべて国策会社・海外興業の熊本出張所が取り扱っているものの、両者間に役場が組織的に介在、村長自ら渡航手続きなどの取りまとめに当たっていた。これは役場所在地・湯湾が移民情報を得やすく、手続きが容易なためでもあるが、宮内は「移民では、希望者と移民会社が直接交渉することを想定している。しかし、宇検村の場合は村役場が移民会社と希望者の間に介在していることが特徴。すなわち『官民一体の移民送出システム』が形成されていた」と、その特異性を指摘している。

宇検村からサンパウロに渡った一家
(山田サカエさん提供)

（2）南洋群島

南洋とは台湾より南の地域を広く呼称する地理概念だが、ここでは主に第一次世界大戦で日本の委任統治領になった内南洋（南洋群島）を取り上げる。

1921（大正10）年、この地域で日本政府の支援により、製糖を中心に多角経営を展開したのが、福島県出身の起業家で「砂糖王」と称された松江春次（1876～1954）の経営による「南洋興発（株）」だった。松江は「サイパン島での製糖事業を成功させると、1930（昭和5）年にはテニアン島、ロタ島で製糖工場を稼働させ、マリアナの経済的価値を確立。さらにはパラオ島やポナペ島など主要島嶼への進出に並行して、ニューギニア島、セレベス島、ティモール島の外南洋まで事業拡大、南洋における最大の企業グループになった」（宮内久光）。こうした製糖事業の展開に際して、松江は暑さとキビ栽培に慣れた沖縄県人の登用を推進、前身・南洋殖産の沖縄移民1千人に加え、応募の成年男子540人が大規模な製糖工場の建設に着手、1922（大正11）年頃からは妻子の呼び寄せも本格化し、新たな〝第2の沖縄〟が形成された。

テニアン島での製糖開始は、全島を手中にした4年後の1930（昭和5）年からで、母島サイパンと指呼の間の平坦な島では、農地を整然と区画整理し、「小作」と呼ばれた契約農家単位に農地と一軒家を割り当て、沿線に軽便鉄道を敷いて中心地の製糖工場に運び入れる、先進的なものだった。また「南興関係者や農場で働いていた人びとは、酒保と呼ばれる会社経営の売店で、ツケで買い物ができ、あまりお金や生活の心配がなかった。県人会の活動が盛んに展開され、町には沖縄芝居の劇場や沖縄そば屋などがあって、出身者に楽しみや安らぎを与えていた」（沖縄県教委『旧南洋群島と沖縄県人――テニアン』）。

多くの資料や元島民の証言の多くは、花咲き果物がたわわな〝南洋の楽園〟として語られているが、果たしてそうだったのか。その声なき声に分け入ると、せっかく沖縄県人の新天地進出地として期待を集めながら差別がつきまとい、日本人を一等市民、沖縄・朝鮮労働者は二等市民、現地チャモロ・カロリン人を三等に位置づけ、興発への沖縄人の正社員採用はなかった。そうした沖縄移民への冷遇を背景に1926、32年の2度、サイパン島で大規模ストライキが起き、〝理想の植民地〟をゆるがすことになった。

これまで、南洋興発や松江については、日本の南洋群島支配の「成功のシンボル」として肯定的に評価され、その実像が霞みがちだが、森亜紀子『北マリアナ諸島における南洋興発（株）糖業の構築過程／植民地社会に生きた人びとの側から問い直す』はその実態にメスを入れ、差別される沖縄移民の視点から問題の本質に迫る貴重な考察だ。そこでは、サイパンがいわれるような「食うに困らない」「儲け易い」場だったのかについて、実際には早くも1925(大正14)年、沖縄出身者の間で「移民地獄」と呼ばれる事態が進行していたという。同年3月5日付『沖縄朝日新聞』の「一攫千金の夢想者へ警告／南洋県人会から國の人びとへ／ドン底に泣く自由渡航者」と題した記事では、県人会が郷里の人びとに対し、現在サイパンでは労働需要以上の移民が殺到、儲けに来たはずが食いあぶれ、借金を抱えて帰郷する者が続出する「移民地獄」の状態にあり、「南洋興発と契約を結んでいない自由渡航者は渡航を諦めて欲しい」と訴えて

テニアン島の中心地ソンソンの街並み

いることが紹介されている。

そして、1927(昭和2)年1～2月にかけ、南洋興発が最も労働力を欲する製糖開始と同時に、当時サイパン島に居住する沖縄出身者のほとんどを結集した4千人規模の一大ストライキが発生、その背景を取り上げている。『大阪朝日新聞(附録九州朝日)』によると、最初に声をあげたのは南洋興発の人夫(賃労働者)で、彼らは南洋興発の募集に応じて「日給1円20銭」の契約でサイパンに来たが、いざ農場で働き出すと、南洋興発側はキビ1千斤刈り取るごとに44銭を支払う出来高制にすると言い出した。これでは1日88銭稼ぐのが関の山で、憤慨した人夫たちが、呼応した小作契約者とともに1月11日、サイパン島市街地・ガラパンに集合し、キビ1千斤あたり56銭に賃上げするよう要求して立ち上がったのが真相だった。

こうした人夫・小作人の会社への憤りから始まったストライキの情報は、また沖縄青年同盟などの注目を集め、同同盟はストライキ中、実際に支援に乗り出している。沖縄青年同盟は治安維持法制定後の1925(大正14)年秋、一足先に大阪青年同盟を結成していた赤琉会・関西沖縄県人会のメンバーのテコ入れで立ち上がった組織で、沖縄本島 → 関西・南大東島 → サイパンという、沖縄人による労働運動の流れが生まれていたことになる。そしてストの結果、南洋興発側が人夫と小作人が提示した要求をほぼ受け入れ終息したといわれている。

だが、松江はこうした想定外だった、沖縄労働者の強固な団結によるストに懲り、以降は募集対象を全国に広げ、この時期、奄美からの採用が本格化し、ほぼ全島からの応募が見られる。1929(昭和4)年には会社側がチャーターした船が名瀬港から直接、テニアン島に島民を運んでいる※8-6。筆者の取材だけでもこの時、奄美大島、徳之島、沖永良部島から、キビ農家がテニアンへ渡っているが、宇検村からも南洋興発の雇用者18人が確認されている。

そうした群像のなかに名瀬浦上の故・赤塚新蔵（1907年生）もいた。氏は大正末に大島農学校を卒業、その技能を活かすべく1935（昭和10）年、南洋興発に採用されテニアン島に渡り、「30歳代で学校校長並みの給与を得ていた」。翌年には龍郷村戸口出身のくにを嫁に迎えるとポナペ島へ。現地人を雇用しキビ栽培、黒糖づくりに精出している。そのポナペ滞在中に生まれたのが名瀬市議会議員などで活躍した赤塚興一（1938年生）。しかしキビ農業に賭けた日々は突然、熱帯病といわれるハンセン病に見舞われ、一家は帰島した。興一はその父の無念をなぞるべく、2003（平成15）年、ポナペ島を訪問、「幼い時で微かだが、クレーンのロープに吊るされ乗降船し怖かった記憶がある」。最近ではハンセン病家族訴訟にも加わるなど亡父との〝二人三脚〟を続けている。

また大和村今里からは1935（昭和10）年、稼ぎ頭だったカツオ漁の不振から、「南洋群島のトラック島、パラオ島などに、船長・安田宮安ら48人（同伴者含む）が魚群を求め渡島した」と武田雄司『今里の歴史』に記されている。「宇検村の人が南洋に出かけ

大島郡から外地・外国への移動

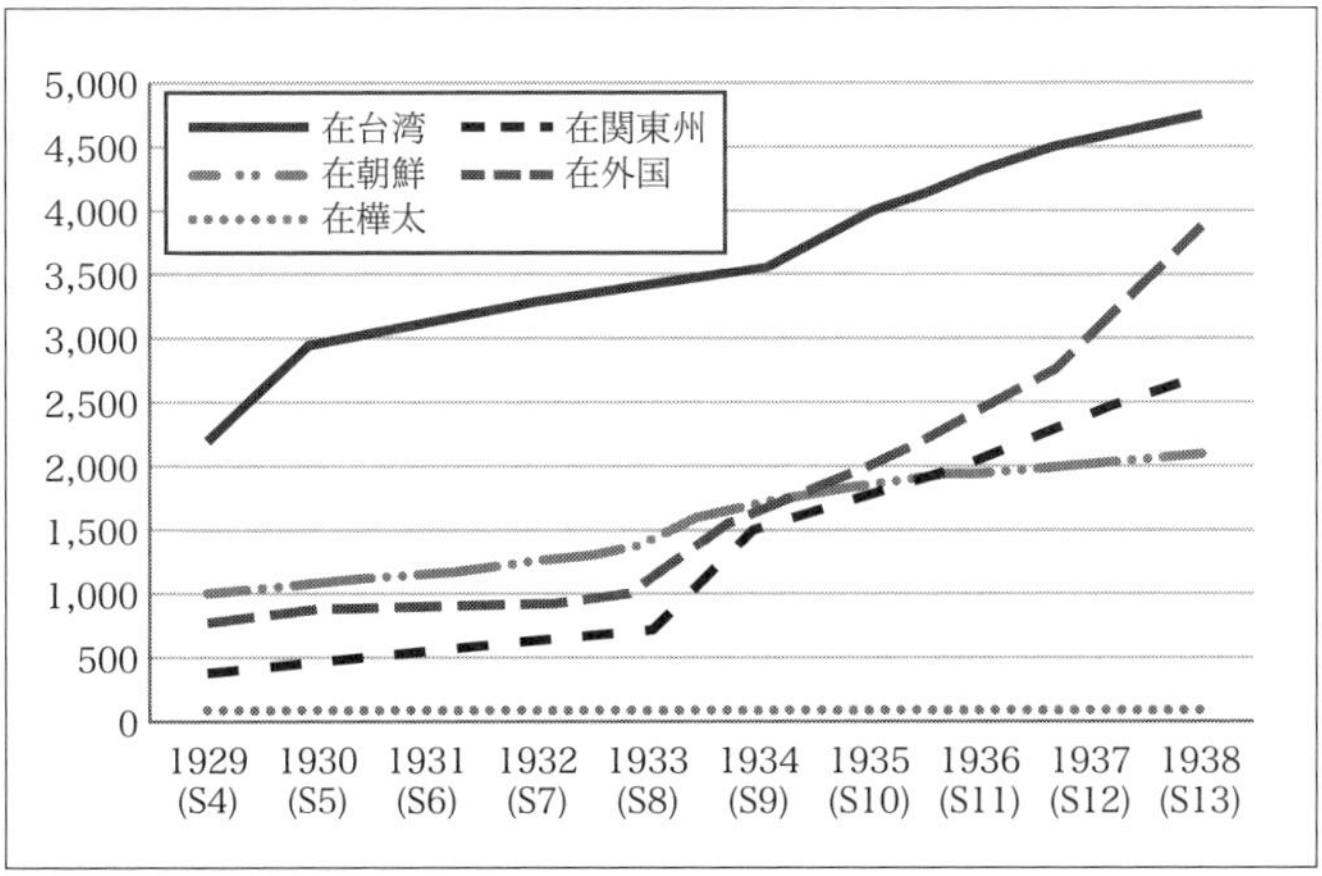

高嶋朋子「日本統治期台湾に居住権を持つ奄美出身者とそのことばについて」に拠る。

て金儲けが非常に良い。カツオが2倍も3倍も釣れる」との評判が南洋行きを促したといわれ、阪神に出稼ぎに出た人びとも参加したという。

しかし、そうした南洋の新天地に託した夢も、太平洋戦争終盤、米軍の猛攻、地上侵攻を受け、サイパン・テニアン島などが〝玉砕の島〟に。後段でもさらに触れるが、キビそよぐ農地も、豊漁の漁場も、多くの移民者の夢も、全て南海の藻屑と消えた。

（3）台湾

見逃されがちだが戦前、奄美から台湾への渡航者は多い。

雑誌『奄美大島』の「台湾特集」にも取り上げられ、奄美人の1926(大正15)年段階の集住状況を「最近本社が各地在住者に徴した、見込み数の多いものを見ても、大阪府3万、鹿児島県1万3千、兵庫県8千、福岡5千、台湾5千、長崎4千、沖縄2千、朝鮮2千」と紹介している。また『大島郡勢要覧』によれば1929～38(昭和4～13)年の10年間で、各年を通して「在台湾」が在朝鮮、在外国、在関東州、在樺太を超えて最も多く、1935（昭和10）年以降は4千人台が続いている。

当時、大阪商船の奄美――那覇――石垣――台湾・基隆を結ぶ、定期航路があったせいだろうか。だが、『名瀬市誌』はこの航路では石炭補給や積荷に時間を要し、むしろ鹿児島を経て門司に行き、基隆直行船に乗るのが一般的だったという。渡台者は医専、師範へ進む学生、また教員、警官、官吏に就く一般が多く、さらにこれを上回って大島農学校卒のキビ農業技術者がいたという。

「大島農学校」は明治政府の肝いりで、停滞した奄美糖業を再活性化すべく1901(明治34)年、伊津部村安勝に開設されたが、むしろ高等教育機関への進学を希望する学生からは不人気で、加えて糖業低迷期にあって、卒業後に再び就職難に直面するなど悩み多き中等教育機関だった。したがって、卒業生には盛況の台湾糖業業界への就職者も多く、高嶋朋子『大島農学校をめぐる人的移動についての試考』によれば、１９０６〜１８(明治39〜大正7)年の卒業生進路では学校教職員、自営に次いで「在台湾37人」だったことが分かる。筆者の取材では、徳之島の青年が大島農学校を卒業後、台湾に渡り、さらにテニアン島でキビ栽培に取り組んだ事例があるなど、台湾での糖業従事をステップ台にする事例が見られる。

やはり大島農学校を卒業後、母校の種芸部助手から新天地・台湾を目指した技術者の一人が、名瀬出身の牧義盛（１８８９年生）だ。牧は奄美の日本復帰直後、名瀬市長になるが、１９１０(明治43)年から12年間、台湾総督府の大自降糖業試験場に入所。キビの大茎種による増収研究に取り組み、この間の実績から鹿児島県立糖業試験場技手として招致され、奄美に帰省。当時、多収で高糖度の台湾人気種（ＰＯＪ２７２５号）の導入に奔走、これに応じた県大島支庁が国の補助で10万本の種苗移入を図ったことで、奄美糖業に飛躍をもたらした。また牧が１９３１(昭和6)年、台湾新竹州から導入したスモモ苗の一部が糖業講習所職員だった大山久義氏の退職記念に贈られ、氏の郷里・小宿里で地区の特産品として開花、今は隣接の大和村の農産物として定着している。

牧義盛が台湾の製糖工場勤務時代
圃場で（那覇市歴史博物館）

台湾からは古くは、奄美の島豚の先祖の一つ「桃園種」が導入されており、昨今でも人気のマンゴーが持ち込まれている。こうした大いなる恩恵がいかに奄美農業の前進に役立ったか、残念ながら省みられることは少ない。しかしそれは、現地の人びとの血の滲む苦心の末の到達に他ならない。それを植民地だからと安易に奪う風潮があったことも否めない。私たちは他国の恵をひたすら奪うばかりでなく、〝惜しみなく与える〟姿勢もまた身に着ける必要がある。

（4）満蒙へ

「開拓団は開墾に従事する者、建築資材の蒐集に当たる者、家屋を建てる者に分れ仕事についた。毎朝、朝礼をおこない、東の空に向かって拝礼し、『内地の弥栄』を祈り『天皇陛下万歳』を唱和した。食事は米と稗が常食で、おかずは魚の日干し、梅干し。ときには役に立たなくなった農耕馬を射殺して食べた」（中村政則『労働者と農民――産業報国』）

満州侵略を敢行した関東軍は1933（昭和8）年、傀儡国家「満州国」をでっち上げ、対ソ防衛の前進基地の強化と併せ、日本の農村の余剰人口、飢餓対策へ、拓務省と満州移民政策を推進。そこでは「20町歩の地主になれる」など小作から自立農家への幻想をふりまいたが、満州人の土地を奪った植民は、匪賊の襲撃や固い大地に阻まれ不作で、魚の日干しも口にできず、1942（昭和17）年には崩壊過程を迎えていた。

そうしたなか、沖縄県でも「拓け満州われらが生命線」のスローガンが県下くまなく掲げられ、泉守紀知事は5万戸の農家送出計画を明らかにし、うち約3万戸を大陸に送り出すと表明。その実態は必ずしも明らかでないが、「最終的には約2千350人の一般開拓移民と、約6百人の満蒙開拓義勇軍が送り出された」（『高等学校／琉球・沖縄史』）

奄美でも大島支庁が、母村における健全農家の育成と、零細農家の満州移民による自立農化を謳い、一石二鳥の「分村計画」を推進すべく、「満州奄美大島郷総合開拓団編成計画」なるものを策定。1944〜47(昭和19〜22)年度までの4カ年に計2千戸を送出する方針を打ち出している。実際にどの程度の満州移民が実行されたかは不明だが、皆村武一『奄美近代社会論』は「満州の与論村150戸、敦化の宇検村80戸、郡全体では1千2百〜1千5百戸」と推測している。

また宮内久光の論考では、1920年代後半から宇検村では人口過剰問題を解消するための満州開拓移民が模索され、1938(昭和13)年には大林米太郎村長自ら開拓地を調査の上、農家21戸を送出。さらに伊漢通(三江省方正県)への本格送出に再び調査団を派遣、1942(昭和17)年から3回にわたって新たな開拓団を送り出している。この計画では450戸を送出する目算で、農林省から1万2千4百円の助成が行われたが、しかし、鹿児島——奄美間航海が敵攻撃によって危険として中断、計画の17%しか渡満しなかった。

一方、与論村では「分村計画」が1943(昭和18)年に策定され、当時の人口約8千人の5%を超す408人が満州へ移民している。そのほとんどが一家全員で、親の遺骨を抱えての旅立ちだったという。移民の一人、基森道さん(1903年生)の回顧談が、森崎和江『与論島を出た民の歴史』に登場するが、「当時国策として満州移民の話が村からあり募集があったのです。私

満州国建国のポスター。漢人、満州人、朝鮮人、モンゴル人、日本人の「五族協和」と「王道楽土」を掲げ、独立国家であることを謳った。

は第13次開拓団の団長として98人を引率して行きました。私自身も85歳になるおばあさんを連れて行きました。行った先はほとんど未開拓の盤山《ばんざん》という所でした。2年ほどして終戦になって引き揚げましたが、その時は27個持って行った荷物が位牌と茶碗と急須だけだった」と語っている。

こうした奄美の満州移民で特徴的なのは、「行政の介在」だ。宇検村のブラジル移民では、これまで移民希望者が個人的に移民会社と契約して手続きし渡航しているのを、宇検村では役場が募集し、集団化し、渡航までの世話を引き受けるという「移民送出システム」があったことは既に触れた。ところが満州移民ではさらに踏み込んで村が分村を計画し、村長自らが視察に赴き、募集、渡航手続きに当たっているのだ。宮内久光は「結局、満州の地に単独の行政が分村を建設したのは宇検村が最初で、あとは龍郷村と与論村のみであった」と指摘している。

そしてつけ足すように青少年義勇軍への奄美からの参加166人中、宇検村が34人と最も多かったとし、以下のような総括を行っている。

「ブラジル、南洋、そして満州へと豊かな生活を夢見て宇検村から雄飛した移民たちであったが、ブラジル移民は第二次世界大戦中は公共の場で日本語の使用の禁止、移動の自由の制限、居住地からの立ち退き命令が発令されるなど、不自由な生活を余儀なくされた。南洋移民は太平洋戦争末期にアメリカ軍の空襲や地上戦に巻き込まれた。宇検村からの移民が多かったテニアン島は玉砕し、多数の死傷者を出した。満州移民は終戦の日を境に状況が一変する。守ってくれるはずの関東軍も公的機関も逃散し、開拓団は満州の原野に放置される形になった。11月から日本に向けて逃避行を始める。吉林、新京を経て奉天に到着、1946(昭和21)年6月に宇検村に引き揚げて来るが、その途中で飢えや病気、事件などで多数の死亡者を出した」

もちろん宮内が語っているのは宇検村のことだけではない。「結局、移民たちが戦争の一番の犠牲者となった」、そのことだ。

悲惨な結末 —— テニアンから長崎被曝まで

戦前の奄美からの出稼ぎ・移民を追ってここまで来た。最後に玉砕の島を家族で生き延びたものの、奄美には帰着できなかったある家族の南洋テニアン島体験、さらに希望を託して家族ぐるみで軍需都市・長崎に渡り、原爆直下で一人を残し家族全員が死亡する悲惨な事例を紹介する。

(1) 玉砕地・テニアンを生き延びた家族

旧南洋群島（ミクロネシア）を日本軍が占領したのは1914(大正3)年。第二次世界大戦時の米軍占領まで、多くの日本人が居住。サイパン島に隣接するテニアン島は「理想の砂糖生産地へ」の掛け声のもと、南洋興発（創設者・松江春次）の手で運営され、多くの沖縄県人・奄美人が入植、学校・病院のほか商店街が形成され、1万5千人が暮らしていた。だが日米戦の最前線になり、1944(昭和19)年春には婦女子、高齢者が本土へ引き揚げた。そして7月、米軍が上陸、猛攻撃のなかで軍と移動した一般住民の多くが犠牲に。「天皇陛下万歳」と叫び断崖から飛び降り自死する「バンザイ・

森眞良さん（右二人目）一家。左上が眞之さん。戦後帰島したが再び旅立たざるを得なかった。

クリフ」の悲劇は今も語り草だ。大本営は早々、「玉砕」を発表、兵・民間人を見捨てるが、実際は相当数の生存がいた。また日本軍の残した飛行場からは翌年8月、米軍B29が出撃、広島、長崎に原爆を投下、「悪魔の飛行場」と呼ばれた。

住用村出身の森眞良（1908〜96）は名瀬の商店で丁稚をしていた頃、名瀬出身で移民募集に一時帰省していた南牛千代（年齢不詳）に誘われ〝南洋の楽園〟へ。この年、南洋興発はキビ栽培地の奄美から大量募集し、徳之島、沖永良部島からの移民を加え、チャーター船で直接、現地に送り届けている。

開拓地マルポで請負労働者になった眞良は南の長女スエと結婚、やがて眞之（1932年生、那覇市在住）ら5人の子宝に恵まれ、島で生まれ育った眞之は、艦砲射撃で一時は自決も覚悟した戦場下を除けば、「並木道にはマンゴーが鈴なり。青い海に飛込み、ヤシガニを捕まえて遊んだ」と夢のような日々を回想する。開戦が迫り成年男子を残して大半が疎開船で引き揚げたが、家族残留を選んだ森一家は奇跡的に玉砕の島を生き延び、収容所生活を経て奄美へ。しかし名瀬で軍政府の大工の職を得るも、「テニアンで日本軍に協力した」と密告され解雇に。やむを得ず、一家で基地景気に湧く沖縄へ。父親と土木作業などで稼ぎ、結局一家は故郷に帰りつきながら、再び奄美を旅立って、沖縄に定着することになった。

このテニアン在住時の森一家には、名瀬小湊出身の故・小元太が小間使いで住み込んでいた。戦後、収容所生活を経て名瀬に引き揚げるが、小元は自身の境遇を「自分は2度、売られた。1度目は8歳の時、義父が塩浜の糸満漁師に売り、2度目は『メシが腹一杯食える』といわれテニアンに売られた」と

テニアンを体験した小元太さん

その境遇を明かす。広島、長崎への原爆投下を敢行したＢ29が飛び立ったテニアン飛行場では、日本軍が北海道の囚人部隊＝ほとんどが戦死＝まで送り込み、突貫工事で完成させたが、「その囚人輸送のトラックを目撃した」と小元。また眞之も「爆音で飛び立つＢ29を手を振って見送った」と広島、長崎に原爆投下へ飛び立つ米軍機を目撃している。

この他、テニアンには名瀬有屋の清田キク（１９１５生、故人）が花嫁移民で19歳時に渡航、同じ有屋出身の南洋興発・軽便鉄道機関士の正吉と結婚。子宝にも恵まれ戦後帰郷したが、夫が急逝、土方として働くなど苦心惨憺だった。また天城町出身の伊地知堯（１８９６〜１９４４）は大島農学校を出て台湾の糖業企業へ。さらに大規模キビ栽培を実現すべくテニアン島に渡り、南洋興発社員に。戦時、ロタ島に滞在中、米軍機の機銃掃射を浴び、「もう助かるまい」と手当も受けず壮絶な死を遂げている（原井一郎『テニアン島に渡った南島移民の悲喜』）。

（2）長崎原爆で一家7人が犠牲に

大和村大棚の池田森円（１８９６〜１９４５）は近隣の山から枕木を切り出す山仕事をしていたが、稼ぎは家族の米代に消え、ハブに咬まれる不安に、つくづく嫌気がさしていた。そんななかで、長崎の兵器工場へ転職の一大決心をしたのは１９３５（昭和10）年。長崎には実弟がいて下請け製鉄会社で儲け、豪邸を構えていた。自分も一旗をと、単身で三菱兵器製作所・茂里町工場の常用工に。４年後、収入も安定、実母のマメタル、妻のカンツメ、５人の子を呼び寄せた。やっと得た家族水入らずの暮らし。だがその幸せもほどなく暗転する。１９４５（昭和20）年８月９日午前11時２分、テニアン島を未明に飛び立った原爆搭載機ボックス・カーは雲間に長崎中心街を捉え、原爆を投下。池田一家が住まう松山町5番地の上空約5百メートルで炸裂、凄まじい閃光、続く爆風が街を廃墟にした。この日、一家は、訪ねて来た甥と昼食を共にしようと支度に追われて、笑い声に満ちていたという。唯一生き残った2女サチエ(故人)は父とともに職場(爆心1.5キロ)の茂里町工場にいて、魚雷の研磨作業中、上司に頼まれ階下に書類を取りに行ったのが幸い、閃光と爆風で工場は吹き飛んだが、戸板類を跳ねのけて命からがら脱出。クレーン係だった父ともはぐれ叔父宅へ。翌朝、実家に戻ると父・森円と姉が硝煙のなか、呆然と立ち尽くしていた。やがて焼け跡から靴を履いた足首だけの中3の弟、近くの川から吹き飛ばされた母親の遺体が見つかったが、他は跡形すらなかった。一瞬のうちに肉親が消え去ったのだ。父親は祖母や弟妹の遺骨代わりに、近くの土を掻き集めた。行き場がなく親類宅に身を寄せていた親子だったが、数日後、「シマに帰る支度をせんば」と言っていた父親の全身に「星(発疹)が出て」動けなくなり、黒いシミが広がって死亡。姉もまた同様に苦しみながら果てた。いっぺんに家族7人を失い、唯一生き残ったサチエは三菱造船で働いていた従弟と二人、遺骨を抱えて帰郷。やがて大棚で結婚、最近まで健在で子息と暮らしていたが、その仏壇に飾られていたのは全て肖像画。原爆で消え、家族写真一枚すら残っていなかったのだ。サチエは「あの

大和村大棚の墓地。一家の名が記され「長崎ニテ原爆死」と刻まれている。
生き残ったサチエさん(顔写真)が建てた。

日を思い出すと息苦しくなる」と多くを語らなかったが、一家は最初の住まい長崎湾口近い海辺・戸町から、工場近くの浜口町へ引っ越し、さらに広い家を弟が世話し、爆心地の今は町名さえ消えた駒場町（現・松山町2丁目）へ。まるで爆心に吸い寄せられるように引っ越しを重ね、あの日を迎えたのだった。

なお奄美関係者の長崎被曝については、主に笠利町の女子挺身隊の犠牲を記した、上坂冬子『奄美の原爆乙女』※8-7がある。

【注8】

※8-1ブラジル側は日本移民そのものを歓迎しなかった。同国は植民地時代以来、輸出向け農産物に支えられており、19世紀に欧米でコーヒー需要が高まると、サンパウロ、リオが主要な供給地に。主に黒人の奴隷労働で栽培されたが、混血が増え、国民の体つきが変化、劣等感を抱くように。このためヨーロッパ型に復するべくイタリア、ドイツ、スペインなどから450万人を超す移民を受け入れた。従って第一次世界大戦後にヨーロッパ移民が途絶え、日本からの移民受け入れに踏み切ったサンパウロ州政府に強い批判が出て、日本移民への補助金を中止。やむなく日本政府が渡航費補助金を自国負担するなどの介入で受け入れが再び進んだ（三田千代子『「出稼ぎ」から「デカセギ」へ』参照）。

※8-2手の甲に繰り返し針に墨をつけて刺すことからハヂチ（針突）と呼ばれる。ウナリ神信仰で海神のしもべのシマの娘は「ウトゥ（夫）欲しさゆり勝り」と好んで刺青をした。「子孫繁栄」「航海の安全守護」などの意味をもつ。しかし、アイヌのそれと同様、奇異の目で見られ、奄美の郷土史家・大山麟五郎は「官吏の祖父が死んで、ヤマトから引き揚げて来た祖母は、夏でも手袋で隠していた入墨のある手をのび

のびとふるさとの陽にさらすように」なったと自伝的考察文に書いている。

※8-3 琉球は中国皇帝から冊封（国王の承認）を受け、その権威を背景に東アジアの中継貿易国として繁栄。14世紀末～16世紀中盤、真南蛮、ルソン、安南、マラッカなどで大交易を展開。その気概、心意気を王府は、船を大海の架け橋として飛躍すべしとの、「万国津梁《ばんこくしんりょう》」の一文を首里城正殿前の梵鐘に刻んだ。そうした古い精神気風が蒸し返され、海外移民の推進に宣伝利用された。

※8-4 奄美の糖業復興へ、政府は１９０３（明治36）年、名瀬に大島農学校（大島中学校の前身）を開学、39年に第1回卒32人が巣立った（『名瀬市誌』中）。しかし当時の大学進学熱から「土百姓の養成所」と揶揄され、進路が限られた卒業生は技術者としてハワイ、さらに台湾糖業界へ進む者も少なくなかった。なお奄美のブラジル移民第1号は名瀬の榎常孝＝１９１２（大正元）年＝とされている。

※8-5 八丈島出身の玉置半右衛門は、１８９９（明治32）年に沖縄県から南北大東島の払い下げを受けると、まず八丈島の「出百姓」を南大東島に送り込み、後に沖縄本島から出稼ぎ人を募集して含蜜糖生産を開始した。１９１０（明治43）年に合名会社玉置商会を設立するが、同年、半右衛門の死によって経営が悪化、１９１６（大正５）年に鈴木商店の斡旋で東洋製糖に買収された。

※8-6『南洋開拓拾年誌』には「鹿児島の島嶼地方からは昭和4年9月、6千トンの静洋丸を傭船して農家及び労力移民を大規模に採用したが、之は殆んど全部テニアンに入れたのである」との記述がある。

※8-7 戦後の奄美の米軍政移管時に提出された『大島郡事情報告書』によると、戦局悪化の１９４３（昭和18）年、大島紬生産が奢侈品等製造販売制限規則によって減産に追い込まれ、失職した労働力を軍需工場に振り向けることになり、紬織子2千5百人が女子挺身隊で離郷。うち長崎に渡った推定1千2百人中、約2百人が原爆で即死、約6百人が帰島したが、残る推計4百人の安否・消息が不明のままという。

第8章　戦後を生きる

奄美復帰運動の発祥地・名瀬小学校校庭

焦土のなかから

(1) 非日本人

「終戦の日、疎開小屋から森山先生は私たちを屋仁川近くの段々畑に集めた。きのうまで〝神州不滅〟と教えこまれてきた軍国少年たちが三々五々集まってきたが、誰もモノを言わず俯いていた記憶しかない。この日はよく晴れた夏の日であった。日本が負けたという虚脱感と、もうグラマンに脅かされることもない、灯火管制もないという解放感がないまぜになっていた。多感な17歳の青年教師はとうとう感極まって泣き出し、級友たちももらい泣きした。テント張りの教室に急ごしらえの机を並べて授業が始まったのはそれから間もなくだった」

１９４５(昭和20)年8月15日を南海日日新聞の名編集長だった故・前田勝章が自費出版『あれから50年』に書いている。名瀬小学校に通っていた前田の終戦回想は大方の学童、あるいは市民の思いでもあったろう。しかし、虚脱だけに浸っていられない事態が迫っていた。

明けた１９４６(昭和21)年1月29日、名瀬港に米軍ＬＳＴ(上陸用舟艇)の灰色の船体が横づけされ、米国海軍沖縄地区司令長官ジョン・プライス少将一行が上陸、直ちにジープで県大島支庁に乗りつけた。「これが奄美の転換(日本分離)の幕開けとは誰も知らなかった。やがて一行を送り出した池田支庁長だが、重大な通知を受けていた。いわゆる『プライス通告』である。これこそ歴史的な２・２宣言※9-1の前触れだった」(村山家國『奄美復帰史』)

1945年10月6日、加計呂麻島。日本軍の兵器処分にヘック陸軍少佐らが上陸。終戦わずかひと月半、米兵へ意外なほど協力的な島民。

この通告以降、沖縄・奄美は日本の版図から消し去られ、さらに苦難の戦後史を歩むが、当然、「敗戦」の痛手と混乱は日本中で巻き起こっていた。無差別空襲、焼夷弾による火災・焼死の恐怖は消えたが、もっと恐ろしい餓死が迫っていた。終戦の年は、戦禍による生産低下と凶作、台風被害でコメが激減、終戦翌年の食料メーデーでは飢えた国民の怒りの矛先が〝飯米闘争〟から天皇批判へと向かい、大群衆が皇居前に押しかけた。

さらに混乱に拍車をかけたのが植民地、戦地からの帰還者の大群で、6百万人が引き揚げ船で相次ぎ帰還。温かく迎えるべき同胞への食糧、生活支援が先行きに重くのしかかった。こうした窮状に、GHQは兵士用レーション（戦闘糧食）や小麦粉を放出するとともに、中朝出身者ら日本国籍を有しない「非日本人」の追い出し措置に乗り出した。非日本人には国境を分断された沖縄・奄美出身者も含まれ、出稼ぎで本土都市に根づいた人びとは突然の〝退去勧告〟に動揺、混乱した。

（2） 4万人の引き揚げ

終戦とともに、ふるさと奄美を目指す、疎開者、徴用者、復員兵らは一斉に鹿児島港に殺到、その船待ち待機で伊敷収容所（旧軍兵舎、他に小学校にも分散）はすし詰め状態に。さらに外地からの引揚者が加わって日に日に混乱を呈した。奄美からの疎開者は正式手続きに拠る者1万5千人、他に自由疎開1万～1万5千人がいた。したがってこれに「引揚者、帰還兵を加え4～5万人」というのが県庁の推定だった。

しかし、10月に始まった引揚者輸送はGHQによってほどなく中断、翌1946（昭和21）年3月段階でも伊敷収容所には約6千人が滞在。多くが栄養失調で、食糧を巡るトラブルや盗難騒ぎも。屋内には病人が毛布にくるまって力なく寝込み、空腹からカボチャの葉っぱを煮沸して食べる姿も。その窮状にある帰還者の救援へ、出身者が動き出し、鹿児島県奄美連盟（武山宮信会長）が米軍政官に輸送船増配を訴え、慰安演芸で励まし、東京奄美会も慰問使を派遣、収容所問題の解決に動き出した。こうした活動は、やがて奄美復帰運動の口火を切る原動力になって行く。

輸送船の再開はようやく11月になって始まった。なかでも戦場の悪夢を蘇らせたのは兵士たちの遺骨。「送還船を迎えた名瀬港桟橋にはこれまでと異なった風景が現出された。奄美出身戦死者の遺骨２４０柱が護送されてきたのである。遺骨は受取人のないまま鹿児島地方世話部に安置されていた。見かねた在鹿奄美青年団が護送責任者になった。郷土入りした遺骨は政庁(大島支庁)の楼上に安置され遺族を待った」(『奄美復帰史』)。また久々に郷土の土を踏む人びとのために婦人会や女子青年団が桟橋で湯茶、コーヒーで接待。政庁の依頼で、配給粉でパンを製造した大工もいた。

結局、１９４６(昭和21)年12月末の最後の引揚船までに、奄美には鹿児島港から1万8千9人、宇品港(広島)から4百人、これに第1次輸送を加えると総勢4万4千54人が郷土入りを果たしたことになったが、同時に奄美の人口（１９５０年）は過去最高の22万２千７７９人に達し、再び「過剰人口」が政治課題化する。

（3）与論満州移民団の田代入植

引き揚げから漏れ、止む無く鹿児島に留まった一群もいた。収容所での足止め中に北緯30度以南が日本から分断され、海上封鎖に。「本土に留まった者には『非日本人』という侮蔑した扱いがなされた。

就職は差別され、交通通信手段の自由がないため結婚しても届け出ができない、産声をあげても出生届ができない、死亡届や身元証明もできないなど、たとえようのない悲哀を味わった」（日本共産党奄美地区委『奄美の烽火』）

そうしたなかに満州引き揚げの与論島移民団もいた。彼ら彼女らは１９４４（昭和19）年、分村計画で１３０戸が満州の錦州省盤山へ。その遅すぎた開拓入植は、住宅はおろか衣食にも不自由し、ため池の泥水をろ過して飲む悲惨なものだった。その一員として祖父母、母、妹弟、親戚の８人で渡満した有馬芳子はわずか1年で入植地を追われることに。三日遅れで日本敗戦を知り引き揚げ、帰国できたのは翌年６月。この間、行動を共にした50人は自決者や栄養失調死でわずか10人に。16歳の芳子ら開拓団は博多港を経由し鹿児島に辿り着くが、故郷へ続く海路がまた隔てた。「与論島には帰りたいが、家や土地はすべて処分している。周囲の反対を押し切って移民した人もいて、帰りたくとも帰れない人が多かった。内地でもう一度、開拓をやり直そうという声が自然とあがっていた」（『広報きんこう』）。開拓団は本土での定着へ再び動き出し、県の斡旋地から「これまで苦労した水と薪が豊富」な田代町（現・肝属郡錦江町）を視察、入植。大隅半島南部の田代は、錦江湾の対岸に開聞岳を望む温暖明媚な地だが、海岸線に民家が散在、ほとんどがシラス台地の山で、その無人の山地に第２の故郷を築くべく満州の地にあやかって「盤山」と命名。杉と雑木の深森に圧倒されながらも、伐採と焼畑でイモや麦、

満州から引き揚げ、鹿児島・田代盤山に入植した有馬芳子さんらを紹介した鹿児島県肝属郡錦江町の広報紙（2020・12）

蕎麦を栽培。台風被害に悩まされ一時は棄農も模索したが、畦畔茶に着目、ヤブキタ改良種を導入したところ力強く新緑芽吹き、栽培を本格化。全国共進会で受賞を果たす銘茶に育ち、移民団や地域をも支える特産品になった。

入植当初は小学校に通う兄弟の弁当用に、地区を回って食料を恵んでもらったこともある芳子は、「田代の人たちには本当に感謝しています」と地元への恩義を忘れない。ふるさと与論島を追われ、異郷の北九州産炭地で塗炭の苦しみを味わった明治の集団移住とその後の四散、そして戦雲下での行政による満州分村の強行。蔑まれ、罵られながら耐えて生きて来た与論島出郷者に、田代の地は初めて温かく穏やかに生きることの許された〝本土の楽園〟であったのかもしれない。

（4）三和町と宮崎・大島町

一方、鹿児島市街地の一角、「三和町」は現在も奄美出身者が多く居住、一時は軒々から大島紬を機織る筬音が響いた。今は高齢化で衰退したが、この町は戦後、帰郷を目指した奄美出身者が、やはり海上封鎖で鹿児島に立ち往生、滞留したことで、市が旧郡元町の新川、港、鶴ケ崎の3地区の用地を貸与したことに始まる。とりわけ笠利町出身者が多く、そのことが〝大島紬の街〟の一因かもしれない。

また宮崎市のリゾート施設・シーガイアに近い大島町（現・波島町）は奄美出身者が多い地として知られている。発端は戦時中、川崎航空機の社宅街が、敗戦によって工場閉鎖したことで空き家になり、阪神にいた沖縄・奄美出身の疎開者が格安で買い取り集住したのだという。出身者たちは、豊富なサツマイモを利用したイモ焼酎を密造、摘発に遭いながらも生きるための生産を続けた。この大島町はまた奄美復帰運動の〝最初の狼煙〟が上がった地としても知られる。沖縄県出身者と共に組織した「宮崎市大島町青年団」(為山道則団長)※9-2は、約150人の団員が市内目抜き通りで「奄美大島日本復帰促進」と染め抜いた大幟を掲げて署名運動。1950(昭和25)年3月、全国各地に檄を飛ばし決起を促し、これに応えようと名瀬小学校で3月24日に総決起大会が開催され、数千人の市民が校庭を埋め、これ以後、島を挙げた復帰運動が本格化する。

(5) 神戸在住者の戦後

神戸に残った奄美出身者はどうなったか。神戸市内は「軍隊が解散になって帰って来ると、見渡す限り焼け野が原」だったという沖永良部島出身者の証言のように、罹災者47万人、死者6千235人という惨状下で、とりわけ川崎重工などの軍需工場が集中し、奄美出身者が暮らす葺合区は、街そのものの様相が一変していた。

そうした廃墟のなか、日本の敗戦で戦勝国になった中国、朝鮮の人びとは、華僑の会や連盟を組織、軍隊や軍需工場にあった食糧、生活必需品などの優先払い下げを求めて運動。買い出しの一般市民から警官同様に物資を横取りする事案も頻発。それに対抗すべく「奄美連盟」が組織されたことは前段で触れたが、兵庫県から復員者や帰郷者の帰還事務を委託され、それに付随した特配物資を独占したことに批判が出て、同郷者からも正当視されなかった。「一部教養なき輩が〝第三国人〟的活動を成し、へんに特権を欲しがっているものであるが、絶対反対です」(『沖州通信』)と「誤った活動に反省を促し、奄美人の汚名挽回をはかる」(『神戸沖洲会記念誌』)べく、新たに「青年同志会」が結成され、同胞子弟への学習塾や機関紙発行のほか、鮮魚やイモ、ミルク、木炭を提供、渡航許可証を持たずに来神した、つまり密航者の身元引受にも当たるなど、同胞への親身な世話をした。

そうした、混乱期の神戸での奄美関係者の動静は、西村雄郎「沖永良部出身者の神戸『定住』過程」に詳しい。「奄美連盟」は先行して組織されていた沖縄・奄美を抱合した「沖縄人連盟」から独立したものだったが、さらに全国的組織への拡大めざし東京奄美会に合流を呼びかけたものの「尼崎の有志が東京へ行ったのですが『お前たちの集まりは三国人的な動きだから共鳴できない』といわれすごすごと戻ってきていたのです」と『神戸奄美会記念誌』に記されるように、こうした経緯は「同郷者のなかで阪神地区での組織化に対し、懐疑的に見る向きが存在していたことを示している」(中西雄二)

奄美連盟の活動で惹起された、郷友会組織に対する認識には、①出身者の関西(出稼ぎ層)と関東(いわゆるエリート層集団)による階級性、②沖縄と奄美の地政学的な非融合性、③共産党と社会党、保守政党の容喙による党派色性、といった要素が複雑に絡み合っていたことが窺える。そして、それはまた、溶け合えない二つの絵具のように、今日の奄美人社会が内包する潜在的問題点であることにも気づかされる。

密航者たち——朝潮太郎は力道山だった

戦後、大衆の最大のヒーローは力道山だった。リング上で炸裂する空手チョップで、白人レスラーが次々と血染めで倒れる姿に、国民は熱狂、溜飲を下げた。1953(昭和28)年に始まったテレビ放送で、その熱闘がブラウン管に映し出されると、老若男女が釘づけに。鉄人ザ・デストロイヤー戦の視聴率は

64%に跳ね上がった。残念なことに、奄美でテレビ実験放送が始まったのは日本復帰10周年の1963(昭和38)年から。その年の暮れ、英雄は突然、ケンカの刺傷がもとで急死。つまり、力道山の雄姿は、奄美では目に触れる者なく幕引いた。

戦後、奄美ではラジオが唯一の本土からの情報源で、娯楽だった。電圧が不安定で真空管が消えそうになり、途切れる音声に耳を釘づけにし、「ここに幸あり」「おーい、中村君」といった流行歌に聞き入った。大相撲中継はとりわけ人気で、なかでも第46代横綱（1959年）の朝潮の取り組みが始まると、職場や道行く人の動きが止まった。奄美出身の横綱は、力道山に代わる、島ッチュのヒーローだった。

力道山より5歳若い、朝潮（本名・米川文敏）が生まれたのは1929(昭和4)年。徳之島の一隅の亀津村井之川で、誕生時5.3キロもあって、大男の祖父にそっくりだった。生後、父親が神戸の企業に就職、7年間、神戸で生活したが、戦争の激化で徳之島に帰省。国民学校高等科1年で178センチもあり、奄美で盛んだった協会相撲では負け知らず。遠縁の元明治大相撲部主将・大澤徳城の目にとまり、1948(昭和23)年、伴われて神戸へ。米軍統治下のこの時期、正式な渡航ルートはなく、貨物船の船底に潜んで密航。18歳の少年は沖仲仕をしながら角界を目指し、この年の10月場所で初土俵。密入国を隠すために「兵庫県出身」と名乗っていた。「6尺1寸」の巨体と左はず

リング上の力道山(左)と1952年に〝海外巡業〟で凱旋帰郷した朝潮

の怪力で快進撃を続け、1951(昭和26)年には幕内昇格、師匠から「4代目朝潮太郎」を贈られた。また同年11月、戦後初めての「海外巡業」が奄美大島、徳之島、沖縄であり、ふるさと徳之島に凱旋すると、その雄姿を一目見ようと港から役場までクルマがあふれ、感涙にむせんだ。1959(昭和34)年には横綱に昇進するが、濃い胸毛と太い眉毛の土俵上の雄姿は、蔑まれることの多かった奄美島民、とりわけ出稼ぎ者の胸中に熱く輝いた。

朝潮が、日本復帰まで「奄美出身」を名乗れなかったように、力道山もまた朝鮮半島出身者であることを名乗ることがなかった。一度、韓国側のレスリング関係者の招きで訪問した際、「母国訪問は感無量。長い間、日本語を使っているので、韓国語はさっぱりですが……カムサ・ハムニダ」と挨拶。その経緯が「力道山、20年ぶりに母国へ」と東京中日新聞に報じられ、帰国して知った力道山は激怒したという。

都会の工場で、街中で口ごもり、「奄美出身」を名乗れなかった奄美人。名乗りたくても名乗れない、出自が知られるのを恐れ、ひた隠しに生きる悲しみ、心の重さ、あるいは逆に神戸における奄美出身者組織が「第三国人」とあからさまに外国籍者を侮蔑する卑屈の裏返し……。それらは差別を受けた者にしか生じない心情、対応であって、島崎藤村『破壊』が描く、被差別部落出身をひた隠して生きる、主人公・丑松の以下の独白に似ている。

「自分はまだ青年だ。望みもある、願いもある。ああ、捨てられたくない、非人あつかいにはされたくない。何時までも世間の人と同じように生きたい――そう考えて、今日までの穢多の歴史を繰り返した。追われたりあるいは自分で隠れたりした人びと、父や、叔父や、先輩や、終には娼婦として秘密に売買されるという多くの美しい穢多の娘の運命を思いやった。……その時になって丑松は後悔した。

何故、自分は人らしいものにこの世の中に生まれて来たのだろう。野山を駆け歩く獣の仲間でもあったら、一生何の苦痛も知らずに過ごせたろうものを」

力道山と朝潮——。二人に面識はあったのだろうか。力道山が突然、髷を切って大相撲を引退したのは1950(昭和25)年。朝潮は入幕前だったが、最近、力道山が撮ったというカラーのフィルムが遺族の手で明らかになり、そこにまだ胸毛のない1954(昭和29)年春場所時の朝潮の姿が写っているという。この頃、関脇に昇進、破竹の勢いだった朝潮の姿は力道山の目にもとまっていたことだけは確かだ。

「本土へ食糧が流出したというので放出食糧が減配されたのもこのころである。騒ぎは黒糖や米軍の放出食糧16万ポンドが闇ブローカーによって佐世保港に紛れ込み、当局に押さえられたのに端を発した。このため1946年1月分の放出食糧は46万ポンド減らされた」(『奄美復帰史』)

「当時の私たちの日常生活のなかで、現実的な問題だったのは衣食住だった。衣は『着たきりスズメ』で、復員帰りの軍服と毛布だった。昭和23年頃からアメリカ軍需物資、洋服生地、毛布、オーウバ、作業衣、日用品、マッチ、メリケン粉、豆類、カンヅメ、煙草などが軍政府から配給があった。男女、子供たちのパンツなどはメリケン粉袋で、各家で仕立使用したオーウバは商人たちの手により中ノ島方面で本土商人と物々交換で本土に渡って行った。奄美の店には日用品、雑貨、すべて本土からの密航品とアメリカ品が並びほそぼそ営業していた」(富島甫『昭和戦後の古仁屋』)

国境30度線を突破し、本土へ流出したのは朝潮太郎だけではない。

「分離で、交易を絶たれた島民にとって、着るもの、食べるもの、日用雑貨を運んで来るのは密航船しかなかった。密航船は、島産の黒糖や、米軍の放出物資をもって、30度線の境にある口之島周辺まで出かける。この黒糖を求めて鹿児島、宮崎、熊本はもとより遠くは関西、四国、北九州から南下した本土商人が衣類や日用雑貨、ナベやカマを運んで物々交換した。海上穏やかな日になると、口之島や口永良部島の島影には、彼我の船団が群れをつくって、警察監視のもと半ば公然と取引した。かっと照りつける太陽のもと、密航船をねらう海賊、それを追うGメン、数かずの海上犯罪には昔の倭寇をしのばせるものがあった」(『奄美の烽火』)

密航、ヤミ船、ヤミ商人……。暗黒界のような言葉が戦後奄美に氾濫したのは、飢えに直面した島民の生き抜く知恵に他ならない。座して死を待つより、危険な七島灘を往還し、不法承知で商取引したのだ。したがって飢えた島民からは〝宝船〟と歓迎された。なかには引揚船の航路復活に乗じて、本土──奄美──沖縄の三角ルートの開拓者も出て、武装ヤミ船さえ登場している。見かねた軍政官の指示で、船もろとも没収され、罰金、軍労働を課せられる事案もあったが、ある台湾船は龍郷湾に辿りつくまでに積荷のザラメ糖2万ポンドを海中投棄した。臨時北部南西諸島政庁の警察部は1946(昭和21)年6月から1年内に90件760人を摘発したが、密航船はなお後を絶たなかった。

密航船はまた座礁・沈没で多くの命を呑んだ。なかには故郷の後輩たちに書籍を贈ろうと、アルバイトで貯めた金で鹿児島に渡り、帰任の途中、遭難死亡した青年教師もいる。笠利赤木名出身で鹿児島師範卒の畠清二。同郷の同窓・川端文則と共にカンパも展開。二人でヤミ船に本を積み込み鹿児島を出航したが、横波を受けて沈没。漂流数日後に屋久島に漂着。川端は島の青年団によって救われたが、畠は岩礁に手をかけたまま死んでいた。1949(昭和24)年のことだという。

基地オキナワへ

(1)もぬけの殻の村

押し寄せる〝赤化の波〟をくい止めるべく、ソ連の封じ込めと中国での国共内戦に介入したアメリカ軍だが、1949(昭和24)年、中華人民共和国が建国されると、大陸からの撤退を余儀なくされた。これにより沖縄の軍事的価値が再評価され、〝捨て石から要石〟へ変貌する。沖縄島は戦後すぐは武器、軍需品輸送の中継基地にすぎなかったが、恒久的な基地建設が急がれることになった。このため米国は1950年会計年度で初めて5千万ドルの基地建設費を計上、沖縄で既存基地増強と新設に乗り出した。朝鮮半島、大陸の動静に対応し、出撃地にすべく突貫工事が昼夜兼行で行われ、本土からゼネコン、海外企業ら40社が乗り込み、「基地建設ブーム」に。地元の沖縄労働者だけでは不足し、奄美からも労働者が駆り出された。基地建設に雇用された労働者は最盛期7万5千人にものぼっている。

この俄か雇用に、就職難の奄美側が飛びつき殺到した、と解されがちだが、それだけではない。米軍は奄美の労働力で人手不足を解消すべく、1949(昭和24)年11月、沖縄 ―― 奄美間の渡航許可制を廃止し、自由に往来できるようにした。また、奄美群島政府も那覇市に簡易宿泊所を設け、職員が駐在し出稼ぎ者に便宜を図る後押しをしている。「それは、あたかも、一つの川を30度線と27度線での2か所で堰止めておいて、中の水を汲みほしてから、27度線の一方を取り払ったため、中の魚が生き延びるため南へ逃げ出していくようなものだった」(日共奄美地区委『奄美の烽火』)

この基地雇用へ1950~52(昭和25~27)年にかけ、毎月約1千人近い男女の働き手が奄美から消え、その数は5万人を突破、「街から若者の姿がめっきり減り、老人と子供ばかりの村が増え、戦時中を思わせる状況に逆戻りした」（同上）というのも、あながち誇張でないことが稲田精秀著『實久村農村調査』のなかの証言で窺える。

「昭和29年から30年にかけて、父母の故郷のある嘉入（加計呂麻島）で生活したことがある。奄美の日本復帰直後で、働き手の殆どは沖縄に稼ぎに行っていた。29年1月、私が嘉入に到着した時は、中学生までの子供とその母親及び高齢者が部落の人口のすべてであった」

また、加計呂麻島・西阿室からの沖縄出稼ぎについては、「とにかく沖縄へ行けば食物があるという話が伝わってきたので、とるものもとりあえず沖縄へ渡って行った。しかし、沖縄への転出については、阪神への移住のような歴史もなく、親族・知人による就職斡旋も当然不可能であり、転出者の大部分は米軍基地の仕事、それに関連した土木・建築、風俗関係に従事した。労働条件、賃金は決して良いとはいえず、それでも沖縄への転出者は2百人を超え、西阿室の収入のうち6割が沖縄からの送金であった」と小島清志『郷愛会組織と母村の交渉』（南島史学）は記している。

『奄美タイムス』（1952年8月）によると、奄美からの戦後出稼ぎは、米軍統治下時代、沖縄島がほとんどで、「瀬戸内からは3千553人の島民が出稼ぎに行ったが、その7割は『軍労働者』で、送金額は月1千円から1千5百円だった」。その軍作業と呼ばれる肉体労働は灼熱下、土を掘り返してコンクリで土台を固めるといった苛酷な作業で、飯場は現場片隅の掘っ立て小屋。荒板の上で体を横たえ、

島民の枯渇をキビが潤した時期があった。かじると甘い樹液が口中に広がる。子供たちはよく畑から失敬した。「キビかじりは国かじり」と厳罰にされたが、終戦でそれも自由に。キビを持ち帰る少年を見守るMP（アメリカ国務省）

雨の日はカッパを被って寝たという。「その上、我慢がならなかったのは賃金、労働条件の差別。アメリカ人が時給で最高752円50銭、フィリピン人が196円8銭、日本からの出稼ぎ45円、沖縄の労務者は25円だった（沖縄タイムス調査）。奄美から渡って行った労働者は、沖縄現地の労働者よりさらにひどい悪条件が重なった」（『奄美の烽火』）

こうした差別はほどなく、清水建設下請け会社「日本道路」を手始めに労働争議となって燃え広がるが、「米・フィリピン人――日本人――沖縄人――奄美・朝鮮人」という序列化は、その後にも広く長く、様々に生き継がれることになる。

（2）島娘たちの進路

「大島どっこい」「パンパン」。沖縄に渡った、奄美の出稼ぎ者への評判はすこぶる芳しくない。

琉球新報は「沖縄にいる奄美大島出身者の男のうち1万人は基地の労務者で残りの大半は日雇労働者、女はほとんどが特飲街の勤めで、那覇市の特飲街の女性の大部分は奄美出身者だといわれている」（1953年12月）。月刊タイムスは悪の温床としての「無籍者」を特集、「沖縄刑務所釈放人名簿」を元に「犯罪数字は大島を筆頭にぐんぐん上昇の態勢を示している。……昨年の初め頃は宮古の犯罪者が多かったが、後半より大島が目立って悪くなり、今では宮古の比ではない」（1950年第17号）。沖縄タイムスに至っては「無籍者うようよ、コザ署70名挙げる……北谷村での取り締まりで男36名、女32名がそれぞれ密航、媒合売淫の容疑者として検挙され……大部分は大島出身者であり、なかには『沖縄に行ったら好い職に就けてやる』と甘い口車に乗せられて渡航し……」（1950年1月）といった具合に、マスコミが競って奄美人の犯罪、女性売春婦を、繰り返し報道している。
「無籍者」とは許可を受けず沖縄入りした者のことだ。奄美で転出証明を受けていても、沖縄側で正式な転入手続きが必要で、これには費用5百円と煩雑な手続き、加えて役所側の恣意的拒否もあって、止む無く無籍者状態になった人びともいたが、マスコミのイメージ操作が加わり、すっかり「奄美人＝無籍者＝犯罪者」になっていた。

こうした世評はエリート出身者にも切実に撥ね返ったのか、神奈川在住奄美出身者で琉銀顧問だった里嘉栄則は「（沖縄で）夜どこの街を通っても大島口、大島唄が聞こえる。これは多くは職なきため、沖縄に流れ出ている人びとである。ところが、職は求められないので、若い男女に犯罪人、転落者が多く、評判が頗るよくない。夜の女が20人挙げられると、13人は大島娘だという例あり。なかには母娘での共稼ぎの例も」（『奄美』、1952年）といっている。

だが、さすがに針小棒大な奄美バッシングに反論も出てきた。「沖縄でとくに抜き出て『大島人』と呼ばれている、郷土人の犯罪が統計となって報道されている。……現在沖縄に渡っている『大島人』はほぼ2万から3万、沖縄人口60万人に比率すると約5％。これを犯罪比率と比べるとやや上回るということになるが、それにしても沖縄では何か事件が起これば『又大島人だろう』といわれたというのとは大分違う。……比率からすればとり立てるほどのこともないのに、なぜ沖縄では『大島人』がさわがれなければならないのか」（南海日日新聞、1952年6月）

加藤政洋の論文『米軍統治下における奄美――沖縄間の人口移動』でも、「沖縄における奄美出身者の職種は実に多岐にわたり、男性に比して女性の職種が少なく、たしかにサービス業も多いのだが、一概に『特飲街』勤めとは言い難い」と述べ、「多くの出身者は『オーシマ小《くゎ》』といわれ、宮古島出身者とともにあきらかにさげすみを買って苦しんだ」との新崎盛暉らを引用、紹介している。

こうした過熱報道からほどなく、ダレス声明で奄美の日本復帰が日程に入ると、さらに奄美出身者への迫害は強まり、「コザや普天間で奄美出身者を追い出してしまえば地元失業者が減り経済的に向上するとの考えから『大島人か』といきなりなぐりつけられた」例が報道（南海日日新聞、1954年4月）され、1953（昭和28）年12月25日の奄美の日本復帰後は「非琉球人」扱いになり、選挙権などが剥奪され、後味の悪さを残したまま、同胞であるべき両者は一旦袂を分かつことになった。

最近、コザ暴動（1970年）50年を機に、再び基地の〝夜の女〟がマスコミで次々話題化された。なかでも、気になったのはその女性がことごとく「奄美出身者」のように報じられたことだ。果たしてすべてがそうで、奄美女性たちは好んで夜の街に出たのだろうか。かつて筆者はコザ（現・沖縄市）で奄美出身女性を取材したことがあるが、「タイピストになりたかった」と答えた女性がいた。しかし、現実にはハウスキーパー、ベビーシッターなど厚遇の米兵家族相手の職種は地元沖縄女性に独占され、行き場は夜の世界しかなかったのだ。

復帰から数年後、筆者が通っていた名瀬の小学校に、沖縄帰りの転入生がクラスに一人や二人いた。彼ら彼女らは青い目や黒い肌をしていた。そして、一旦里帰りしたものの故郷に根づけなかった母親たちは、私生児を実家に残し、再び旅立った。

NHKテレビのドキュメンタリー。2020年に入って新聞もテレビも「夜の女性」を実名、顔出しで報じ、「奄美出身」が強調され、女性の立場から女性を慰める言辞で満ちた。

「(沖縄本島のように)アメリカ軍による軍事接収や様々な犯罪・事故といった直接の暴力にさらされることが少なかったということは、奄美の人びとが被った戦後の被害と犠牲が取るに足らなかったことを意味しない。真実は全く逆で、先島を含む沖縄のほかの離島に比べてさえ、奄美の人びとにこそアメリカ軍支配からくる様々な矛盾が最も重くのしかかっていたのであり、彼ら彼女らこそが、その構造的暴力の最大の犠牲者であった」(波平恒男『アメリカ軍政下の戦後復興』)

【注9】

※9-1　1946(昭和21)年1月29日に連合国軍総司令部が発した行政分離に関する覚書によって、奄美・沖縄を含めた北緯30度以南の南西諸島は、日本の政治行政の圏外になった。この指令は2月2日に米軍政府から奄美群島の住民に宣言されたことから「2・2宣言」とも呼ばれ、3月には大島支庁内に米国軍政府が設置され、奄美群島は正式に米国の軍政下に置かれることになった。

※9-2「日本復帰運動の点火者」(『道之島通信』)と評価される爲山道則(1921年生)は徳之島亀津出身。本土で復帰運動を発火させようと一念発起、徳之島から密航船で鹿児島へ。中之島で乗り換え3泊4日、さっそく県庁に乗り込み、県庁幹部の保岡武久(後に副知事、衆議院議員)を訪問する。「しかし保岡先輩は面接を拒否した。なんとか重成格知事に半時間くらい面会できたが、知事は復帰運動をするとGHQに睨まれると消極的だった。母県鹿児島県の冷たい仕打ちに落胆失望した」(南日本新聞・復帰40年特集での本人回顧談)。やむなく宮崎市大島町に赴き、出会った与論島出身・川端秀吉と意気投合、宮崎の地で復帰運動の口火を切った。

第9章　現代の都市と奄美人

徳之島出身者の第２の故郷・神戸長田区大正筋商店街

周回遅れの戦後へ

（1）戦後出稼ぎと金の卵

「(復帰後の)1954(昭和29)年の春から夏にかけて、青年男女・壮年の男性が続々と沖縄から引き揚げてきたので部落は賑わったが、若者たちは30年の秋を待たずに内地への移動を完了したことを記憶している」(稲田健二『實久村嘉入でのこと』)

奄美の戦後出発は、米軍によって分断された8年を除く、1953(昭和28)年末からになる。アメリカ軍は復帰運動へのしっぺ返しに、沖縄で奄美出稼ぎ者追放の裏工作をし、奄美返還が確定すると「釜の底の灰までも持ち帰る、しみったれた拳」(高安重正)に出ながら、返還日の12月25日には「クリスマス・プレゼント」などと見得を切って引き揚げた。そして沖縄に残った奄美人は我慢強く〝非琉球人時代〟を生き、沖縄を引き揚げた者は再び、慌ただしく本土へ流れ出た。

しかし、戦前のそれと様相が変化したのは「切実度」であったかもしれない。悲壮な、生きるか死ぬかの貧者たちの脱出にも、幾分はゆとりが生じ、当然、親や留守家族への送金を背負わされ、相変わらず言葉の不自由から来る孤独や差別に苦しみながらだったのだが、時代も環境も出稼ぎ者自身にも戦後の新しい風が吹き出していた。

なかには、4万人の尼崎同郷者が集う奄美郷友会顧問だった喜界島出身の故・得本嘉三のように、中卒で上阪し鉄工所に就職、社長に気に入られ夜間高校・大学で学び、弁護士として立身した幸運な人生もあった。

昭和40年代の奄美の出稼ぎ者数（鹿児島県統計課「農家の出稼ぎ実態」から）

	計（人）	県内	九州	四国	中国	近畿	中部	関東
1969(S44)年	2,079	112	2	2	1	1,607	113	222
1971(S46)年	2,465	88	1	2	47	1,692	241	389
1973(S48)年	2,020	55	17	0	73	1,281	227	365

※他地区への転出者割愛につき合計数は不一致

現在、神戸市長田区で奄美・琉球民謡の普及活動に取り組む、岩城吉成（1943年生）も戦後出稼ぎであり、昭和30年代前後からの「集団就職」組だった。徳之島町南原の乏しい農地の小作農家に生まれ、小学生時代にはサタヤドリ（畑の一角に設ける黒糖製造用の掘っ立て小屋）から学校に通い、牛追いの手伝いをして育った。裸足で6キロの道のりを往復する中学時代を終え、仲間とシマを離れることに。両親が港に見送りに来ていた。黙り込む父親に「儲けたら送る（送金）から」と声をかけると、父は「名を残せ。金や財産は使えば消えるが、名は残る」と声を搾るように餞《はなむけ》たという。1960（昭和35）年春、「黒潮丸」で神戸へ。初めて見る大都市の絢爛。川崎造船の「坊主」と呼ばれた鉄工溶接見習いで腕を磨き、5年後に独立。毎月、親元への仕送りを続けて来た。

サンゴ礁の波音響く砂浜で、仕事を終えた父親が奏でるカンカラ三線※10-1を子守唄がわりに聞いて育った岩城は後年、生活が安定すると、のめりこむように島唄の世界へ。神戸在住の先輩から「島唄はこう歌えばこう返す」と古謡の在り方を教えられた。島唄の名手・武下和平らから技術を学び、さらに琉球古典音楽をも研鑽。今は同好の士とその普及活動やボランティア三昧。四国徳島の特養ホームにマイクロバスで慰問旅行するなど、この人の行くところ島唄ありだ。最近、体調を崩し一層、ふるさとへの思いが募る日々だと、あの南原の海に思いを馳せていた。

ポーラ伝統文化振興財団事業で「徳之島一切節」を披露する岩城吉成さん

戦後日本が復興から高度成長に転じた1950年代半ば、農村から都市へ草木もなびくように、再び労働力の大移動が

奄美（名瀬職安管内）の学卒者就職状況

年	就職者数（人）	県外就職	都府県別就職先			
1956(S31)	296	254	東京都	岐阜県	愛知県	大阪府
1957	479	437				
1958	412	382				
1959	509	476	43	83	263	39
1960	540	535	29	108	268	78
1961	557	545	85	74	203	90
1962	628	581	67	29	195	196
1963	888	841				

始まった。60年代後半になると55万人もが出稼ぎ出郷し、農家の働き手不足が深刻化。しかしこの時期の特徴は、単身で都市の建設現場などで働き、稼ぎを持ち帰る「季節労働」が主になった。

奄美でも地元建設業の低賃金やキビ収入目減り、大島紬不況で、地元に見切りをつけ、出郷者が相次いだ。高層ビルや高速道路の現場で半年間、型枠大工などで働き、残る期間は帰省し失業保険で凌ぐ「季節労働」が主で、賃金を仕送りし家計を支えた。だがなかには酒色に溺れ蒸発、家庭崩壊が問題化した。こうした傾向は、オイルショック以降は、収入目減りや地元雇用の改善で出稼ぎも大幅に減少、その主力は東北地方に移行した。

一方、「金の卵」と称された1954(昭和29)年からの中卒就職者が、全国から関東・関西の紡績、クリーニング、小売・サービス業に就労。復帰後の奄美からも学帽、詰襟姿のあどけない少年少女たちが、定期船で船出する姿が〝春の風物詩〟になった。しかし島を出たものの、低賃金・重労働の住み込み労働は不評で、離職率が高く、60年代半ばには急速に市場が縮小した。この世代は「団塊の世代」に当たり、今その元「金の卵」は、都市の一角や帰省した故郷で高齢期を迎えている。

（2）海外移民の再開

海外移民は戦後も1955(昭和30)年前後から、ブラジル移民の再受け入れ開始で本格化し、再び移民が増加。多くは大規模農業などを夢見ての離郷だったが、なかにはブラジルが第二次世界大戦で非戦国だったことから、「戦争のない国へ」の出国を希望理由にした者もいた。

宇検村からは1953(昭和28)年、湯湾地区から集落総出の激励を受け12世帯52人が旅立った。左写真の湯湾集落内に架かるコンクリート橋には、欄干に「伯国橋」と刻まれている。この橋は戦後移民した54人から25万円余が「故郷へのお礼に」と送金されてきたもので、洪水のたびに押し流されてきた木橋を建て替え、1956(昭和31)年に竣工。全長わずか4～5メートルの小さな橋ながら〝大きな心の架け橋〟になっている※10-2。

今を生きる出稼ぎ群像

「近代奄美の出稼ぎ・移民」の実像を求め、ようやく「今日」に辿り着いた。明治、大正、昭和を生きた、奄美人の足跡は当然、その数だけ多様で波瀾に満ちている。それは黒潮の流れに例えてよいかもしれない。黒潮は台湾沖から南西諸島を沿うように、時には百キロもの帯になって時速7～8キロで駆け上がり、トカラ海峡から太平洋に入って日本列島を北上、房総半島沖に至る。

黒青色の温かな潮流は、まだ春早い沖縄・奄美の島々の磯を、海

藻アオサが淡緑に染め、それをついばみに魚群が押し寄せ、大地を温め山野を芽吹かせる。そうした黒潮の恵みの一つ、野の花の白い綿毛は春風に乗って舞い上がり、海を遠く越えて旅立っていく。だが、辿り着いた北の地で寒気に枯れ、あるいは豊穣の地を見出せず、ただ彷徨って終わる生涯もありえるだろう。奄美の出稼ぎ・移民者（あるいは生きとし生けるもの全てだが）も、タンポポの綿毛のようだ。南風に乗って、北九州や関西、さらには海外へ飛び立ちながら、果たしてイスラエルびとのいう〝約束の地〟に辿り着けたのは幾人だったろうか。長々と書き綴ってきた最後に、時代に翻弄され続けた奄美人のなかから、経歴も環境も異なる3人にその歩みを振り返ってもらい、〝三者三様〟に過去から未来までを語ってもらう。

（1）島唄「ど真ん中に」

「ぼくが寝ているとね、『つね、つねよし、起きれ、起きれ、起きらんな！』と、おっかあがゆすりおこすんだよ。『ううん……何やがよ』目をもみながら、毛布から首をだしておっかあを見あげると、『あのよ……』そういっておっかあはニッと笑っとる顔をちかづけて、賺《すか》すかのごとくにいうんだ。『あのよ、ミチコー達が兵隊つかまえたしがよ、ベッドが足らん困っておるもん、つねよしがいっとき貸らちょんかな？な？ほんの15分ぐらいやことな』ええっ？とぼくはおどろかされたけれど、すぐに嫌な気持ちが胸に走って声をあげてしまった。『べろやあ！』うちでアメリカ兵相手に飲屋をはじめたがために、ベッドを貸さなければならないこともあるとは……思いもよらないことだったんだ」

基地の街コザで、両親が始めた酒屋兼売春店で育ち、多感な少年期を送る主人公つねよしの日常を描いた、東峰夫（1938年生）の小説『オキナワの少年』は復帰直前の1971（昭和46）年、芥川賞を得た。コザを舞台にその人びとの生態を活写し、沖縄が抱える現実と格闘する名もなき群像の姿は、新城卓によって映画化（1983）もされ、話題になった。だが、作家自身は華々しいデビューにもかかわらず、編集者の意向を拒み、干され、表舞台から姿を消した。都市漂泊の末、最近再び、執筆にかかわり始めているが、その起伏多い〝破滅型〟の生き方は、南島の若者にありがちな行動パターンと言えるかもしれない。「馴染めない」世の中に抗する、〝島インガ（島男）〟特有の堕落志向の処世、性に思えてならない。

東が明かすその人生航路は、ひどく紆余曲折、面倒なものだ。嘉手納での基地勤務を手始めに、看板屋見習い、ブロック工を経て集団就職。東京・神田の製本屋に住み込みながら、執筆の時間欲しさにそこを出て塗装、運送会社を転々、窮して路上生活の一時期も。そして芥川賞の栄誉を得ながら、それに背を向け再び漂泊。ハーフ女性と結婚、沖縄に帰ってスナックを営むも、今度は妻子を棄てて出奔、東京の雑踏でガードマンで生活費を稼ぎ、あるいはコンビニのゴミ箱漁りの時期も。何かに馴染めず、何かに抗してしか生き得ない、妄想型衝動的処世こそ、島インガの特性だ。

そして、『オキナワの少年』とは紛うことなき、これから語る牧志徳（1950年生）そのものではないかと思うものだった。

筆者とほぼ同年の牧志徳と初めて会ったのはごく最近だ。奄美に関する幾つかの拙著を目にしたためだろう。牧は筆者の連絡先を探し出すと、「琉球（沖縄奄美）しまうた研究会」という肩書で、手書きの島唄の集いのチラシや自らの考えを頻繁に送りつけてきた。「唄遊びは奄美の誇るべき文化」「南島人の魂が生き生きと蘇生する場こそ唄遊び」といった自身の考えを長々と綴るのだった。筆者は島唄とは無縁で、その押しつけがましさに辟易した。

だが、次には電話攻勢で自らの出自を語り出した。「ウガミンショーラ(こんにちは)」。奄美語を交え、「秋徳」「嘉手納」「高見」といった地名、あるいは島唄文化、基地と反戦、偏見、差別に関する問題意識を、速射砲のように繰り出すその声を聞くうち、次第に彼が抱え込んだ世界に引き込まれ、電話を終えても暫く声が耳朶から離れなかった。牧志徳には「平野福也」という別名がある。戸籍上もその別名だという。それは奄美特有の一字姓が中国、朝鮮の人びとと混同され、誤解されるのを避けるための、多くの奄美人が取った改名によるもので、本来の、奄美の出自を隠さず、誇るためにと元々にしたのだという。

牧志徳の生まれは加計呂麻島の外洋に面した「秋徳」という小さな集落だ。「第6章　阪神と奄美人」でも触れたが、奄美でも出稼ぎ流出が激しいシマの一つで、戦前、ラサ工業が淀川の大阪湾に注ぐ湾口近く(現・此花区高見)の広大な敷地に、大阪工場を開設、化学肥料などの工業原料用にリン鉱石を搬入。粉砕し製品化する埃まみれの労力を求めたため、これを知った秋徳人が大挙来阪、働き出した。

しかし戦後、奄美は米軍統治領になり、本土出稼ぎの道が絶たれた。このため、島民は基地景気に湧く唯一の脱出路・沖縄へ。牧志徳も2歳の時、軍作業へ出稼ぎする両親に伴われ嘉手納へ。少年期を基地の街の喧騒と混乱のなかに過ごすことに。やがて両親は居酒屋を開業。基地からやって来る米兵が主な客だったが、なかには食い逃げも。ある日、逃げる米兵を追った父親は、その4、5人と乱闘に。ティ(空手)の腕っぷしで、巨漢の米兵を次々と川へ投げ込んだ。その枯川には割れた硝子壜が散乱、重傷を負わせる結果に。米軍から、沖縄からの即時退去を命じられ、やむなく大阪・高見の縁者を頼って嘉手納を離れることに。牧志徳が16歳時の再出発だった。

『オキナワの少年』の主人公・つねよしに牧志徳が似ていると思ったのは、作中の幾つかの描写からだ。①「夕飯をたべていると、突然おっかあが（父に向って）『何やがよ、幸吉にいさんは……。して、銭もはらわんでひん逃げたる兵隊は、捕めえららんでな？』。幸吉にいさんは、おとうのまたいとこで、個人タクシーを経営しているんだ。（父は）『酔うとる兵隊がくるまのなかで暴りて、電柱に衝突せしめたんとよ！』」②「ぼくは逃げながら舌をだして、その家をふり向いた。下水溝のように汚くなった小川の石橋をわたろうとしたら、足のふみ場もないくらいにガラスの破片が散乱している。誰か酔っぱらいが力まかせに酒壜をたたきつけたのだろう」

基地の街に流れ込んだ出稼ぎ者たちは、労働者の乏しい稼ぎの幾分かと、戦場出撃を控え自暴自棄な米兵が撒き散らすドル紙幣の、その裾分けで多くが糧を得ていたが、牧志徳はやがて何度かの質問の後、両親の居酒屋「入船」は、表看板とは別に、店で待機した女性たちが米兵相手に体を売る、売春宿を兼ねていたのだと明かした。そして小説と瓜二つの無賃乗車や食い逃げ、危険な川床についても語り出した。

嘉手納を語る時、牧志徳の表情には生気が蘇る。それは、仲間と国道58号線が区切る基地と市街地を往還し、基地の軍曹が5歳の幼女を虐殺遺棄した「由美子ちゃん事件」（1959・9）や、隣接する石川市（現・うるま市）での小学生ら死者17人、重軽傷210人を出した「宮森小学校米軍墜落事故」（同6月）という、沖縄戦後史でも特筆すべき、血

ロータリーと呼ばれる嘉手納中心地。左手に延びる国道 58 号線の左側が広大な嘉手納基地 (町観光協会)

なまぐさく理不尽な事件に遭遇。あるいは「1千、2千人もの兵士がカービン銃を担ぎ『ワットフォ、ワットフォ』と駆け抜ける」(牧志徳の手紙に拠る)訓練の後追いをした体験が蘇るせいだ。爆音や怒号、血や汗や涙の交じり合う基地カデナでの多感な少年期の日々が、なお脳内でプチプチと弾け、一旦、昔日が蘇ると、その語りは止むことがない。牧志徳はこんな話もした。貧乏な米兵、とりわけ黒人兵は基地内から高級毛布やカンヅメ類を大量に持ち込み、つけ払いをする。なかにはコルト45を預ける兵士もいて、ある日、「居間のタンスを覗くと拳銃が4丁もあった」

「嘉手納から離れたくなかった」。しかし、牧志徳の希望は容れられず、父は家族ぐるみで大阪行きを選択。それ以降、牧が語る自分史は暗く悲惨でさえある。地元の高校に入るが、級友から弁当のミミンガー(豚耳)や豚足を「汚いの食っとるなあ」と嫌悪で見られ、母親にせがんでソーセージや卵焼きに変えてもらった。この時期、大阪の町工場などに沖縄・奄美から集団就職生が流れ込み、それを蔑む都会びとの目線が彼らを委縮させていた。低賃金による生活苦から自殺や犯罪に走る同胞も。牧志徳は愛する郷土への中傷、いわれなき非難が我慢ならなかった。高校を卒業、検査技師の資格を得て病院勤務へ。傍ら、新聞紙上でバッシングされる仲間に胸痛め、救援活動に奔走。1975(昭和50)年、大正区・沖縄会館で「青年の集いガジュマルの会」を発足、その手書きプリントの機関紙をめくると、新規就職者激励会やフォークダンス、エイサー大会を通して沖縄出身の青年たちの交流・連携が広がりを見せていたことが窺える。この頃、沖縄は日本返還と皇太子夫妻訪沖の是非を巡り大揺れ。牧志徳も政治への関心から、関西沖縄解放同盟(準備会)の運動にも参加。連盟の活動は、沖縄返還といった大テーマだけではなく身近な問題にも。〝沖縄スラム〟と呼ばれた大正区北恩加島の浸水被害を元に、区が区画整理事業に乗り出し、多くが住み慣れた地を追われることに対し、異を唱え、移転補償を求めて「クブングヮー闘争」※10-3を展開、出身者社会からも信頼を得ていた。

牧志徳が積極的にかかわった運動の一つに「山口君裁判支援闘争」※10-4がある。山口重光(事件当時25歳)は宮古島から集団就職で東住吉区・D蒲鉾会社で働き始めるが、職場での不仲や夥しいほどの転職、恋愛と結婚・離婚の果てに精神的に追い詰められ、D社社長を訪ねて相談するも邪険にされ、社長宅に放火(1972年3月16日)、夫人が巻き添えで焼死し、殺人・放火罪に問われ裁判に。その山口を支援すべく、若者たちは「たぁーがわっさか(誰が悪いのか)」と事件の根っこの沖縄差別を主題に掲げ、世に問い、牧志徳も最前線で飛び回った。しかし、殺人やその動機の他者の深淵に踏み入れば、自身も返り血を浴びかねない。実は牧志徳はこうした沖縄問題にかかわるなかで自身も女性と出会い、結婚していた。だが、家庭を顧みない闘争の日々に、いつしか不和になり、25歳時に離婚。「自分の家庭さえ守れず何の社会運動か」という自責から鬱病になり、睡眠薬を大量に飲んで神戸港に飛び込んだ。幸い救助され未遂に終わるが、今も妻子を棄てた自責がついて回る。

行き場を失い、実家に戻り、引き籠る息子の姿を見かねて、母親はそっと三線を部屋の前に。牧志徳の音楽好き、その島唄遺伝子が傷心の子を再生させると信じたのだろう。案の定、三線を手に夜の淀川防波堤で狂ったように三線を引き、レコードで島唄を学び、その確かな手ごたえが、壊れかけた牧志徳を再生させた。以降、夜な夜な、高見の住宅街に響く秋徳出身者の唄遊びにも加わり、自身も「関西琉球(沖縄奄美)しまうた研究会」を仲間と立ち上げ、再び交流の輪のなかに。その三線を奏でながら、沖縄・奄美の抱えてきた歴史を語り、島唄を歌いあげる姿はテレビや新聞でも何度も取り上げられてきた。そうした起伏を潜りぬけ、牧志徳が自身の使命のように取り組んでいることがある。それは虐げられ、歪められた沖縄や奄美像を正しく、真っ当なものに復し、基地のない平和な島を取り戻すことだ。そうした信念は、いま隆盛の島唄ブームにも注文をつける。島唄は着飾って美声を競うものではなく、歌詞一つからその底意を汲み取り、かつての唄遊びの世界へ還流すること。そのために牧志徳は今、奈良など6カ所で島唄の稽古指導、大阪駅前で毎週土曜午後3時から「路上平和ライブ」を続けている。「島唄を真ん中に生きる」。梅田のビル街に響く牧志徳の島唄、平和と差別のない社会への心底の訴えが、都会人の心奥に共鳴して鳴り響くといい。「自分の血には沖縄、奄美、関西が3分の1ずつ」。一見、異端に見える牧志徳の言動の向こうに、対立や憎悪の人間不信とは無縁の、融和世界が拓けるのかもしれない。

それにしてもコルト45はどこへ消えたのだろう。

島唄を歌う牧志徳さん

(2)写真家と老牧師

「JR天王寺駅をおりたときから、この町はこれまでみたどの町ともちがっていた。この町はあきらかに特別なのだ。すこし歩くだけでも町は無数の表情をみせてくれた。……怪しげな投機家、人道主義者の極道者、わがもの顔でのし歩く博徒、警察に追われるアナキスト、野宿する私娼たち、嫌われもののジャーナリスト……」

社会学者・酒井隆史の近著『通天閣――新・日本資本主義発達史』（2011）は、いわゆる釜ヶ崎（西成区萩之茶屋・太子一帯、「あいりん地区」とも）を交錯する影多き人物をそう描写している。

だが、その群像で抜けているのは「外国人」と「元・出稼ぎ者」だ。安宿を求めてうろつくインバウンド外国人、ベトナムなどエスニックな八百屋といった新顔を除けば、路地路地に澱みのように横たわるのは、かつての出稼ぎ者たちだ。仕事を求めて流れ着き、手配師のもとで建築現場や港湾作業に駆り出され、〝高度成長ニッポンの礎〟になり、不景気で失業の末にこの街に吹き溜まった、今や高齢者で病気もちの「福祉の世話」になった本家釜ヶ崎人だ。そして、このスラム街が古くは日本橋周辺のドヤ街を立ち退かされ、さらに天王寺から追われ、尼崎・戸ノ内などに新たな根城を拓いた人びとの、古巣だったことはすでに触れたが、そこにはまた身一つで漂着した、奄美・沖縄人が少なくなかったことも記述した通りだ。

したがって筆者が、蒸発した同級生を探しに、真っ先にこの街を訪ねたように、闇に魅かれ、自堕落や退廃に身を沈めようとする者が絶えず流れ込み、そうした街が醸す異質に魅せられ、人びとの交錯が見られるのもこの街の特徴だ。そうした群像の一人に、少年時代、筆者と共に名瀬の街を駆け巡ったと本人が言う、写真家の故・砂守勝巳がいた。砂守は名瀬出身の母親が、基地オキナワに働きに出て、フィリピン人軍属との間に誕生、6歳時に父母と名瀬の街へ。しかし、父親は仕事からあぶれ、「ある日、僕の視界から忽然と消え」、フィリピンに帰って行く。そして15歳の時に母が急逝したその後の人生については、写真集の解説文に拠れば「父よ、あなたに逢いたい！……母と8歳のぼくを残し、30年前父は姿を消した。リングの上で栄光を掴めば、父を探せる。そう思い定め、ぼくはプロ・ボクサーになった。しかし挫折。いったんは父への思いを断ち切った。だが、父に逢いたい。そしてぼくは海を渡った」(写文集『沖縄シャウト』)

人生をかき立てるものは人それぞれだが、砂守のそれは〝父恋記〟だった。名瀬を出た少年は定期船で大阪に向かう。テレビで大阪郊外のジム・トレーナーが、フィリピンで戦死したという、父親の墓参と遠征を夢見て励む映像に触発され、自分も強いボクサーに成ればフィリピンに行けると決心。父の名を冠し「サベロン砂守」のリング名でデビュー、一時活躍するが、新人王戦を前におじけづく。挫折を経て、父親が好きだったカメラの腕を磨くべく、現像所やキャバレーで稼ぎ写真専門学校へ。広告代理店勤務を経てフリーになり、訪ねた広島の〝原爆スラム〟で、補償もなく苦しむ朝鮮出身の被爆者を目の当たりに。アングルを向けるうちに、その被爆者たちが失業の末、大阪・釜ヶ崎へと仕事を求め流出していることを知り、自らも。1年余、暮らしを共にしながら釜ヶ崎住人を主題にした個展『路地流転』を大阪キヤノンサロンなどで開催。この地に沖縄・奄美出身者が多いことを知り、懐かしさから30年ぶりに幼少期を過ごした島へ。ようやく父の生存と住所をつかみ、フィリピンへも。しかし、父との再会は時間の隔たりだけ現実とのギャップも。「いつか、金持ちになって迎えに来てくれると思っていましたから、アバラ家を見た時は愕然としました」。そこに父の栄光の姿はなく、小柄な老人が蹲っていただけだった。

その父恋記は写真集『漂う島とどまる水』(クレオ刊)になって、砂守は1996(平成8)年、第15回土門拳賞の栄誉を得た。ちょうどその何年か前、地元の小さな新聞社に突然訪ねて来た砂守は、自分の

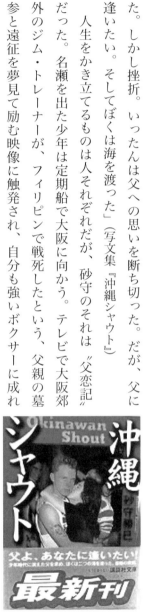

作品集を手渡し、「憶えていませんか。港町で一緒に遊んだことを」と小声で言うのだった。少年時代、わんぱくだった筆者は近所の悪ガキを束ね、街を疾駆したものだった。だが、二つ年下の砂守の記憶はなかった。ただ当時、我が家は汐見町と呼ばれた海べりの一角にあって、一帯には糸満系の沖縄出身者が集住しており、毎日のようにその混住地区で遊び回っていたのは確かだ。またその頃のクラスには一人、二人、砂守のようないわゆるハーフの子がいて、そうした有象無象が蚊柱のように群れて遊んでいたのははっきり憶えている。時を経て２００９(平成21)年、砂守が胃がんで急逝したのを知った。57歳の才能を神が嫉妬したのだろうか。筆者の少年時代の心象風景には、名瀬の街から立神と呼ばれた湾口の小島が眩く屹立していて、砂守も旅中で思い返していたというその姿が、郷愁そのもののように蘇って褪せることがない。

酔いどれから神の子になった人物もいる。

西成区太子1丁目。御堂筋線動物園前駅で下車すると、大通り沿いに「大阪救霊会館」が現れる。会館とは名ばかり、今にも潰れそうなアバラ家の教会を担うのは榮一仰(１９２８年生、本名・一郎)。教会のホームページに「鹿児島県徳之島出身。１９２８年生まれ。労働者としてこの地域で生活していた青年の時、酒に酔って歩いている最中に、路傍伝道により当教会に導かれ、救われる。生駒聖書学院卒業。日本ペンテコステ教団役員。日中親交会代表」とある。

98歳。牧師としてなお一線にあるのだろうか。木板を打ちつけたような扉は閉まっていた。インタホンにも反応がない。調べた電話にかけると女性が。「今、そちらに行きます」。現れたのは妻トミエだった。「牧師は休んでいます」。会って声をかけたいと思ったが叶わなかった。思っていた通り、寝込む日が多いようだ。変わってトミエが牧師の生い立ちを語り始めた。

一仰は徳之島・伊仙町阿権出身。時代は治安維持法の改正、思想検閲とファシズムが進行。阿権は寒村ながら、首里王府之主の子孫と称する大地主が農地を独占、小作料も「7対3」と貧農が生きるのにやっとの地だった。父親の徳哉は妻と3児と共に、種子島へ移住。山奥を開墾、イモを植え、杉を育てる入植生活。一仰は中学を出て、鹿児島で大工の技術を学ぶが、それ以降は、生死背中合わせの危機を何度も潜り抜けている。

この頃、満蒙開拓が国策で奨励され、父親は徴用を避けるべく一仰ら家族と大陸へ。しかし新天地は理想と遠い、満州人の家や農地を奪い取ったもので、奥地で食べ物もなく、入植を諦め帰国。この早い決断が、その後、敗戦後の地獄の引き揚げから助かる命拾いの一つだった。運はついて回る。帰国後、一仰は15歳時に長崎に渡り、造船所で設計部門に入るが、大卒者ばかりで出世が望めず、兵隊に志願。ここでも体格から不合格になり、鹿児島を経て実家の種子島へ。この失意の南帰行で長崎原爆、鹿児島大空襲から命拾いすることに。まさに「塞翁が馬」を地で行く人生だ。

再び奮い立って大阪へ。大工経験が生き、大手ゼネコンに採用に。順調に行きかけていた人生だったが、離婚の痛手を抱え、酒色に溺れて、内面はボロボロ。そうした日々のなか、街中の路上で、太鼓を叩き説教する韓国人牧師の姿に釘づけに。聞けば元レスラーで、やはりアルコール中毒に苦しんできたという。人生をやり直そうと決意し、生駒聖書学院（奈良県生駒市）※10-5で3年間学び、大東市で路傍伝

西成の一角。天井から光が漏れる「救霊会館」で来し方を語る榮トミエさん。円内が夫・一仰

道。しかし耳を傾ける者はない。思い悩んでいる時、声がかかった。西成の救霊会館で活動していた生駒聖書学院の創設者、イギリス人のレオナード・W・クートで、「こっちに、来ませんか」。浮浪者が屯し、酔っ払いの喧嘩が絶えない街が伝道の拠点になった。その頃、群馬県館林に生まれ、23歳で入信、伝道師の道を歩み始めていたトミエが、大阪訪問時に一仰と出会い、苦楽を共にすることに。「酔っ払いが喧嘩して暴れる。借金をせがまれる。あっという間の46年でした」と夫婦伝道を振り返る。「かつてのドヤ街も今はホテル街、「福祉の街」と変貌を語るが、街には取り残されたように独り者が多い。それでもミサに訪れる人が絶えないのは彼らの拠り所でもある証だろう。屋根のボロ板から木漏れ陽が入る礼拝場を見ていると、ネオン輝く通天閣の虚飾とは逆の、心の一灯を見る思いだった。

（3）労働者の権利と希望を求めて

釜ヶ崎で牧師活動を続ける榮一仰のふるさと・徳之島阿権には、明治維新の「解放令」布告後も、多くの奴隷ヤンチュが主家に繋がれていた。

そのなかで1875(明治8)年、自身、ヤンチュでありながら全島を隈なく回り、老若を引き連れ、無代解放を求めデモ行進した「前安」という人物がいた（『徳之島小史』）。デモ隊はやがて主家に迫るが、鉄砲で蹴散らされ、首謀者・前安は投獄・監禁されたという。それ以上、前安について、その生死を含め語るものはない。前安に関心を示す同郷のジャーナリスト、故・松田清は自著『奄美社会運動史』で、「どんな男だったろうか。百年たった今、古老に聞いても消息を口にする人はいない。一族にそんな奴がいたことになれば恥だと考え、死んでも口を割らない封建性のためだろうか」と嘆いている。英雄はナポレオンやリンカーンだけではない。草深い山里にも、ケシ粒ほどの島にも、大都市の雑踏にも、世のため人のために、敢然と立ち向かう無名の英雄はいる。

「武建一」という名を筆者が知ったのは、そう古くない。2010(平成22)年前後だったろうか。

複数の生コン運送会社のミキサー車運転手らが労働組合を結成、車両を連ねて会社に乗り込んで騒ぎ、それを警察・検察が徹底弾圧しているらしい、という話だった。しかも組合活動の先頭に立つのは徳之島出身者らしいというものだった。

日本の労働組合法は戦後の1949(昭和24)年に法制化され、組合結成が保障されている。ILO条約第87号でも、二人以上が組合結成に合意すれば成立し、団結権、交渉権が認められ、日本もこれに1965(昭和40)年批准している。しかし、加入率は1950(昭和25)年の35%から2023(令和5)年、16%に低下、組合離れが著しい。加えれば、日本では企業内労働組合がほとんどで、慣れあいの労使でベア交渉が進む。そこには、業界全体の向上といった本質を問う声なく、ましてストライキなど〝闘う労組〟の存在は遠い昔だ。最近、百貨店労組がストを展開し耳目を集めたが、欧米、とりわけフランスでは農業組合などがトラクターを連ね、収穫野菜を公道にぶちまけ、農政後退に抗議するといった行動が続く。アメリカでは警察官ストも珍しくない。

武委員長(当時)らの即時解放を求め、スタンディング・アピールする組合員(2020・5、京都地裁前)

したがって武が率いる、普段は生コンを運ぶミキサー車の運転手や、重機オペレーターの、〝むくつけきオッサン〟連の組合「関西生コン支部」(略称＝関生、正式名＝連帯労働組合関西地区生コン支部)の、ミキサー車を連ねて交渉に臨む、ド派手なパフォーマンスは、産業労働組合という目新しさもあって話題を呼び、１９６５(昭和40)年に１８３人だった組合員は、１９８１(昭和56)年には3千人にも拡大。その活動で倒産や解雇が多発したオイルショック以降後の業界で、賃上げ、非正規の正社員化を果たすなど実績をあげている。

だが、牙城を脅かされた資本側には面白かろうはずがない。大正ストの口火となった川崎・三菱造船所争議（１９２１）、60年安保と呼応して闘われた三井三池争議（１９５６～６０）と同様、裏で組合崩しが画策され、暴力団がデモ隊に匕首で突っ込み、警官隊が警棒を見舞うといった、かつてと同様の暴力が、こともあろうに21世紀の今日、この労働組合に向けられている。

その警察・検察の弾圧は容赦のないものだ。２０００年代入りから、武を徹底マークし摘発してきた捜査側は、「資本主義の根幹にかかわる」と言ったという日経連・大槻文平会長の発言以降、関西の警察を総動員、関生支部組合員に照準を合わせ、２０１８(平成30)年からでも逮捕者延べ89人に及ぶ。顔は強面な運転手も人の子だ。逮捕、取調、収監の苦痛と、周囲の冷たい目に精神的ショックは大きいに違いない。１千３百人だった組合員はこの頃、６百人に激減した。

しかも取り調べ段階で否認を貫こうものなら、長期勾留、いわゆる〝人質司法〟で痛めつける。日本のこの異常な、容疑者に対する身体拘束で、自白を強要する刑事司法制度は、冤罪（志布志事件など）を生み、国際人権団体ＨＲＷなどからも抗議を受けているが改めようとしない。人質司法の具体例をあげれば、オリンパス粉飾決算事件で共犯として起訴され無罪を主張したY氏は９５０日勾留され、厚労省の村木厚子局長は厳しい取調を１６４日受け、主任検察官によるフロッピーデスク改竄が発覚、無実が証明されたのは記憶に新しい。

武建一も〝人質司法〟に晒された一人だ。武の経歴を辿れば、当然ながら関生支部を率いた運動で、常に警察の標的になり、威力業務妨害罪、恐喝などで何度も有罪判決を受けている。とりわけ2019年、京都生コン協組との金銭やり取りが恐喝に当たるとして摘発を受け、2020(令和2）年の裁判結果を待つ大阪拘置所の収容日数は、その翌年まで伸び、641日にも及んだ。この間、80歳を超す、武の体調を気づかう声が全国から寄せられ、奄美から黒糖を差し入れる者もいた。

武はどういう経緯で生コンの世界に足を踏み入れたのだろう。徳之島という離島の厳しい生活環境から、多くが出稼ぎに頼り、出郷したのは、これまで述べた通りだが、ヤンチュ前安が生まれた集落から北へ約半時間、海沿いのサトウキビ畑を進んだ徳之島空港近く(天城町)に生まれ、都会へ旅立ったその半生は、『関西地区生コン支部50年誌』（2015）のインタビューで語られているので略掲する。

――武委員長は徳之島の出身ですが、なぜ、大阪に出て来られたのですか。

武　私は奄美の徳之島という小さな島で生まれ、中学を出るとすぐに3年間、丁稚奉公です。その頃は日本全体が高度成長の波に乗った時分で、運転手が必要だということで、大阪で働いていた先輩が募集に来たわけです。しかし、親が手放したがらないので、ポン友と二人で夜逃げ、家出ですね。最後には納得してくれましたが、「故郷に錦を飾ってやろう」と意気に燃えたわけですが、何よりもお袋や妹たちの生活の支えができると。1961年の4月です。

――それで大阪の生コン会社に就職したんですね。

武　そうです。西梅田の会社で、当時5階建てのビルですごいなあと思いました。当時の私は160センチあるかないか。ミキサーを希望したんですが、「まだ無理」と言われ、平ボテ車による袋セメント運搬の助手に。ところが、これが焼き立ての熱いセメント。防空頭巾みたいなのを被って担ぐんですが、顔を火傷する。これでは持たんと思い、「募集の条件と違う」と強く希望してミキサー運転手に配属になったんです。

――当時の生コンの労働現場はどんなでしたか。

武　その頃の生コン職場で働いていた人たちは大きく分けて二通りあります。一つは運転手不足という事で、大型免許を持った人が多い自衛隊出身者が多かったこと。この人達は集団教育を身につけ、かつ階級教育を受け入れられるので、経営者にとって従順で使いやすいと思われ、大量に雇い入れられました。もう一つは九州、四国、広島を中心にして田舎の従順な青年。この人達は保守的な農村の出だから、従順で団結するとか要求をするという意識の弱い層でした。労働は大変なものでした。今でいえば3カ月分の仕事を1カ月でやってしまう位の長時間労働。賃金は「1回走っていくら」の歩合給。その上、正月三日以外休みは全然ない状態。当時、会社が借りた寮で6帖に3～4人、4帖半に二人ぐらいずつ詰め込められ、タコ部屋みたいなもので、寮長に私生活まで管理されるわけです。仕事はまだ星の出ている真っ暗な早朝5時頃に、寝ている枕もとでバケツをガンガン叩いて起こされる。社長や職制は「生コンいうのは工事にあわせて運ぶのが仕事よ」という台詞をよく使っていました。つまり現場にコンクリートを流し込む時間に、こちらも車を送り込む。それが早すぎるとミキサー車が遊ぶ事になってしまうし、待ち時間をなくすために出荷も時間を調整して行うというわけです。当時は労働基準法など守られず、工事時間は何の規制もなく早朝から深夜までのくりかえしで、それに合わせて生コンを運び続けました。

――武さんが労働組合に関心を持ち始めた、きっかけは。

武　こんな劣悪な状態の毎日だから、入社したら仕事に耐えられず、すぐに退職という人が多かったわけです。そんななかで、私は入社して3年間はとにかく仕事に生きがいを持って一生懸命に働きました。ところがある日、北海道から出てきた自衛隊出身の仲間がクビを切られる事件がおきました。1964年の初仕事の時に、社長や専務が先頭に立ってピケをはり、その人（K氏）が会社に入ろうとするのを阻止したのです。それまで私は労働組合の「ロ」の字も知らなかったのですが、この光景を目のあたりにして、どうして遠い北海道から出稼ぎに来ている人をクビにするんだ、暴力をふるって職場から追い出すとは何事だという、憤りから労働組合に関心をもつようになりました。

解雇されたKさんは、御用組合をもっと労働者の役に立つ組合にしないといけないと決心して、組合役員改選の時に営業所長が座っていた組合長に立候補したんです。するとKさんに労働者の支持が集まって当選したわけです。職場の組合長が替わるわけですから、会社の方は大変だとなって、つぶしに。暴力団S組が運行管理者という名目で配置され、ジャックナイフをちらつかせたり、「お前は組合員か」と脅しまわり、一方では分断攻撃。さらに生コン部門を別会社にしたり、私たちの組合には賃金査定で差をつけてきたりしました。それでも私たちはへこたれず、もちこたえてきました。

――武さんはこれ以降、労働運動のリーダーの道を歩まれていく。

武　1965年の6月、関生支部結成準備会が発足して、その委員長に年も若い私が選ばれました。

経験もある先輩の方も沢山いましたが、若く元気だけが取り得の私に、一遍経験を積ませて勉強させてみよう、というつもりだったのではないでしょうか。その前の年に役員をやった事すら初めてという私には、とても大それたことでした。こうして4カ月後の65年10月17日、関西地区生コン支部が結成されました。その時、集まったのは5分会183名です。こんな小さい組織が83年の最盛時には3千5百名の組織に成長しているのをみると、組合を初めて作った頃の苦労が思いかえされて、隔世の感に絶えません。支部を結成してからも、活動は決して順調とはいえず大変なものでした。特に私は委員長といっても実際面では未熟でしたから失敗もあり、無我夢中でした。皆からは「支部だけと違うんやで、関生全体の委員長なんやで」とよくいわれ、冷や汗をかきどおしの毎日でした……。

武の回顧はなお続くが、全文は50年誌に譲る。

大小ひしめく生コン業界、労働組合としての変遷、覆い重なる弾圧史……。関生支部と武の「今」を説明するには骨が折れる。そして、そうした複雑さを生んだ一つは、単に条件闘争に留まらず、セメントを高く売りたいメーカーと、買い叩こうとするゼネコンのなかに割って入り、自ら適正価格、値崩れ防止へ、生コン業者へのセメント商品の斡旋に乗り出した新展開による。労働組合の枠を超えた行動に、資本家は危機感を抱いたに違いない。「箱根の山を超えさせない」と言ったという大槻文平会長の発言によくそれが現れているが、同時に2017(平成29)年、関生支部が開いた新春旗開きで選挙闘争を重要視、「安倍打倒」を掲げたことが大弾圧に繋がったフシがある。

それは翌2018(平成30)年、関西一円の警察本部が一斉に摘発に乗り出し、武が再び逮捕され、足掛け3年も勾留される、異常な事案となったことで背景が見えて来る。資本と政治は、この前進する労働組合を、あらゆる手法を行使してつぶさねば禍根を残すと判断、意を体した警察組織が実行したのだろう。政治と資本、警察・検察の〝三位一体〟の組合弾圧の歴史は、近代史をめくれば、そう珍しい事ではない。

関生支部、それを長く率いて来た武(現在、肩書は一般社団法人・中小企業組合総合研究所代表理事ほか)への筆者の関心は、この労働運動が、閉塞した現代社会に風穴を開け、新たな未来像を提示する突破口になりうる、という期待からだ。資本主義社会の席巻に世界はほとほと疲れている。与論島からの集団移住で、三池に渡り、狭い古びた長屋暮らしの老女が「この下の地面ぐらい自分のものにならんのか」と嘆いたという、作家森崎和江が書き留めた老婆の嘆きには、世界が一層、貧富に二極分化し、児童、母子家庭の貧困が深刻化、高齢者が社会の片隅に追いやられる、展望のないものになりつつある。そうしたなか、「オルタナティブ」(alternative＝主流な方法にとって代わるもの)な世界創出への期待が高まりながら、なお議論どまりで突破口を見出すまでに至っていない。だが、筆者が可能性を感じているのは「消費者＝労働組合」の一体化論だ。たとえば、安全で廉価なクルマをまとめて発注し、労働組合がこれを生産販売することで、新しい自動車産業の流れが生まれる。すでにバレンシア大・廣田裕之が『地域的連帯経済入門――みんなが幸せに生活できる経済システムとは』で語っているが、資本主義でも共産主義でもない、民主的な運営で労働者・消費者・地域住民が連携し、経済活動を通して持続可能な市民社会中心の世界を構築するという「消費者協同組合」の提言は説得力がある。

思えば、その先例の一つが、武が構築した「生コンの事業協同組合による経済取引」ではないか。経済学者で労働学校アソシエ学長・斎藤日出治も、関生の産業型労働運動が、「労働組合と経営者との連帯関係を創造することで、大資本の統治下におかれ、中小零細が苦境にあえぐ日本資本主義の産業間および企業間のつながりのありかたを変革する」（近畿大紀要『連帯の生態系を創造する』）と明言している。

ただそれゆえ、改革の旗手には弾圧の刃が向かい易い。武は今、自ら生んだ関生支部を離れる結果になっている。改革・創造は「語るは易く行うは難し」だろうか。しかし徳之島を飛び出し、仲間と労働運動づくりに燃え、民間のしかも荒場で生きてきたその体験は貴重で得難い。目の前の困難を乗り越え※10-6、その到達へスクラムを組み直し、後進に次代を託す先導役を切望する。

生コン産業の企業間取引関係
斎藤日出治論文「日本の企業主導型資本主義と生権力」に拠る。

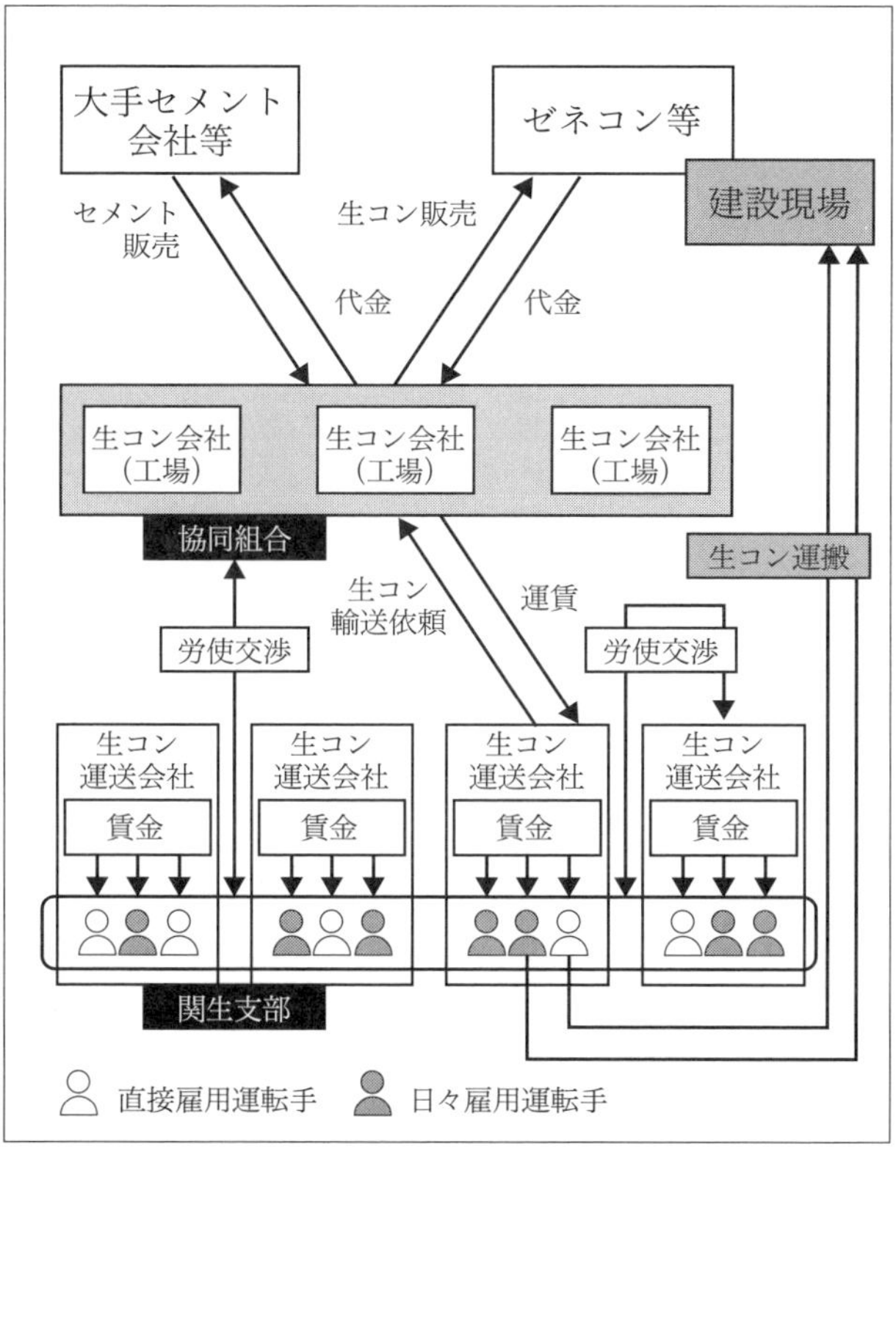

【注10】

※10-1カンカラ三線は地上戦で廃墟になった沖縄で、唄を愛する島民の工夫による三線の代用。米軍支給缶詰の空き缶と、折りたたみ式のベッドの棒切れを棹に、パラシュートのひもを絃にした簡易三線。発祥は沖縄ではなく、戦後の分離中、出身者がカンカラ三線で故郷を偲び広まったとも。奄美でも沖縄からの移入で広まったとされている。本格三線のような独特の音色は出ないものの、貧窮時代を偲ぶ代名詞にも。

※10-2１９９０年代、ハイパー・インフレが続くブラジルから2、3世を中心に日本への〝デカセギ〟がブーム化、群馬、愛知などで〝第2のブラジル〟が形成されている。宇検村ではかつての出稼ぎ帰省者の仲介で、奄美系女性と宇検村在住男性が見合い結婚。芦検地区には6組のカップル(１９９６年現在)が生活、過疎地に新しい交流の輪が広がりを見せた。しかし、時流れ２０２３(令和5)年、現地の模様を取材すると、必ずしもその故郷還流がハッピー・エンドではなかったことを知る結果に。小さな集落での生活に限界を感じて本土へ旅立ったり、離婚、連れ合いの病没も。今も地元の養殖企業で共働きするペアもいるが、ブラジルについて積極的に語ろうとはしなかった。〝新しい村〟の誕生にはなお苦節を経なければならないのかもしれない。

※10-3上地美和に論文『「クブングヮー闘争」と沖縄出身者『社会』』(『日本学報』)がある。「１９７０年代には社会運動そのものが衰退し、転換期を迎えていた。一方、沖縄の現状は『復帰』が既成事実となって以降も『本土』との格差をはじめとして問題は山積していた。本土に住む沖縄出身者も経済・社会的に依然として困難な状況下で生活している人も少なくなかった。このような状況を直視することで、新左翼にも影響されない、沖縄人独自の統一的運動を作ろうという気運が、関西、関東でも胎動する。

この流れのなかで、クブングヮー闘争で中心的な役割を果たす、関西沖縄解放同盟〔準備会〕（以下、沖解同）が1973年に発足。沖解同が組織した運動では、1975年に予定された『皇太子沖縄上陸阻止・海洋博粉砕のたたかい』が知られている。しかし、沖解同は、このような『大きな政治』だけでなく、沖縄人の生活に根ざした問題からも、本土と沖縄の歴史的関係を問題化することを意図し、一定の成果をあげた」

※10-4 山口事件は1974（昭和49）年前後の本土各紙にもベタ扱いながら取り上げられている。それによると、殺人・放火に問われた裁判では、心神耗弱が認められたものの懲役10年（求刑同13年）の判決。「傍聴していた同郷の青年らは『事件の背景の沖縄問題が全く触れられていない』と口々に抗議、二人が退廷させられた」との附記も。父親も宮古島から駆けつけ支援を進めるなか、山口は独房内で自殺、果てた。

※10-5 英国人宣教師レオナード・W・クートは1891年生まれ。22歳で石鹸会社「ラックス」の日本支社長秘書として神戸へ。独立宣教師になり、米国人のエステル夫人と結婚し、横浜で教会をスタートさせた。しかし、関東大震災で教会が壊滅し、現在の西成区に移転。ナメクジがはい回るような廃屋で、ミカン箱でベッドを造り家族と生活。当時日本最大の遊郭として知られた「飛田新地」でも路傍伝道。ネクタイで首を絞められ、生卵を投げつけられたことも。生駒市で5千坪の土地を得たことで、横浜時代から夢見ていた聖書学院の設立を実現。第二次世界大戦の開戦で夫人の郷里、米テキサス州へ移住。終戦後の1955（昭和30）年に再来日し、生駒聖書学院を再開。韓国やフィリピンにも聖書学院を設立するなど活躍した。

※10-6 関生労組への弾圧にはマスコミもまた一過なしとはいえない。ブラック・ジャーナリスト的な関西キー

局、一部新聞は執拗に警察サイドの情報を流し、「生コン業界のドン逮捕」「生コン組合　恐怖で支配」といった、良識が問われかねない報道姿勢で武建一らを〝悪〟とする烙印を押し続けた。その一方で、全国紙の多くは紙面の片隅で逮捕、判決を報じるだけで、背景報道がない。そうしたなか、ドキュメンタリーで評価高いＲＫＢ(毎日放送)が２０２４(令和６)年3月31日の深夜に『労組と弾圧〜関西生コン事件を考える』の放映に踏み切った。その企画意図を「〝これは放っておいてよいか〟――ニュースを日々追うなかで反射的に前捌きしているネタがある。大事な問題をはらんでいるかもしれないのに、人や時間が限られることを言い訳に葬る。関生事件もそうした一つだった」と前置きし、事件を「『どうせ過激な行動をとった人だろう』『反社会勢力とつながっているらしい』。こうして私たちが『関生事件』を黙殺してきた。……関生は労組としてやるべきことをやっただけではないか。遅まきながら考え直す。関生事件とは何だったか、労働組合の意義とは?」と問い返してみせた。私たちは立場や思想を超えて語り合わなければならない。とりわけマスコミの沈黙は「知る権利の放棄」という重大な民主主義の衰弱にかかわりかねない。

第10章　「出稼ぎ世」からの問い

「出稼ぎ世」からの問い

海の彼方から来訪する海神の寄り処・立神(名瀬港)

連鎖する貧困

子供の貧困が社会問題化している。日本でも7人に一人が貧困に該当するという。しかも、貧困は親から子、子から孫へ連鎖し、現状からの脱出は極めて困難だという。

奄美群島の近現代に生じた、大量の出稼ぎ・移民もやはり同様の構図を有していた。近世の「イモを食べて砂糖をつくる」赤貧化した農民の負の遺産が、そっくり近代に継がれ、近代の幕開けと共に市場経済の波に晒され、多くは砂糖価格の暴落になす術なく、故郷から脱出して生きるしか途はなかった。

その大都市での汗と涙の報酬は、故郷の親元に還元され、辛うじて島の経済を破綻から救ってきたが、それもまた出郷者たちの自立を遅滞させた一因に他ならない。つまり近世から近代へ、近代から現代へと負の遺産が連鎖し、奄美を出自とする人びとを貫いてきたことになる。いやそれは過去の物語ではなく、今日でもそうかもしれない。

世界は不条理に満ちている。人口80億人に達した地球号は、ビル・ゲイツのような億万長者一人の所得が、貧しい1億人分にも匹敵するという。それは驚きを超え、世界が石油や金融、ＩＴなど一握りの資本家に支配されている現実を改めて示すものだ。ケネス・ボメランツが『グローバル経済の誕生』で嘆くように、大衆は一握りの王たちの奉仕者なのか。この奄美の島々で繰り返された飢饉と、その解消法としての出稼ぎ・移民もまた、近代化で想定された資本主義の成熟過程に過ぎなかったのだろうか。

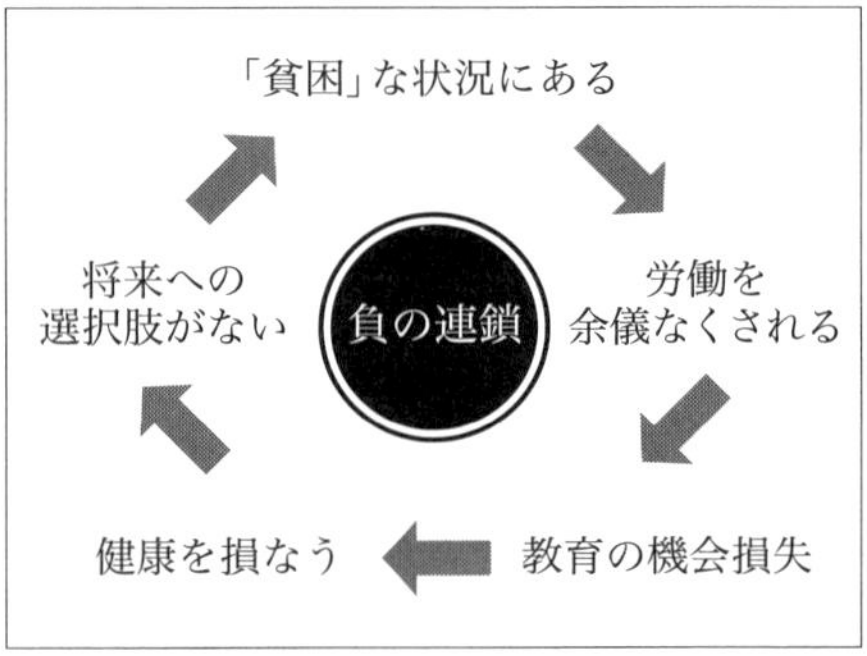

現代の「負の連鎖」イメージ図。しかしその構造は封建期のそれと大差ない。

個々の出稼ぎ実態から、さらに課題別に論考を進めてみる。

(1) 飢饉と人口過剰

①人は多すぎ土地は狭いか

「ほとんどすべての移民が、かつて彼らが小学校以来たたきこまれた〝人口が多く、土地が狭い〟からであるという既成概念の所有者であり、異口同音にこのことを我々に語った」。京大総合経済研究所『ブラジル移民実態調査報告書』(1955)は、沖縄からのブラジル移民が、その移民理由を「過剰人口」「土地狭隘」を挙げたことを指摘している。実態もそうだったか。

「土地が狭く人口が多いということは一般的な事実としても、しかし、こうした自然条件だけで沖縄県民の析出されてくる過程を説明するのは多くの無理がある。基本的には『現実の窮迫と将来への不安』という経済的な原因がその根底にあることは周知のことである」と史家・安仁屋政昭は『移民と出稼ぎ――その背景』で分析している。

この指摘を踏まえれば、出稼ぎ・移民が進取の気風や、開拓精神によるとするのはごく例外的な美談であり、人口過剰や土地狭隘を理由とするのは、実際は表向きの、いかにもな説明に過ぎない。

誰が人口過剰論を言い出したのか。満蒙開拓を推進した拓務省は、分村計画を打ち出すのに際して、その目的の一つを「母村における耕作面積の拡張」といっている。当然、関東軍の要請による戦場植民であることが大目的だが、併せて人口調整を国家的に行おうとする、露骨にいえば、貧困層の追い払いだった。それは1899(明治32)年の与論島民の三池集団移住で明らかなように、農奴ンダが集中的に排除され、口減らしが敢行されたのと同様、少ない食糧の分配を増やすためであり、併せて増産の契機にしようとする計略が見え隠れする。また宇検村のブラジル・満州移民にも、そうした底意が感じられる。土地がどうしようもないほどに狭隘なのではなく、それは貧農層を排斥する口実で、森崎和江は『与論島を出た民の歴史』で「三池の与論村の存在は明治期の棄民であり、資本の労働力確保のための巧妙な罠だった」として、さらに「満州移民は日本帝国主義が中国侵略のため開拓者という美名の下に、全国の離島民や貧農階層を労働力として酷使し放置したところの、より意図的な国家による棄民政策」だと断じている。もっと言うなら、この国家による棄民を後ろ盾になって促進していたのは、与論島に限らず至る所にいる〝小さなビル・ゲイツ〟ではないか。

②マルサスの罠

「マルサスの罠」という経済用語がある。経済学者トマス・マルサス（1766〜1834）が登場した1790年代は、産業革命による急速な技術革新で世界的に人口が急増し、それに対する食糧危機が叫ばれていた。つまりこのまま人口が増えれば、食糧を食い尽くすという不安だ。マルサスもまた現状の分析から、人間は2倍、4倍、8倍と等比級数的に増えるのに対し、食糧は1倍、2倍、3倍と等差級数的にしか増えないとし、食糧危機論に立った。だが、実際はそうならなかった。産業革命はエネルギー革命、交通革命にも連動し、遠隔地からの食糧調達が容易になったからだ。

したがって一見理路としたその学説は「マルサスの罠」と否定され、人口増大と食糧増加は「調和的に進行する」との理解が今日では定着している。

ところが、奄美では戦後まで人口増加は飢餓に直結するものとして、常に最重要課題であり続けた。1953(昭和28)年の奄美復帰直後、鹿児島県知事・重成格は実情調査に全島を巡回視察したが、与論村では2千人の島民が詰めかけ熱烈歓迎、その懇談会で与論村長・龍野通雄がこう訴えた。「与論島は狭い耕地面積に比べて人口が多い。なんとかして、1年間に百戸、5カ年計画で5百戸を本土へ移住させ、1千5百～2千人程度の人口を減らしたい。県が移住地を斡旋してほしい」(実島隆三『あの日あの時』)。村長の思いつき発言ではない。村としての要望事項であるから、当然、村民同意があってのことだろう。結局、この要望は県調査団の報告書から除外されるが、戦後もまた棄民こそ村の再建策だったのだ。明治の集団移住では三井の搾取、地元民の白眼視に晒されて、出郷者たちが塗炭の苦しみを味わった情報は、当然、島にも還元されていたはずだ。そうした失政を顧みず、居住の自由も考慮せずに、再び移住を俎上に載せる為政者の姿勢に驚かざるを得ない。

ほぼ同じ時期の復帰直前、運動を牽引し〝奄美のガンジー〟と称えられた泉芳朗も毎日新聞座談会で、「復帰後の理想的な大島経済、輸出入などに対する設計図は」と問われ、いの一番に「人口はどうしても15、16万人にして、7、8万は外に出さなければならない」といっている。この頃(日本分離中)、基地景気に湧く沖縄には奄美から4～

マルサスの罠

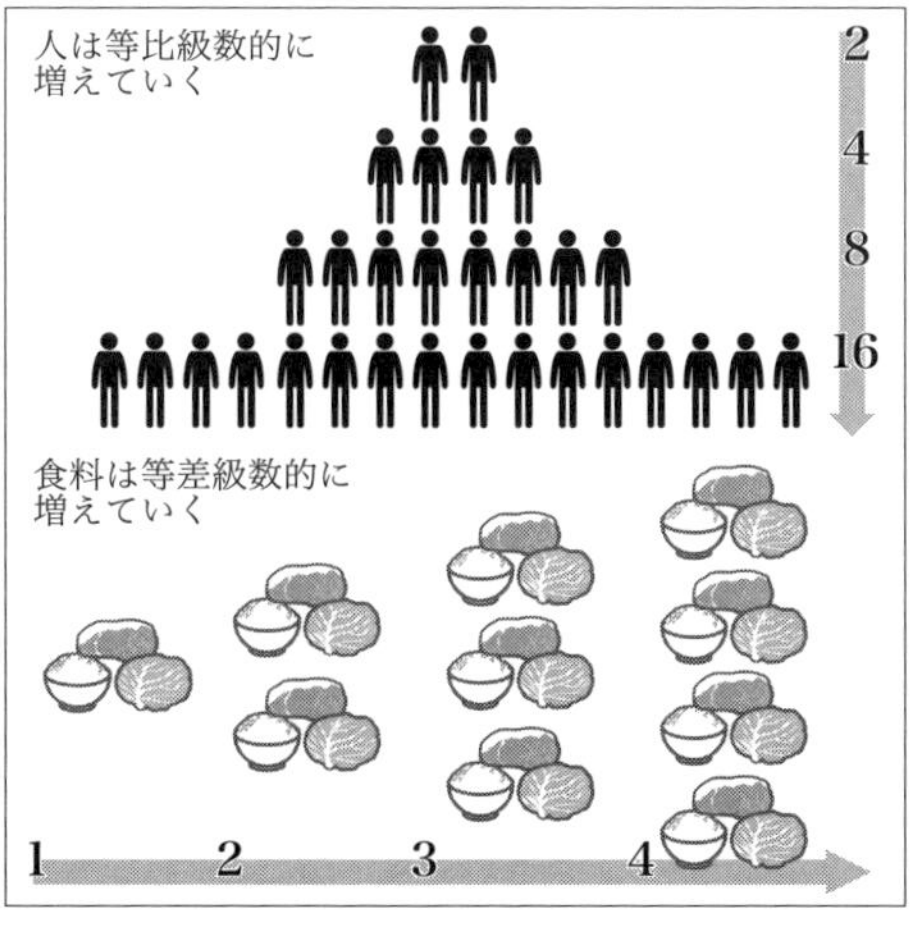
人は等比級数的に
増えていく
2
4
8
16
食料は等差級数的に
増えていく
1
2
3
4

5万人もの男女が出稼ぎ中で、一部の犯罪行為や売春が現地で問題視された。復帰によって沖縄からの追い出しが過熱する時期を前にである。彼ら彼女らは好んで島を出たのではない。そんな人びとの止むに止まれぬ事情や背景が考慮されていない。サイパン・テニアンの南洋移民では、〃バンザイ・クリフ〃に投身する悲惨な結末を生み、長崎では女子挺身隊員らが被爆、満蒙では引き揚げ中に殺害・自決が相次いだのは、そのつい前の出来事だった。そうした悲惨を知りながら、なぜこうも平然と過剰人口の排斥を語れるのだろうか。

(2) ガーシヌ世への恐怖

①空腹と伝染病

奄美の人口増への異常な危機反応は、「ガーシヌ世」が繰り返し襲い、酸鼻を極めた歴史にもある。次頁表は奄美で起きた伝染病の発生状況(『代官記集成』)を18世紀の部分だけ抜き書きしたものだが、さらに「▼1900年=奄美大島で夏~冬にかけ麻疹、赤痢流行。死者多数▼1901年=沖永良部島に赤痢発生し罹患5百人。台風により赤痢ますます猛威▼1912年=亀津、島尻村の一部に腸チフス流行。約60人が死亡」と20世紀に入ってもガーシヌ世は続く。

平凡社『日本残酷物語』は離島における伝染病の実態を、「流行病というものは、病菌が常在しているところではそれほど猖獗を極めるということもない。ところが離島のような人口の少ないところでは、ひとたび伝染病がはいると、すべての住民が病みつくしてしまう。そして病菌はその地から姿を消す。20年、もしくは30年たって、ふたたび病気が外から侵入したときは、島には免疫を持たない人がおおぜい住んでいて、病菌はこの人びとのあいだに猛威をふるうのである」といっている。

　餓死は食うものがなく、空腹で死ぬのではない。凶作が続き、栄養不良状態が長く続き、体力低下の疲労のなかに死んでいくのだという。同時にそうした衰弱者に暴風雨・旱魃、伝染病が重なって、累々たる餓死が生じる。島の古老たちはそうした過去の惨状をよく記憶していて、「アンピラ(菰)に包んで海辺に埋めた。それもままならぬ時は近くの隆起サンゴの岩穴に棄てた」と語っている。肉親を失いながら、悲しみの感情さえ湧き出ず、遺体の山を目に、ただただ恐怖心に慄いたのだろう。だがそれは、食糧増産や恐慌作物の備蓄体制づくりに向かわず、人口の排斥、本欄がテーマとする「出稼ぎ世」へと雪崩打ったことになる。

　奄美の人口推移を見れば、

日本の人口推移と奄美

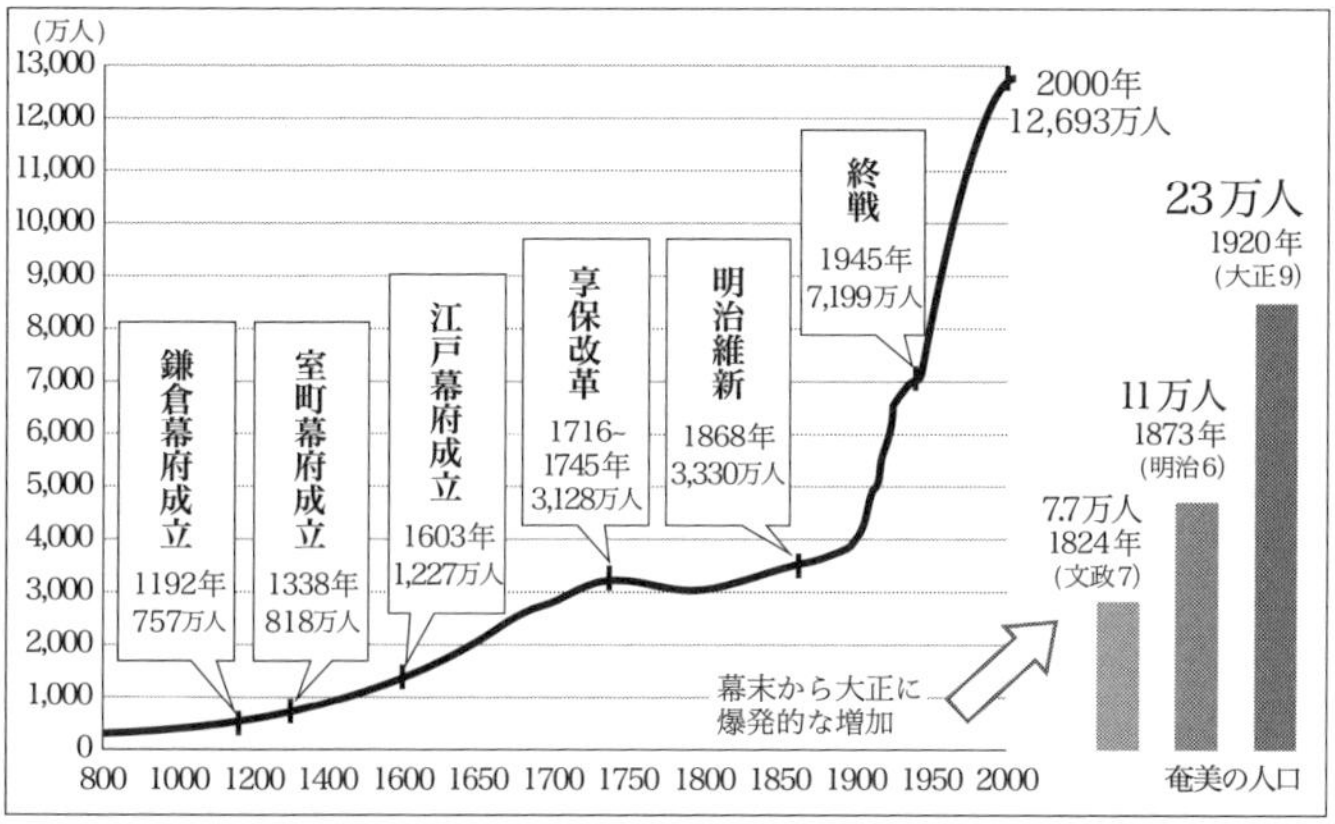

奄美18世紀中の伝染病発生状況（代官記等に拠る）

1708（宝永5）	徳之島で疱瘡流行。冬より春まで大飢饉。餓死多し
1736（元文元）	大島、徳之島に天然痘流行
1740（元文5）	徳之島に疱瘡流行。亀津村で悪霊払い踊り興行
1743（寛保3）	喜界島で疱瘡大流行
1767（明和4）	徳之島に天然痘、喜界島に疱瘡大流行
1772（安永元）	春、徳之島に悪疫。翌年5月に及び死者1,700人余
1778（安永7）	与論島で疱瘡大流行。大飢饉、死人多し
1790（寛政2）	徳之島で冬より天然痘大流行。481人死亡

1824〜1920（文政7〜大正9）年のほぼ百年、つまり幕末から大正期に、かつてないほどの爆発的な人口増加が生じていたことが明らかだ。日本全体のそれが、明治維新から20世紀末までの長期間なのに対し、奄美では急速に生じ、短期間でしぼんでいる。それはこの期間に出稼ぎ・移民の大移動が生じ、島民の生産・消費活動が減退、出生率にも災いしていたことを示すものだ。

②稲作回帰への願望

人が死ぬと、仏前に一膳めしが供される。奄美も同じで、飽食の時代から見れば陳腐に見えるだろうが、かつて寒村・離島では「いつも月夜で米のめし」の歌のように、腹いっぱい白いめしを喰うのが夢でさえあった。したがってせめて冥土に旅立つ者への餞にと、なけなしの金で白米を用意した。しかし、仏壇に用意された一膳めしを死者はもう口にできない。そうした哀れさ、悲しみは遺族たちの思いを、かつての黄金成す水田時代へと回帰させ、食糧に成り得ないキビ作を強いる、お上への怨念へと転じさせただろう。

薩摩藩が首尾一貫、17世紀から2百年近くも、奄美三島で主にキビ作を強制、黒糖生産を強いて膏血を搾り取ってきたことはすでに書いた。とりわけ1777（安永6）年の専売制以降、「およそ生産上の妨げになる一切の古代的家族社会の風習を徹底的に破壊して、社会を一変させ、ひたすら島民を黒糖生産に向かわせて、その全余剰の収奪を図った」（原口虎雄『幕末の薩摩』）のである。

明治11年の奄美特産物生産額（日本農業発達史）

品目	生産量	生産額	比率
甘蔗（砂糖キビ）	97,675千斤	195,350円	41.7%
甘藷（イモ）	89,087千斤	178,176円	38.1%
米	8,046石	50,958円	10.9%
藍葉	228千斤	12,576円	2.7%
大麦	168石	6,975円	1.5%

だが、当然ながらその労働力の確保上からも、最小限の飯米の確保の必要があった。すると「ひたすら水田を干し、キビを植える」だけの農業だったのか、という疑問が浮上する。右表はやっと封建の楔から解放されようとする、1878(明治11)年の奄美の特産物ランキングだ。驚かされるのはイモの生産量が異常に多く、米が相当数生産されていることだ。

恐らく状況は幕末段階でもほぼ同様だったのではないか。稲作の実態についてはほとんど史料がないが、奄美大島南部の豪農、篠川村・芝《し》家文書では、その郷士高29石はキビ作方23・6石、田作方5.9石で成り、4対1の比率で稲作が行われていた。しかし、その委細を見れば、キビ栽培地を侵食しないよう、イモ畑を「屹立、殆ど登るべからず地に多く植うるもの」(『南島誌』)と山間地に押しやり、さらに飯米の恒常的不足を補うために囚人食だった赤米を普及させ、「薄田にうゝるのによろしく……」(『成形図説』)と、山間の冷水田での栽培を勧めている。加えて島民にはイモを常食とするよう命じた。

そこには飯米を充実させ、「ガーシヌ世」を回避し食糧増産、農業振興で地域を守るのだという意識、「百姓撫育」精神が感じられない。同じ藩領内ながら、海を隔て地縁血縁薄い奄美を異邦視して、血の通わない統治を続けた結果にさえ思えてくる。

奄美の「八月踊り」や「シバサシ」とよばれる節行事を見ていると、それは祖先供養と同時に、かつての稲作全盛を恋い慕うものにも見える。宇検村芦検という奄美大島の内海に面した小さなシマでは、「稲スリ節」という島唄とこれに合わせた寸劇が継がれている。一団が脱穀作業を演じて、歓び

幕末の『南島雑話』に描かれた貯蔵蔵から砂糖代米の配当が行われる様子。米の支給を前に誰もが真剣極まりない表情で分配を見守っている。

一杯に舞い踊る所作に、五穀豊穣などというありきたりを超えた、主食・米への神格化と、長く稲作が中断を余儀なくされた間もそれを忘れずにきた、島民の強力な稲作復帰への執念のごときが感じ取れる。「稲スリ節」はかつてはどの集落でも歌われていたというから、おそらく稲作の衰退で姿を消すことになったのだろうが、その美味しいご飯への渇望は、イモさえ食えなくなった飢饉の繰り返しのなかでも生き生きとあって、ひと夏の終わりに三日三晩、夜を徹して老若男女が踊り狂う「八月踊り」の陶酔に、その秘めてきた記憶の限りを蘇らせ、アブシ枕（稲穂が畦を枕にするほど豊かに実るさま）の復活を渇望している。

したがって、明治維新からほどなく起きた「勝手世騒動《かってよ》」は、換金作物・黒糖の自由売買とヤンチュ解放への一大反封建闘争であると同時に、作物の栽培の自由、とりわけ稲作回帰への願望をも秘めたものだったといわれている。もっといえば、苛斂誅求の上に、飢えを頻発させ、結局何一つその解決策を示そうとしないお上、支配層に、稲作こそが島々の飢饉解消策であることを提示したのではないか。

沖縄もまた繰り返し、「ガーシヌ世」に見舞われた地だが、共通していえるのは、日本の米どころで見られる水田の整然とした区割り、かん漑の江戸時代から連綿と継がれた農地整備が、南島では決定的に欠落してきたことだ。佐賀や熊本の広大な稲田に、田植え期になると水路に水が音高く流れ、秋にはたわわな実りが黄金の世界に染め上げるのを見たシマの農業委員が、彼我の差に打ちのめされる思いだったという話を聞いて、肝心な農地への公共投資がこの島々では手付かずだったのではと思えてくる。ただただ、搾取の対象として農政が継続されたところに、島々の不幸の源泉があり、したがって「ガーシヌ世」は薩摩藩の支配論理が招いた側面が強い。

「差別」を問う

(1)「ヨーロン」の悲劇

奄美の出稼ぎ・移民の負った苦難は、①遠隔地労働者に対する賃金差別、②納屋制度的な隔離策での労働搾取、③地域民による賤民視 —— といったものに起因している。それは産炭地やコンビナート地帯に限らず、基地オキナワでの出稼ぎ労働でも被ったものだった。

そして、それら被害を先鋭的に、しかも集中的に受けたのは、与論島民の集団移住に思えてならない。まず移住者そのものが、島に於いて極貧状態に育ち、教育と無縁な環境にあった。したがって自ら判断し行動する主体性に乏しかった。一方、雇用側である三井は、国の払い下げで得た三池鉱を、囚人労働によって企業的成長を遂げ、採炭量拡大への人夫採用では「世に慣れざる者」、つまりサボタージュや逃亡がない、ただ黙々と働く平百姓に照準を合わせていた。そうしたなかでの「ヨーロン」の大量採用は低賃金策を進める経営方針上も理想的なものだった。

それは、初めて与論島移民が示した三井への反発、賃上げ要求を報じた、「福岡日日新聞」1919(大正8)年9月10日号の記事の前置きにも見ることができる。

「三井港石炭荷役人夫として与論島人を使役、三河町与論長屋の一廓を設け1千3百人を居住せしめ、荷役に従事しつつあるが、彼等の生活状況は内地人と比較して極めて低級にあり、朝鮮人以下の粗食に甘んじ、労働能率は監督宜しければ却って内地人以上の成績を示し、之までほとんど無意識的に従順なりしが……」

そこには自らの境遇を抜け出し、身分上昇を遂げようとした、奴隷ンダの切実な思いとは逆に、転出地では大資本の思惑にからめとられ、言葉など生活文化の差異を理由に長屋隔離され、朝鮮人以下というランクづけによって労働搾取が平然と行われていた実態が示されている。そこに至る不幸の出発点は、まず1899(明治32)年の被災地救恤がこの島ではほとんど顧みられなかったこと、三井物産はその窮状を勿怪の幸いに募集に乗り出し、契約や条件提示が文書化されないまま、鹿児島県、大島島庁、与論村がひたすら推し進めた棄民政策に起因し、それを大資本が差別的待遇する、幾重もの差別構造で生み出されたものに他ならない。そしてそれらはやがて、与論島民の不幸にとどまらず、奄美人へのレッテル貼りとなって、関西その他の紡績女工、工員の低賃金・酷使に結びつき、苦渋をなめさせられる結果になった。

翻って見れば、維新政府が得意満面で発した「解放令」は、自立とは真逆の隷属に困窮者を押しやり、しかもそれを社会が排斥する苦渋を強い、新たな差別社会を派生、拡大させる、〝二重の奴隷化〟ではなかったか。

「『ヨーロン』『ヨーロン』。この言葉は三井独占の街として育て上げられてきた大牟田の街においては、一種独特の意味を含んで使われている。それは『チョーセン』『チョーセン』と朝鮮人を、日本の植民地的、帝国主義的政策と、その教育の下で、『朝鮮人』に対する人的差別と軽蔑をもって呼びならわしてきた、日本人の支配者的朝鮮観と全く同じ感情をもって呼ばれてきたのである」

そう書くのは『三井鉱山と与論島』の新藤東洋男だ。そしてそれが、「『特殊部落』として一部の日本人を蔑視し、差別して来たものと全く同じ感情を含むものであった」と言い、維新政府によって解決されそうに見えた被差別集落問題が減るどころか、むしろ近代の資本主義体制下で拡大再生産されている事実を挙げている。

してみると「ヨーロン」問題もまたそれらと同様に、差別の拡大再生産が生んだ被差別部落の延長上の問題として捉える必要がある。与論島労働者が囚人以下の待遇に置かれたこと、戦時中に本土疎開した奄美人が、戦後、中韓出身者と同様に日本からの退去を勧告されたこと、基地オキナワでの労賃が「米国――フィリピン――日本――沖縄――朝鮮――奄美」の順に設定され、売春の値段も同様にランク分けされていたこと。それらは「日本人に成りたい願望」（大山麟五郎）の奄美島民を落胆させたに留まらず、「非日本人」「半日本人」さらには「非琉球人」としていた事実を、事実として受け止める必要がある。

（2）「差別」の根っこ

辺野古基地に反対する沖縄県民の抗議活動に、機動隊員の一人が「土人」という差別用語を浴びせ、反発を買ったことがあった※11-1。当然だろう。沖縄はアジア太平洋戦争で国内唯一の地上戦が引き起こされ、20万人もの死者を出した。「再び戦場にするな」は戦後沖縄県民の大悲願であり、意に反して基地付き返還になった、政府への不信はなかなかぬぐえそうにない。そうした苦しみのなかに、新たな基地造成に反対を叫ぶ県民に発せられた言葉の暴力は、鋭い刃になって沖縄県民に突き刺さったに違いない。

探検家で自ら好んで大島島司になった笹森儀助は、奄美の指導層に対して「土人なり」と平然と記している。少数・弱者への思いやりを忘れなかったこの人にしてこうである。元士族という尾骶骨の名残りからか、時代がまだ無分別だったせいか。だが言葉は当人の意識、無意識に関わらず、独り歩きして他者を傷つけ、社会を分断させる悪魔的作用を秘めている。

本土から派遣されていた機動隊員がなぜ「土人」という差別用語を用いたか。一般的な言葉でないだけに、潜在的なものが噴き出たという指摘もある。「土人」という言葉がどのように生まれたか、その歴史的背景を記してみる。

戦前の人気漫画物語に『冒険ダン吉』がある。島田啓三が描くこの作品は、主人公の少年ダン吉がボートで舟釣りをしているうちに眠りこけ、気づくとヤシの木茂る「蛮人島」に漂着、そこで島の王様になり活躍するストーリーだ。1933(昭和8)年に「少年倶楽部」に6年間連載されたというから、よほどの人気だったのだろう。改めてページをめくると、ダン吉が腰ミノをして腕時計をはめ、靴を履いて黒人をしたがえている。その出で立ちが少年読者たちを夢へと誘ったのか。ダン吉は島で学校や軍隊をつくり「蛮公」たちの文明開化に寄与するが、作者・島田に侵略主義、植民地支配者の意識があったわけではない。作品は「私が少年時代から持ち続けてきた夢の展開」であり、「その頃の少年の夢は、末は大臣か大将に成りたいと相場が決まっていたが、どうしたはずみか探検家になった」。そして「当時は南洋群島が日本の委任統治領であり、南進論が南方開発という形で押し出され、ちょうど日本中の目が南方に向けられていたので、冒険ダン吉の活躍舞台として、南の島は最適であった」と記しているように、当時の日本人の南進気分が、自らを文明人に位置づけようとする願望、それを映し出していることが分かる。

その〝土人のシマ〟南洋には、貧窮にある沖縄・奄美から「第2の沖縄」と呼ばれるほど多くの移民が渡航した。その人口バランスは、本土人に階級意識を芽生えさせ、一等国民を日本人、沖縄・奄美を二等国民に位置づける、動機になった可能性がある。そうした公言憚られる差別の本音を、あからさまにしている一書がある。「忘れられた島々―『南洋群島』の現代史」には、沖縄・奄美移民が差別された理由を、困窮した下層民が多く、島でも貧しい身なりで生活を送る様子から「日本人だけでなく、島民からも蔑視の視線を送られた」と断言、こう記す。

「戦前期の日本人（内地人）にとって、沖縄の人びとは『植民地の住人』であった。現在も意識の底流にその差別意識がないといえるだろうか。そして植民地でもないのに、『新参』の南洋群島の住民は勝手に三等と決めつけられた。太平洋戦争の末期、沖縄と『第2の沖縄』である南洋群島が本土防衛の捨て石とされた要因として、この二等、三等観が無関係だったとは思えない」

残念なのは、作者が1961(昭和36)年生まれという平和憲法下で教育を受けた戦後世代であることだ。沖縄を植民地だったとの誤認に立脚し、しかも沖縄蔑視の偏見で組み立てた文脈に、違和感と同時に、なぜ差別された側の証言を汲み取らないのかと甚だ残念な思いだが、ただその一部の指摘は一考に値する。それは「南洋群島の戦いは被害の実態を見れば沖縄戦である」「南洋群島の悲劇は沖縄戦の悲劇の地続き」という件だ。南洋での玉砕は、移民地を焦土に変え、沖縄戦は出稼ぎ者の原郷を廃墟にした。沖縄の人びとは、そういう本土の植民地意識、日本本土から分断された無意識の中に過去を奪われ、現在までも焼き払われたのだ。

そして、やはり思いを巡らすべきは楽園の南洋を地獄にした戦争の悲惨さだ。この出稼ぎ・移民考でも、奄美からサイパンやテニアン、パラオやポナペの島々へ、渡った人びとを紹介してきた。その戦場、玉砕の島々を生き抜き、祖土に帰り得た人びとが語るのは、むしろ悲惨な戦地のそれではなく、バナナやマンゴーがたわわに実り、熱帯魚が手づかみにできた楽園の思い出だった。彼らはその時、棄民などではなく、支配者のはしくれに他ならなかったのではないか。元来の所有者・チャモロなどの少数民族がかつて祖土を追われ、彷徨える民として細々と生きている現実……そうした存在に気づき、彼らに同情を寄せた者は皆無だった。ただ一人、イチュマン漁師、さらにテニアン農家に売られた名瀬出身者が、「現地の男の子に歌を教えてもらった」と少年期の現地体験を語る時に見せた、その暗い生い立ちとは逆の、一瞬光射す表情に、民族の優劣、支配・被支配、言葉の壁を超えた、真の人間愛を見た思いがした。

南洋群島（諸島）

だれが、何のために「土人」などという他者を卑しめる造語を生み出したのか。振り返れば、それは日本の帝国主義路線と表裏一体だったことが分かる。すでにこの国では、土着民や原住民を「土人」と呼んできたし、蝦夷地への進出で出会った先住者アイヌを土人化し酷使、虐待した。その揚げ句に1878（明治11）年になると、開拓使通達でアイヌを「旧土人」に〝格上げ〟した。単一民族国家の体裁の為にアイヌ民族を日本国の一員に組み入れる必要があったからだ。

その後、土人化の波は帝国主義路線による近隣の植民地化で、台湾、朝鮮、中国へと拡大していく。そこでは台湾・生蕃の首狩り風習や、朝鮮の婿いじめの奇風を切り取り、その国々の文化が野蛮、異様と誇張し、自らの文化的優位性を喧伝し、日本を先進国に仕立て上げようとする国家ぐるみの意図が働いていた。したがって日本人を文明人であるというゆるぎない確証のために、近隣の国々、さらに東南アジア、南洋群島に土人を発見する必要があったのだ。しかし、そうした文化的優位性なるものは実に根拠のない、頼りないものが多い。そのために、衛生観念といった精神領域までが対象化されていく。

日清戦争が勃発した時、「果たしてあの大国に日本が勝てるのかねえ」といった議論が東京市民によって語られている。漢字から宗教までも導入、手本としてきた母なる国、文化大国に挑むのは無謀という戦争懐疑論だ。すると、当局は中国式便所やタン壺の風習を切り取り、「不潔、不衛生」な国民に仕立て上げた。日清戦争は一面、衛生観が引き起こした戦争でもあったのだ。そうした大国気分のなかで生まれたのが１９０３(明治36)年、沖縄の知識人を怒らせた「人類館事件」※11-2だ。沖縄女性を見せ物のように展示して県民を怒らせたことは当然として、残念なのは新聞論調などの怒りの矛先、問題意識が「アイヌと同列視」された侮辱へ向けられていたことだ。同じ少数、弱者への同情、連帯に向かわず、むしろ沖縄を本土と同等化しない処遇への不満を示すもので、当時の沖縄の限界性を見る思いだ。

「土人」という言葉は、黒人差別にみられる肌の色、分かりやすい身体的特性を指標にしたものとは違って、地域や国といった土地、その居住者を卑しめるものだ。こうした目に見えやすい指標から、次第に目に見えにくいものへと変容し、差別主義は今日も増殖を続けている。

そうした一つが「帰れ」というヘイト用語だ。在日コリアンに向けられたこの言葉には、その裏側に「この場所（国）から出ていけ」「お前の居る場所じゃない」との意味合いが含まれている。川崎市在住の女性がネットで「敵国人め。国に帰れ」と攻撃され傷ついたとして訴えた訴訟で、２０２３(令和5)年10月、横浜地裁川崎支部は、「悪意のある差別的な言動だ」と指摘、「名誉や尊厳などが侵害された精神的苦痛は非常に大きい」として194万円の賠償を命じた。これまで「殺せ」や動物に例えるなどの脅迫的なものや、名誉棄損にあたる言葉と違って、明確に違法性が認められなかった「祖国へ帰れ」という言葉が、ヘイトスピーチと認定された画期的判決といえる。この訴訟で地裁に意見書を出した同志社大・板垣竜太教授は「在日コリアンの2、3世にとって、祖先の出身地は朝鮮半島だが、生まれ育った国は日本。多くの人びとの生活基盤は日本で、『帰る』ところなどない。『帰れ』とは歴史的経緯を踏まえない理不尽な言葉。『帰れ』がそうした人びとに深刻なダメージを与える背景には、日本政府の排外的姿勢もある」と指摘している。

奄美の出稼ぎ者が差別を恐れ、「奄美出身」と名乗れず、ひた隠しにしてきた過去を思えば、言葉のもつ暴力性、残忍性を感じずにいられない。

作家であり評論家で、奄美をも訪れている川村湊はこう書いている。

「日本人は、戦時中において欧米人を『鬼畜』と呼び、植民地、占領地のアジア人を『土人』と呼んだ。それらの呼称は、自らのことを『人間』であり、『文明人』であるとする日本人の矜持に基づいているが、それが偏狭なショービニズム※11-3と結びついたものであり、さらに日本人自身がアジア辺境の『土人王国』から脱却し、〃脱亜入欧〃を達成すべき悲願としてきたことを、故意に忘却しようとした結果であることは明らかなことなのだ。『日本人』対『土人』。冒険ダン吉による地球儀の視点が、昭和という時代を蔽っていた時から半世紀が過ぎ、今日本は自らの野蛮で未開な『土人』的行為の責任をアジアから広く、深く問われているのである」（『大衆オリエンタリズムとアジア認識』）

(1)「トラウマ」の克服

「私は小6でしたが、そのころ田舎から上神して来る老人が、芭蕉布と草鞋履きで、よく道に立ち止まって話してましたが、姿はみすぼらしく言葉も解らないので、友だちから『島人』『桜島大根』と馬鹿にされたことがあります」「(小3の時)遊びに来た友人に『君の国は鹿児島や云うとったけど、本当は××やろ』といわれショックを受けた」。いずれも西村雄郎『阪神都市圏における都市マイノリティ層の研究』に登場する、沖永良部島から神戸に渡った戦前移住者の証言だ。

奄美の出稼ぎ者を苦しめた偏見、蔑視、排斥は想像以上に、彼らの精神機能を破壊し、心理的苦痛を与え、それが元でトラウマになって、長く尾を引く例が少なくない。過去の記憶を、乗り越え得ないほどの被害が長時間、継続し続けた結果だが、なかでも最も深刻なダメージを受けたのは与論島移住者ではなかったか。

〽ヨーロン　ヨーロン　軽蔑するな
ヨーロンにも位《くらい》があるぞ
大めし食いの位があるぞ……

新藤東洋男も記すところだが、この歌は昭和初期、三井城下町・大牟田で流行ったものだそうだ。この歌の背景を知る手がかりが1913(大正2)年9月の福岡日日新聞にある。

「内地人との結婚は彼等の最も恥辱とする処であって、専ら血族の結婚をやってゐる。それと同時に驚くべき早婚が行はるゝため か島民の多数は体躯矮小にして気力亦普通内地人に及ばず。其の常食が栄養不十分なる粗食にも拠るであろう。彼等は米の飯の味を知らずして薩摩芋の美味をこの上なき上食と考えている」。紙上には連日、何か特別な発見でもあるように、「奇妙な風俗風習」「焼酎の酔いに浮かれ」「与論長屋の故島」「鎖国主義の気風」と与論長屋が書き立てられた。こんな報道もあった。「三池港に与論長屋という珍妙な長屋建ての1部落がある。……便所の設けがあっても糞尿は溝のなかに垂流し、沐浴は2カ月3カ月も垢に染まった五体を真裸にして焼酎の酔いに浮かれ、単調なグニャグニャした踊りをおどって……」

まだメディアが新聞、雑誌に限られ、その普及も限定的な時代だったが、それでも与論人を知らないほとんどの九州人には、新聞情報は強烈なインパクトになり、よほど特異で奇怪な集団に捉えられたことは疑いない。だがその名誉棄損された、最下層の労働集団ユンヌには、抗弁する標準語も、反論の場も、訴え出る訴訟費用もなかった。

差別、暴力が珍しくない、産炭地労働者社会の荒っぽい気風のなかで、一層ユンヌは奇譚視され、「人類館事件」以上の侮蔑のなかに、「ヨーロン」という新たな被差別集団が産み落とされていった。

当然、差別は子供社会をも容赦なく浸食する。与論島移民団には子連れも多かったが、当初の要望の一つ、子弟就学は無視され、口之津時代はごく一部、移民集団の特権層子弟だけに限られた。そうした就学組の一人、監督役・東元良の二男、東可梯がこんな回顧談を残している。

「私は口之津で生まれました。小さな頃は母に連れられて道船のたまり場まで行き、そこでひとり遊んでいました。誰も知った人がいなくて、いつも黙ってじっとしていました。本家には本妻がいて、私は父がいたずらして生まれたんですね。口之津小学校に入りましたが、言葉がわかりません。町の子と遊んだ記憶もありません」

また、その後の三池在住時についても、「強い差別を受け、土地の子供から〝ヨーロンが来た〟と侮られ敬遠された」と過去を語っている。この証言には幼年期から社会に爪弾きされた一員に育ちながら、差別を理解できず、ただ圧迫感を感じてもがく、悲惨な体験が込められている。

可梯は福岡県立八女中学校を出て、母校・三井三池尋常小三川分校の代用教員を振り出しに、大正末に与論帰島。与論小校長、教育長にもなった教育者だが、その人物をしても乗り越え得ないほどの差別、暗く重苦しい記憶を抱え込み、それによるトラウマが生じていたことが窺える。

最近のブログに「戦後、福岡の実家で生活していた頃、隣地に男性が野宿していたが、父は『あれはヨーロンだ』と言った」と、父親が浮浪者＝与論人という認識だったことが全く与論島と無関係な人物によって明かされていた。「ヨーロン」は口之津、大牟田の限定した地域の認識に留まらない。広く九州に拡散し、しかも浮浪者と同義語にさえなっていた。

そうした戦前の差別は、奄美出身者そのものにも拡大、適用され、関西への出稼ぎ者、さらに国外の移民にもついて回る。出身者の多くが自らの出自「奄美出身」を名乗らなかったのも、そうした蔑視から逃れたい一心からだったに違いない。結果、「吾々大島郡に住む者は色が黒く普通語によく通じて居らぬのでどこそこで愚かな者だと軽蔑されます。私も神戸の川崎本社等に約3年間ほどいましたのでよくそんなことがありました」（『奄美』1926・2月号）といった証言のように、自己卑下によって防衛し、自らの宿痾として背負い込むことになる。

可梯と面談したことのある新藤東洋男は、「こうした差別を解消するには、差別の実態を掘りおこし追求していく他には、その手だてはありえない。感情的問題を単に取り除くことは、本当の解決に成り得ない。本質的矛盾を解消しない限り、差別問題は常に再生産されていく」と記しているが、まさに問題解決のボールは奄美側の手中にある。

また、医学者・風間興基は沖縄・奄美出身の出稼ぎ者に「(都会生活者のなかで)少なからぬ数の者が精神科的な苦痛を覚え、罪を犯したり、自殺する者もいた」と症例研究から明かにし、「出稼ぎ精神病」と名づけている(1978『現代のエスプリ別冊』)。そして出稼ぎ精神病の真相は、大都市の社会精神病理への適応の失敗でなく、むしろ次第に大都市生活に傾斜していく自分の内面における同一性危機であった、と述べている。こうした医学的見地からの分析からも、南島の出稼ぎ者が複雑かつ深刻な精神的ダメージに晒されていたことが分かる。

奄美のかかる長い広範な鬱屈、結果としてのトラウマと、どう対峙して克服するか。まず新藤のいうように、自らの被害を認識し、加害責任を問う一歩を踏み出すことではないか。沈黙は何事をも解決せず、過ちを過去に押し流し、あるいはさらに助長させる危険性さえある。その声を押し出すには仲間との連携が何よりだ。「今さら」としり込みしたり、時効とする声もあるだろう。だが、なぜ差別が生まれ、どんな被害が生じ、加害者にその責任を認めさせ、反省と謝罪、賠償を求めることは被害者の務めでもある。

筆者はとりわけ与論島移住者、その3、4世が、団結して三井に対して、差別労働とその苦痛を強いた、過去に対する償い、雇用側責任を法的に問うべきだと考える。そうした被害の掘り起こしは、二次被害を招きかねないという指摘もあるが、告発はトラウマ解消にも役立ちうる。そして、再びこうした不幸が繰り返されないよう、強制労働被害※11-4で賠償訴訟を闘ってきた、朝鮮・中国の人びとと連携し、国際社会に訴えることも重要だ。

過去を単に悔恨に流して、弱虫な人間で終わるのではなく、進んで名誉回復と賠償を求める行動こそ、差別を生み出さない社会への挑戦である。

(2) 外国人労働者差別

「私たち家族はソロカバナ沿線のコーヒー農場で働いていましたが、炎天下の昼夜の労働に耐え切れず、ある夜、4、5家族で夜逃げしました。昼間は銃を持ったバンカーがいたからです。昼間は茂みに隠れ、夜になると一斉に線路沿いを歩いて、十日目にようやくサンパウロに辿り着きました」

宇検村からの戦前ブラジル移民・Aさん(1916年生)の証言(岩井幸一郎『ブラジルの大地で』)を読み返して、思い出したのが「ウィシュマさん死亡事件」※11-5だった。

スリランカ国籍の女性ウィシュマさんが不法滞在で名古屋入出国在留管理局に収容され、体調悪化。仮放免の許可が認められず、適切な医療も施されないまま2021(令和3)年3月6日、急逝した。事件をきっかけに、全国各地で入管行政への批判が燃え広がり、収容者の処遇改善を求めるデモも起きた。来日した遺族が事件の真相解明を求めた結果、ようやく監視カメラが公開に。そこには入管職員の、苦しむウィシュマさんへの暴力的言動が映し込まれていた。「姉は入管職員に殺された」と訴える肉親。国会での映像公開を見た、立憲民主党の階猛衆議院議員も「やっていることは拷問」と批判した。

事件は遺族、支援者よる刑事告発(いずれも不起訴)だけでなく、政府が提出予定だった入管・難民認定法改正案に対する反対運動にも繋がり、2021年5月、政府は国会提出を見送り、改正は一旦は立ち消えになった。

この事件に当初からコミットし、ウィシュマさんの悲劇を再び繰り返すなと訴え、国会で証人に立つなど、精力的に活動を続けてきたのが弁護士・指宿昭一（1961年生）だ。指宿はこれまでに多く入管、外国人労働者問題に取り組み、現在、ウィシュマさん遺族側弁護や、入管の民族差別・人権侵害と闘う全国市民連合代表などを務めている。こうした活動が高く評価され、アメリカ国務省から2021年、人身売買と取り組む日本人二人目の「ヒーロー」として認定された。44歳で司法試験に合格した〝苦労人弁護士〟は時事通信のインタビューで、外国人労働問題に取り組むことになった端緒を、弁護士になってすぐ、岐阜県の縫製工場で働く20代中国人女性らが、残業時給3百円程しかもらえず、不払いが多いとの事件依頼を受けたことによる、と語っている。弁護士登録以降に手掛けた入管問題は130件を超えている。

国会の国家戦略特区法改正案審議で参考人発言する指宿昭一弁護士

日本の外国人労働者の受け入れ制度は将来展望を持たず、本音と建前が交錯して〝複雑怪奇だ〟。政府はこれまで、大規模な移民受け入れ、特に単純労働者の受け入れには否定的な姿勢を取ってきたが、少子高齢化、労働力不足が深刻化するなか、様々な制度の下で多くの外国人が来日し、暮らしているのが実態だ。法務省がまとめた2020（令和2）年段階の統計によると、在留外国人数は289万人に達し、3カ月以上滞在予定者（OECDによる2018年の主要国への移民調査）はドイツ、米国、スペインについで日本は52万人と4位につけ、移民大国化している。

なかでも技能実習生の増加が著しく、2020(令和2)年には約40万人に達しており、ベトナムや最近ではネパールからの流入が増えている。深夜営業のコンビニが回り、寒冷地・長野のレタス栽培が維持されているのも、そうした外国人の若者らの労働による。しかし、その実習生には夜逃げが少なくない。来日するのに多額の手数料を徴収され、日本で働いて返済する前提になっているが、職場が変えられず、残業を強制され、パスポートも取り上げられ監視される。「おカネを稼ぐ」ためにやってきた海外の若者たちは、こうした「酷い実体」から夜逃げを敢行、仲間と安アパートに潜伏、〝不法就労〟で暮らす例が少なくない。

失踪実習生は、法務省の2022(令和4)年調査で9千人に上っており、アメリカ政府が「実習制度は人身売買に他ならない」と口を極めるのもそこにあって、「ヒーロー指宿」らによる活動に望みを託すが、指宿はまたウィシュマさん死亡事件をきっかけに世論喚起にも奔走、「実習制度は人権侵害の温床」と廃止を訴えている。

だが、この国の行政システムは妙に意気地だ。立ち消えたはずの改正入管法が再びゾンビのように息を吹き返した。政府は2024(令和6)年6月にも法改正に踏み切る構えだが、そこでは強制送還までの間、監理人※11-6の監視下に置かれ、さらに難民申請は3度以降は強制送還の対象とする、有無を言わせない強権的な制度に変えようとしている。加えて、技能実習制度は廃止して「育成就労制度」※11-7なるものに変える、改正案がすでに閣議決定された。この措置を「看板の架け替え」にすぎないと野党側は反発。日本のおざなりな移民政策は捩れによじれ、これによってさらに外国人労働者の人権侵害は増えそうな気配で、指宿の東奔西走も続きそうだ。

振り返れば、今日の外国人労働者問題は、昨日の日本の出稼ぎ・移民の苦悩の〝裏返し〟に他ならない。奄美移民を含む多くが、貧困を背負って飛び出した異郷で酷使され、言葉や習慣で差別された苦しみを思えば、私たちの国は、日本に働く場を求めやってくる若い外国人に温かい眼差しと手を差し伸べ、その自立を助け、日本体験者が帰国後も尊敬する国の一つであってほしい。激動する国際経済のなか、ブラジル2世らが〝デカセギ〟にくる時代が続いてきたが、再びまた日本人が〝出稼ぎ〟する時代へと逆戻りしないと誰が言い切れるだろう。

指宿は神奈川県生まれだが、父親は名瀬、祖父母は徳之島出身の〝奄美2世〟だ。勝手な思い込みだが、弱い立場の外国人労働者の救援に走り回る指宿の姿に、古里を棄ててしか生き抜く術がなかった、奄美人のDNAが疼き、正義感に突き動かされているように思えてならない。

指宿は奄美についてコメントを求めた筆者にこんな回答文を送って来た。

「私の父は、終戦後、鹿児島で高校に通っていましたが、東京の大学に行くための資金を借りるため、鹿児島から米軍占領下の奄美へ、さらに奄美から鹿児島へ『密航』しました。米軍占領下の奄美と本土の間には『国境』があり、『密航』という形でしか越えることができなかったそうです。国境とは、国がその時々の都合によって引くものであり、それを適法に越えられなかったとしても、それには相応の理由がある場合があります。私は、そういう〝密航者の子〟です。奄美2世である私は、日本におけるエスニック・マイノリティーであり、『日本』を単一のものと捉え、『日本人』と『外国人』の間に線を引いて、全く別のものとして扱うような考え方には強い違和感を覚えます。私が、外国人労働者や非正規滞在外国人（在留資格のない状況で滞在する外国人）を支援するのは、日本が、国籍や民族やエスニシティの違いを認め合って、お互いに人権を尊重し合う社会になってほしいと思うからです。そして、日本という国には、沖縄・奄美や北海道を内国植民地とし、台湾・朝鮮を植民地として、植民地の住民を差別してきた歴史を反省し、その反省の上に、真の他民族・多文化共生政策を取る国になってほしいと思っています」

新時代への旅立ち

（1）「出稼ぎ世」の帳尻

奄美からの出稼ぎ・移民者は一体、何人だったろうか。統計は一部で、虫食い的にしか存在せず、それを元に類推するしかないが、戦前までに限っていえば概ね「42万人」とみられる。その根拠は、①奄美の寄出人口が寄入を上回り始めるのが１９０７（明治40）年からで、戦時徴用を除き日中戦争が始まる１９３７（昭和12）年までの30年間を積算期間にした。②いったん出稼ぎに出ながら、短期間に出戻る帰還者比率を35％とした。③出稼ぎ・移民（兵役・失踪を含む）の出郷者数が１９２７（昭和２）年、５万６千人を最大値に５千～２万人で推移しており平均値を年１万８千人とした。これらを①×②×③で弾いたのが35万１千人だが、これに統計に表れない呼び寄せ移住者などを20％加算して得たのが42万１千２百人だった。

数値は積算根拠のあてはめ方で変わる。海外移民や植民地移住を考えれば、さらに数値は上下変動し正確性に疑わしさを残す。しかし、現在、「関西在住奄美人30万人」といわれ、その他の京浜や沖縄定着者が少なくないことを考慮すれば、戦前の出郷奄美人総数42万人という数値は必ずしも的外れとも言えないのではないか。

(2) 死者たちの大都会

しかし、問題は総数ではなく個々である。出郷者のどれだけが「幸せ」な人生を獲得したか。それは誰にも弾き出せない数字だが、体験談などから窺いうるのは、言葉や生活文化の違いから、長く壮絶な苦闘が続き、それらをようやく乗り越え、奄美出身者であることを心の支えに、各々の地で足場を築いていることだ。もちろん大成者もいるし、なお孤立無援の逆境の人びともいる。残念ながらその多様な出身者の、ごくごく一部しか触れえなかったが、取材で気づいたのは時間の推移と共に、シマを出たものと、シマに在るものの隔たりだ。彼らのなかから「郷愁」は遠のき、「郷愛」に変化しつつある。確かに関西、関東における郷友会活動の活発さを見ると、時代を経ようと、親族が減ろうと、郷愁はゆるぎないものに見える。しかし、「愁い」は減り、「愛」という姿へと、何か心を掻きむしられるようなものから、美しい情景を愛でるようなものに変容しているように思えてならない。

生き替わり死に替わりするのが世の習いだから、致し方ないことだが、その見えない心象変化を形として覗くことができるのは〝出稼ぎ者の墓地〟である。

大阪府豊中市に服部霊園がある。この市営霊場ができたのは戦前だが、戦後、市民の安らぎの場にと、緑地公園が整備され、緑が茂り噴水が舞う一角に隣接してできた霊園には、都市近郊の利便性もあって、大阪府民が墓石を建て、花を手向ける姿が今も絶えない。

この服部霊園には、奄美出身者も多く墓地を所有している。それは大阪消防局長を務めた加計呂麻島・西阿室出身の赤井次郎が、シマを遠く離れて暮らす出身者が残してきた墓地の荒廃を、唯一の心残りにしていることから、有志と計らい、共同墓地建設に乗り出し、大阪市との交渉によって、26家の墓地を確保、1956(昭和31)年3月に1期工事が完成。「鹿児島県出身者有志之墓地」の石碑と西阿室から取り寄せたソテツを植樹。これをきっかけに多くの奄美出身者が墓地を建てるが、その一人、盛本恭生は記念誌に「赤井さんの発案で大阪に我々の墓地を造ってはとのお話で、赤井さんを発起人に敬祖会を結成、服部緑地に立派なお墓を建立できました。私も25年ぶりに西阿室に墓参り方々、新しい墓への納骨の為にシマに帰ることができた」と書いている。

こうしてシマの墓が次々と墓じまいされ、祖先の遺骨は出稼ぎ者とともに海を渡り、大都市の霊園に引っ越すことになった。それは死者の故郷との永別に他ならない。今、関西に限らず、本土に根づく奄美出身者の墓の引き揚げが続いている。

(3) 神と幻想の喪失

出稼ぎ者集住や郷友会組織に見える、奄美びとの強固な紐帯、愛郷精神はどこに源があるのだろう。孤独な都会で労働の厳しさ、言葉一つにさえ疎外を感じる暮らしのなかで、母村を手がかりに、懐かしい奄美語をやり取る束の間の喜び、そうしたシマを媒介にした交流は確かに日常の得難い歓びだったろう。だが、そうした刹那なものを超えて、「シマ」という言葉が秘め持つ、DNAから呼びおこされるような陶酔感は、海山のなかにある奄美の集落、小宇宙のなかで、生まれ落ちて後、死を遂げるまで、村落共同体の醸す年年歳歳によって骨肉ぐるみに育まれたものではないだろうか。それは八月踊りや島唄、盆正月といった歳時記を通して彩られ、旅立った祖先との思い出のなかに、形づくられたもののように思われる。

奄美には年に1度、海神が遥かに遠いネリヤカナヤから訪れ、全ての幸と平等で平和な社会をもたらすのだという、神観念が育まれている。遠い旅路を経て旅装を解いた神に、その下部の巫女ノロたちが「どうか旅の物語をお聞かせ下さい」と乞い、自らは暮らしの炉辺で起きた、この1年を語り出し、やがてその興の極に、突然「ティチナティ（一つになって）遊ボ、ダシマイチ遊ボ」と神との渾然一体、陶酔の境地が演じられ、村びともまたそれに和して歓びに浸ったものだったという。

「ダシマイチ」については、おもろ草紙の王府首里を指す「ダシマ」に行こうという呼びかけと、抱いて真座りしようという所作の掛け合わせともいわれてきたが、最近、仲松弥秀の論考『ニライカナイの神と在住神』で、『古事記』に「あまえ」という言葉が登場するのを知った。そのなかでは、「『あまえ』とは神と村人が一つ座に、相隔てなくたがいに神酒を飲んで歓び合っている」様と解されており、これこそが「ダシマイチ」の世界に他ならないのではないか。

巫女ノロを媒介にして、神と一体になって歓び合う境地こそが、シマびとの至福であり、その高みへの到達にすべて日常が費やされてきたのだろう。そしてその海神こそ、遠く旅立っていった祖先であり、此岸と彼岸は足しげく行き来され、死者と生者は永遠に一体であり続けてきたのだ。

だが、出稼ぎに多くが去ったシマでは、取り残された巫女たちが老いさらばえて、次々に姿を消し、もう神歌によって海神を呼び寄せる術もなくなってしまった。あの歓喜の舞踏を繰り広げて来たゲス（男衆）たちも、その神と一体になる共同幻想を失い、グシャン（杖）を突いて浜辺に佇み、ぼんやり沖を眺めるだけだ。そして祀り手のないシマの墓地は、出稼ぎ者が祖先もろとも異郷に引き揚げ、新たな墓碑を刻むに至って、沈黙の風景のなかに閉じ込められようとしている。それはまた、奄美、あるいは奄美人の「出稼ぎ世」の終焉の姿に思えてくる。

奄美の出稼ぎ・移民史は、暗澹とした過去を浮かび上がらせる。

しかし、全てが悲惨で、絶望的であったわけではない。異郷の地で同胞が相支え、島唄や踊りで苦境を乗り越え、今や40万人ともいわれる出身者と2、3世が、全国各地で根づいている。そこに島人の逞しさと、海洋民族の大らかな精神を見る。時を経て2021（令和3）年7月、奄美・沖縄は世界自然遺産に登録なった。南島の自然への評価はそれに留ま

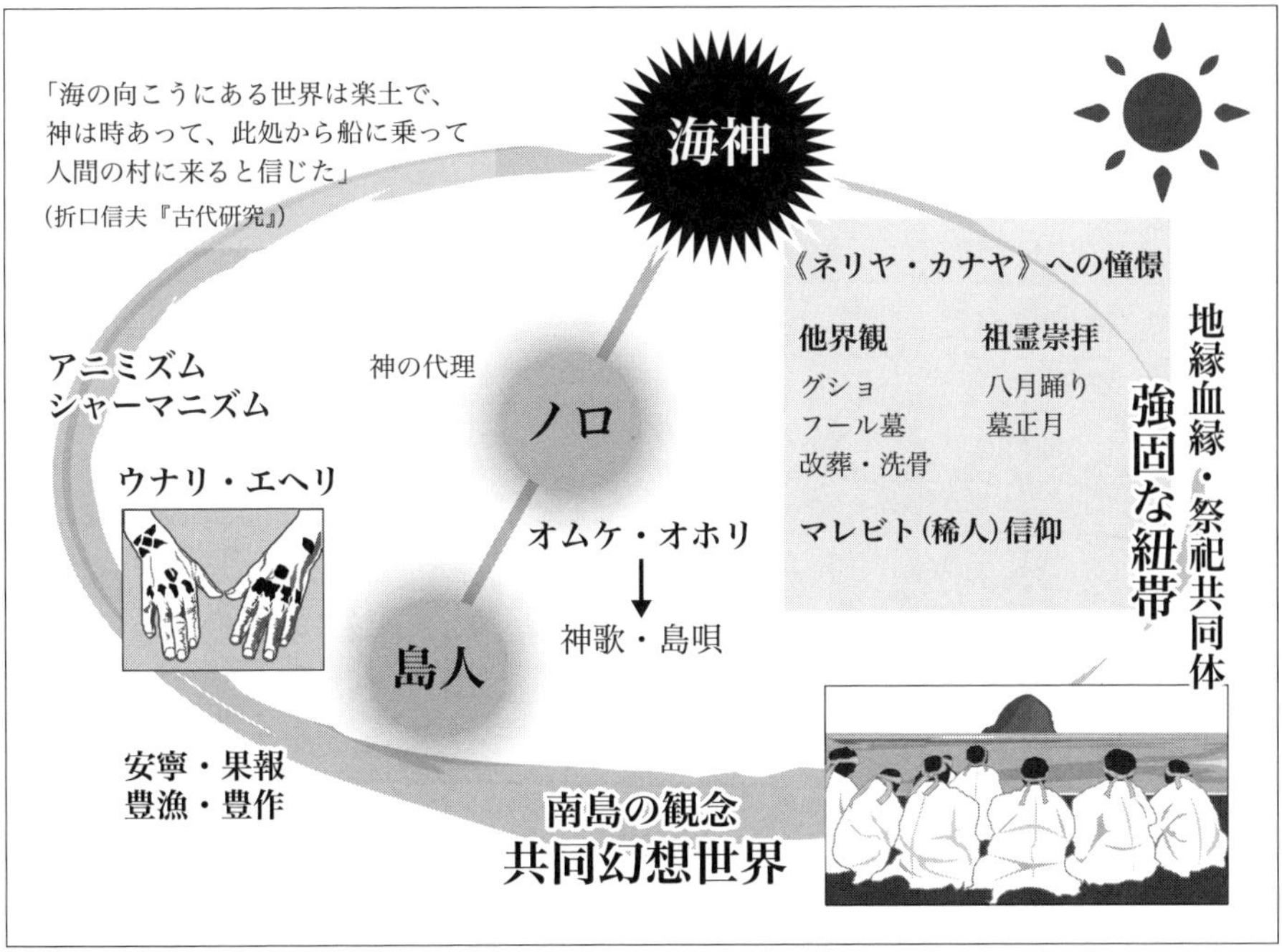

らず、国内外から注目され、出身者が誇りをもって出自を語れる時代になった。もう奄美出身であることをひた隠しし、卑屈になった時代ははるか昔だ。

だが、長く苦しかった過去を、忘却に流してはならない。不幸の元凶である暴力や迫害、排他主義の残滓はなお形を変えてうごめいている。入管法による外国人労働者への差別は、昨日まで海外で苦心惨憺した奄美の先人たちの境遇に他ならない。そうした国家・社会が抱え込んでいる闇に光りを当て、真に平等で心豊かな時代の実現のために、沖縄・奄美の体験は生かされなければならない。もっと進んで、社会問題に対する認識を深め、弱者や悩める人びとに手を差し出そう。それこそが「出稼ぎ・移民史」の到達点でなければならない。

【注11】

※11-1「土人が」と罵られたのは、沖縄の芥川賞作家・目取真俊その人だった。本人が２０１６(平成28)年沖縄タムス紙に当時を書いている。「10月18日の午前9時45分頃、ヘリパッド建設が進められている東村のN1地区ゲート付近で抗議行動を行っている際に、大阪府警の機動隊員から『どこつかんどるんじゃ、こら、土人が』という言葉を投げつけられた。現場では10人ほどの市民が、砂利を搬入するダンプカーに対し、金網のフェンス越しに抗議の声を上げていた。この機動隊員はその市民に『ボケ』『クソ』という言葉を連発し、言葉遣いがひどいのでカメラを向けているところだった。本人も撮影されているのは承知の上で『土人が』と言い放った。それだけではない。その後、別の場所で砂利を

積んだダンプカーに抗議していて、3人の機動隊員に抑え込まれた。『土人が』と発言した機動隊員は、離れた場所からわざわざやってきて、私の頭を叩《たた》いて帽子を落とすと、脇腹を殴ってきた」。目取真は執筆活動と共に、辺野古の建設現場で、また海上でカヌーによる抗議運動を続けている。

※11-2 1903(明治36)年3月、日露戦争を前に大阪・天王寺で政府主催の勧業博覧会が開かれた。呼び物に見せ物小屋が並んだが、その一角に「人類館」と称した施設があり、アイヌ、台湾先住民族、琉球人、朝鮮人、中国人の女性たちが民族衣装で展示された。これを知った中国、韓国の留学生が抗議、沖縄からも批判が上がった。琉球新報・主筆の太田朝敷も「琉球人が生蕃やアイヌと同一視されたのは侮辱」と紙面で批判を展開した。

※11-3 ナポレオン1世を熱狂的に崇拝したフランスの兵士名から名づけられた。盲目的愛国主義、排外主義、排外的愛国主義、好戦的愛国主義を指す。

※11-4 「強制労働」は、会社や工場、親族など他者から強要された労働を指す。もともと労働を望んでいない人びとへの身体的・精神的な暴行や、脅迫などと共に行われるほか、人身売買や児童労働と関係することもある。強制労働は人権を侵すものとして国際法で禁じられている。代表的な例としては、インディオの監獄部屋や、労働者を長期間 身体的に拘束して行われたタコ部屋労働(監獄労働)、ナチスドイツのユダヤ人強制収容所内における労働などが挙げられる。軍事的性質にのっとった、強制兵役法により行われる業務またはサービス(徴兵制度)などは対象外とされている。

※11-5 ウィシュマさんは2017(平成29)年に来日し、日本語学校に入学するが、同居したスリランカ人男性の暴力で休学が増え、母国からの送金も絶えがちになって学費を滞納、除籍処分を受けたことで不法滞在に。さらに男性のDVに耐え切れず交番に駆け込んだ結果、入管収容になった。

※11-6 指宿昭一弁護士は監理措置制度について「改悪でしかなく、監理人は、入管の手先として、被監理人(外国人)が仕事をしていたり、逃げようとしているという情報を入管に提供する義務を負います。改善ではありません」と強調している。

※11-7 「改正入管法」はこの項を脱稿した後の、2024年6月14日の参議院本会議で可決、成立した。新制度では外国人労働者の受け入れ拡大が謳われ、悪評だった「技能実習」に代わり、「育成就労」が創設された。しかし、現行制度では転籍が「3年間は不可」とされたのが「2年間」に改められたものの、制限が長すぎ、外国人の手数料も「外国人が送り出し期間などに支払う」が「受け入れ企業と外国人が分担する」に改められるものの、手数料を課すこと自体に疑義があり、指宿昭一弁護士は「一連の法案の根底には、外国人を労働力としては受け入れるが、社会を共につくる人間としては受け入れない『外国人使い捨て』の発想がある。アジアの人々にとっても韓国やオーストラリアなど働き先は広がっており、日本は『選ばれない国』になる」と政府の姿勢を批判している(東京新聞)。

おわりに

孤独死した、豊中市の奄美出身男性の戦後の歩みから、この粗末な論考は書き出した。その足跡が、戦後の奄美、あるいは日本の歴史的事象と重なり、戦前に海を越えていった出稼ぎ・移民の手がかりになると思えたからだ。この間、筆者は何度か神戸港に足を運んだ。この港は、多くの出稼ぎ者が降り立った、人生の起点であり、同時に夢破れ引き揚げる終点であり、筆者にも奄美生活へ旅立った思い出深い地だった。明るい都市の港の景色は、観光化によって一層彩りを増していた。かつては六甲の連山が迫り、工場の槌音響く喧騒のなかにあった気がするのだが、それらは遠のいて、美しい音楽でも流れ出そうな、青い海、空のなかに観光船が行き来していた。

取材中に知ったことだが、案内役を買って出てくれた、大阪高見在住の島唄活動家・牧志徳さんによると、この神戸港突堤で奄美出身と見られる男性の凍死者が見つかり、新聞の片隅に載ったことがあったという。それは25年ほど前の出来事で、男性のポケットには、奄美行きの乗船切符が忍ばせてあったという。神戸港にはかつて浮浪者が多く、男性も路傍生活で行倒れ、帰省が果たせなかったのではないか、というのが牧さんの見立てだった。

明治、大正、昭和……。奄美を出た出稼ぎ者の過半、6割近くが関西に居つくことになった。その足跡を探して神戸市長田区、兵庫県尼崎市、大阪市の高見、さらには釜ヶ崎にも足を伸ばし、あるいは阪神神戸線の小さな駅の酒場で出稼ぎ者と杯を交わした。奄美の本土復帰後、出稼ぎに来たという人びとも、もう80歳を超え、後期高齢者。当然、戦前世代のほとんどは鬼籍に入り、会うことは叶わなかった。したがって、その暮らしぶりを知るには、文献に頼るほかなかった。幸い、〝埋もれた歴史〟と思っていたが、予想以上に研究者の手で、都市生活の足跡が掘り起こされていた。したがって、その貴重な成果に多くを頼ったが、なかでも神戸における奄美出身者の定住過程を研究している若き学徒、東海大准教授・中西雄二さんの論文から多くを引用させていただいた上、厚かましくも研究室に押しかけ、対談を果たすことができた。

また、面談者には、苦しい体験や、触れられたくないはずの過去にも容赦なく踏み入り、質問攻めにしたにもかかわらず、快く応じていただき、貴重な体験談を掲載することができた。お礼申し上げたい。幸い、この論考は海風社・作井文子社長の目に留まり、『国境27度線』に続いて、同社の南島叢書として出版いただくことになった。しかも叢書百冊目の栄誉をいただいたことと合わせて、心から感謝申し上げる。

勢い勇んで、愚考を重ねてしまった拙著は、研究蓄積のない素人論で、専門家には物足りなさを感じる内容だろう。それでも私は書き残そうと思った。奄美近現代の重要な事象が、史書や研究の脇に置かれ、古老たちの記憶からも消えつつある、その名もない人びとの庶民史を伝え継ぎたい一心からだった。本書が激動を潜り抜けて来た南島人と、その歴史への理解に、わずかなりとも繋がれば望外の喜びだ。

２０２４年4月

原井　一郎

主要参考文献

《長々しいプロローグ―「孤独死」と我が小史―》

エリック・ウィリアムズ「資本主義と奴隷制」（ちくま学芸文庫）
朝日新聞大阪本社「ルポ　孤独死」（２０２０年2月7日付）
原井一郎ほか「国境27度線」（海風社）
石川達三「蒼氓」（新潮文庫）
山本高一「鰹節考」（筑摩叢書）
若林良和「カツオと日本社会」（筑波書房）
鹿児島県大島島廳「大島郡治概要」（１９０９）
阪神西阿室郷愛会創立50周年記念誌編集委「あれから50年―阪神西阿室郷愛会」（１９７７）
和泊町「和泊町誌」
伊波普猷「沖縄よ何処へ」（世界新社　１９１４）
吉村健司「伝統漁業の再産業化と地域社会の変容に関する予備的考察」（『地域漁業研究』２０１３）
徳島県「徳島県立博物館ニュース」
古賀皓生「占領下奄美における社会教育の展開過程」（『民衆と社会教育』　１９８８）
波平恒男「アメリカ軍政下の戦後復興」（『沖縄の占領と日本の復興』）
琉球新報「コンパクト事典」

《第1章　売られゆく貧者の群れ》

ネット神話の森「歌語り風土記　島原の子守唄」
嶽本新奈「『からゆきさん』海外〈出稼ぎ〉女性の時代」（共栄書房）
唐権「海を越えた艶ごと―日中交流秘史」（新曜社）
森崎和江「からゆきさん　異国に売られた少女たち」（朝日文庫）
宮本常一監修「日本残酷物語　I」（平凡社）
色川大吉「日本ナショナリズム論」（『日本歴史17』岩波講座）
塩見鮮一郎「解放令の明治維新」（河出ブックス）
増尾国恵「与論島郷土史」（１９６３）
東元良「与論島ヨリ口之津出稼三池移転概要」（１９３５）
森崎和江・川西到「与論島を出た民の歴史」（たいまつ社）
新藤東洋男「三井鉱山と与論島：資本主義体制下における人的差別との闘い」（１９６５）
操担頸「沖永良部島沿革誌私稿」
白石顕一「ザンジバルの娘子軍」（現代教養文庫）
福岡日日新聞「密航婦事件」（１９０５年10月10日）
村上彰一「南遊雑記」（斎藤章達発行　１９１６）
宮本常一監修「日本残酷物語―天草のまずしさ」
南日本新聞「鹿児島百年　下」
宮城栄昌「本琉球と道之島の歴史的関係」（『南島文化』創刊号）
大囿純也「加納久宜　鹿児島を蘇らせた男」（鹿児島人物叢書）
東喜望「南嶋探験　1、2」（東洋文庫）
北原糸子「日本災害史」（吉川弘文館）
種子島高校郷土研究部編「種子島研究　第19号」（１９８１）
西村富明「奄美群島の近現代史」（海風社）
山路愛山「現代金権史」（１９０８）
三井広報委員会「三井三池炭鉱史話」「三井鉱山50年史稿」「三井鉱業所沿革史　第7巻」
田中智子「労働力の特性に見る戦前の三池炭鉱における労務政策の変遷と労働者の抵抗に関する考察」（２００８）
角川書店「日本の民話／現代の民話」
平原直「物流史談―物流の歴史に学ぶ人間の知恵」（２０００）
井上佳子「三池炭坑『月の記憶』―そして与論を出た人びと」（２０１１）
山根房光「みいけ炭坑夫」
武松輝男「地底の記録―呪詛　坑内馬と馬夫と女坑夫」（創思社）

長崎県口之津町「町政施行30周年記念式」
畠山秀樹「戦前昭和期三井三池炭鉱における坑夫雇庸状況の推移」
（『経営史学』１９７６）
福岡日日新聞「三池の与論村」（１９１３）
ブログ「与論島と三池闘争／離島差別と闘った歴史」（２０１６・11）
鄭楽静「日本における中国人戦後補償訴訟支援研究：強制連行・強制労働問題を中心に」
文部省唱歌「桜井の訣別」（１８９９）
東奥日報社「笹森儀助書簡集」（２００８）
鹿児島県史編纂委「鹿児島県史　第一巻」
鹿児島民俗学会「かけろまの民俗」（１８７０）

《第2章　〝砂糖地獄〟の連鎖》

名越左源太「南島雑話」（平凡社）
柳田國男「海南小記」（１９２５）
大西郷全集刊行委「大西郷全集　第一巻」（１９２６）
史料「面縄院家蔵前録帳」
汾陽光遠「租税問答」（１８７４）
堺屋太一「峠から日本が見える」（新潮文庫）
原口虎雄「幕末の薩摩」（中公新書）
金久好「奄美大島に於ける『家人』の研究」（名瀬市史資料第２輯）
来間泰男「〈琉球国〉と〈南島〉　古代の日本史と沖縄史」（日本経済評論社）
樋口弘「本邦糖業史」（味燈書屋　１９４３）
史料「芝家文書」
昇曙夢「奄美大島と大西郷」（１９２７）
松田清「奄美社会運動史」（ＪＣＡ出版）
内務省発行「大島郡ノ来歴」
仲地哲夫「沖永良部島のオイチュとヤットイ」（『南島文化』）
松下志朗「近世奄美の支配と社会」（第一書房）
大島直治先生追想録刊行会「大島直治先生追想録」（１９７０）
都成植義「奄美史談」（１８９１）
皆村武一「奄美近代経済社会論」（晃洋書房）
小林三郎「幕末三代窮乏の薩摩を救った大島の黒糖」（『奄美の文化：総合的研究』法政大出版局）
瀬戸内町「瀬戸内町誌　歴史篇」（２００７）
武田雄司「今里の歴史」
来間泰男ほか「近代沖縄農村におけるウェーキ―シカマ関係」（『南島文化』創刊号）
南日本新聞「黒糖地獄」（１９７１）

《第3章　近代のとば口で》

柳田國男「故郷70年」（講談社学芸文庫）
色川大吉「日本の歴史　近代国家の出発」（中公文庫）
吉満義志信「徳之島事情」（１８９５）
島田将美「南島経済記　孤愁の奄美大島」
笠利町「笠利町誌」
佐藤信淵「薩摩経緯記」
笹森儀助「藤井富伝翁」
西田長寿「明治前期の都市下層社会」（生活古典叢書　１９７０）
坂野潤治「大系日本の歴史　近代日本の出発」（小学館ライブラリー）
徳富蘇峰発行「国民之友」
船木裕「柳田国男伝：白足袋の思想」（１９９１）

《第4章　近代の犠牲 ― 女工の悲劇》

桜田文吾「貧天地饑寒窟探撿記」（１８９３）
ウエブ双日歴史館「日本の紡績の発展」
小学館「日本の歴史／労働者と農民」
農商務省「織工事情付録」

石原修「衛生学上に見たる女工の現況」（1913）
籠山京「女工と結核」（生活古典叢書　1970）
山内みな「12歳の紡績女工からの生涯」（新宿書房　1975）
山田盛太郎「日本資本主義分析」（1934）
堅山利忠「神奈川県労働運動史　戦前篇」（1966）
福地曠昭「沖縄女工哀史」（那覇出版社　1986）
酒井隆史「通天閣　新・日本資本主義発展史」（2011）
村島帰之「淫売婦の生活」
沖縄県「沖縄県史　各論編第五巻　近代」
仲地哲夫「瀬戸内町伊須湾沿岸の人びとの生活と出稼ぎ」（『南島文化』第12、13合併号1991）
中村政則「日本の歴史　労働者と農民」（小学館）
中楯興「日本における海洋民族の総合研究／上」（九州大出版会）
《第5章　大正・昭和の大流出》
金原左門「日本民衆の歴史　自由と反動の潮流」（三省堂）
鹿児島朝日新聞「大島郡の疲弊」（1927）
伊仙町「令和版伊仙町誌」「更生の伊仙村史」
徳之島町「徳之島町誌」
山川出版「沖縄県の歴史」
重信健次郎「奄美の人びと」
鹿児島朝日新聞「生活難の悲劇　蘇鉄の中毒…」（1925）
本場奄美大島紬協組「本場奄美大島紬協組八十周年誌」（1981）
井原西鶴「好色盛衰記」（日本古典全書）
《第6章　阪神と奄美人》
大里康永「自由への歩み　わが思い出の記」（1982）
法政大大原研究所「日本労働年鑑」
藤原彰「日本民衆の歴史　弾圧の嵐のなかで」（三省堂）
横山源之助「日本之下層社会」（1899）
大山麟五郎「海の神と粟のアニマ」（『沖縄の思想』）
島尾敏雄「日々の例」（島尾敏雄作品集 第5巻 1967）
梯久美子「島尾ミホ伝」（新潮社）
中西雄二「奄美出身者の定着過程と同郷者ネットワーク」（『人文地理』2007）
神戸沖洲会「神戸沖洲会創立65周年記念誌」（1989）
西村雄郎「阪神都市圏におけるマイノリティ層の研究」（社会評論社）
武山宮信編「月刊奄美」（1925～）
ブログ「酒場放浪記」
外岡秀俊「地震と社会」（みすず書房　1995）
神戸奄美会「奄美復帰30周年記念　神戸奄美会記念誌」
ラサ工業株式会社「ラサ工業80周年史」（1993）
《第7章　海外移民と犠牲》
安仁屋政昭「移民と出稼ぎ–その背景」（『近代沖縄の歴史と民衆』）
新城俊昭「高等学校　琉球・沖縄史」
那覇市「那覇市史　通史編第二巻」
近藤健一郎「沖縄における移民・出稼ぎ者教育　『島の教育』（1928年）を中心に」
宇検村郷土誌「焼内の親がなし」
田島康弘「奄美とブラジル移民」（鹿児島大教育学部紀要　1997）
白石蜜義編「在泊鹿児島県人発展史」（1979）
岩井幸一郎「ブラジルの大地で－奄美移民80年の軌跡」（南海日日新聞　1998）
宮内久光「近代期に於ける奄美大島宇検村からの移民について」（琉球大法文　2017）
沖縄県教委「旧南洋群島と沖縄－テニアン」
森亜紀子「北マリアナ諸島における南洋興発（株）糖業の構築過程－植民地社会に生きる人びとの側から問い直す－」（『農業史研究

第55号』２０２１）
雑誌「奄美大島」台湾特集（１９２６）
高嶋朋子「大島農学校をめぐる人的移動についての試考」（『日本語・日本学研究第３巻』２０１３）
中村政則「労働者と農民－産業報国」（小学館ライブラリー）
沖縄テニアン会記念誌「はるかなるテニアン」
野村進「海の果ての祖国」（時事通信社）
原井一郎「テニアン島に渡った南島移民の悲喜」（『西日本文化』）
上坂冬子「奄美の原爆乙女」（中央公論社）
三田千代子「『出稼ぎ』から『デカセギ』へ」（不二出版）
平田昭利「アホウドリを追った日本人」（岩波新書）
松江春次「南洋開拓拾年誌」（１９３２）

《第８章　戦後を生きる》

前田勝章「あれから50年」（２００３）
村山家國「奄美復帰史」（南海日日新聞）
鹿児島県錦江町「広報きんこう」（２０２０）
島崎藤村「破壊」（新潮文庫）
宮島甫「昭和戦後の古仁屋」
日本共産党奄美地区委「奄美の烽火」（１９８４）
稲田精秀「實久村農村調査」
小島清吉「郷愛会組織と母村の交渉」
月刊タイムス「無籍者特集」（１９５３）
加藤政洋「米軍統治下における奄美－沖縄間の人口移動」（『立命館地理学』第24号）
松田清「日本復帰運動の点火者」（『道之島通信』）
ＮＨＫドキュメンタリー「沖縄の夜を生きて」（２０２０）

《第９章　現代の都市と奄美人》

稲田健二「實久村嘉入でのこと」
高安重正「沖縄奄美返還運動史（上）」（１９７５）
ポーラ伝統文化振興財団「郷愁の島唄」（２０２３）
東峰夫「オキナワの少年」（文春文庫）
砂守勝巳「写文集　沖縄シャウト」「漂う島とどまる水」
関生支部50周年誌編賛委「関西地区生コン支部50周年記念誌－その闘いの軌跡」（２０１５）
廣田裕之「地域的連帯経済入門－みんなが幸せに生活できる経済システムとは」
斎藤日出治「連帯の生態系を創造する」（『近畿大紀要』）
上地美和「『クブングワー闘争』と沖縄出身者『社会』」（『大阪大日本学報』）
毎日放送ドキュメンタリー「労組と弾圧～関西生コン事件を考える」（２０２４）
川村湊「大衆オリエンタリズムとアジア認識」（岩波講座『近代日本と植民地』）
風間興基「出稼ぎ精神病」（『現代のエスプリ別冊』１９７８）

《第10章　「出稼ぎ世」からの問い》

ケネス・ボメランツ「グローバル経済の誕生：貿易が作り変えたこの世界」（筑摩書房）
京大総合経済研究所「ブラジル移民史実態調査報告書」（１９５５）
島田啓三・連載漫画「冒険ダン吉」（１９３３～）
井上亮「忘れられた島々－『南洋群島』の現代史」（２０１５）

海風社　南島叢書100　『南島ボートピープル』対談

奄美近代「流民化」のインパクトと国際化時代

漂流ボート（奄美市住用）

奄美近代「流民化」のインパクトと国際化時代

中西雄二（ゲスト）×原井一郎

中西雄二（なかにし・ゆうじ）1981年生まれ。大阪府茨木市出身。東海大学文学部准教授。専門は文化地理学、社会地理学。
最近の論文に「同郷団体の活動と集住地区」（『白山人類学』23号2020年）、「同郷者ネットワークと職業紹介機能」（『日本労働研究雑誌』732号2021年）、「沖縄の奄美人」（『文明研究』41号2023年）など。

原井　地理学の専門家で神戸での奄美人の集住研究を重ねておられる、東海大学准教授・中西雄二さんをお迎えして、「奄美近代『流民化』のインパクトと国際化時代」と題して対談させていただきます。

明治期の農村からの都市部への流出と同様、奄美群島の南端・与論島からは、明治32年、島民が九州産炭地へ集団移住しています。爾来、大正期のソテツ地獄、さらに戦後の高度成長期の季節労働に至るまで、奄美全域から出稼ぎ・移民が絶え間なく続いてきました。

しかし、その転出地の本土、海外では、資本の搾取、都市住民からの侮蔑・排斥で辛酸をなめ、立身出世や錦衣帰郷を夢見ながら、落伍、破綻者も少なくありません。加えて人口減少が奄美の今後の展開に影を落としています。島民がこぞって島外へ旅立たなければならない、長い苦闘史は国際化時代の今日、どのように位置づけ、教訓・課題として生かされるか。これまでのご研究の知見と提言をお聞かせいただければと思います。

中西 中西先生、はじめまして。お忙しいなか、お時間を頂戴しますが、よろしくお願いします。

原井 はじめまして。東海大学の中西です。

「ボートピープル」という表現は、1975年のベトナム戦争終結時に、老朽船で命からがら国外脱出する時事用語でしたが、広義には亡命、さらには出稼ぎに祖国から脱出せざるを得ない、政治・経済難民を指すとされています。したがって経済難民化した奄美・沖縄からの人口流出は、現代の地中海を越える中東・アフリカ難民、メキシコの国境の壁を突破しようとする群集と同様で、決して死語ではないと考えますがいかがでしょう。

中西 おっしゃる通り、社会的理由や経済的理由等を背景に、多くの人びとが世界各地で難民として生活している現状をみても、「ボートピープル」という言葉は決して死語ではありません。また、近年は人文学の分野で、いわゆる「水上生活者」の存在に注目する研究が蓄積されてきました。日本の近現代社会を考察する上で、阪神地区や京浜地区を含めた近代都市空間における「ボートピープル」の存在を等閑視することはできないと考えています。

原井 伊波普猷は沖縄の大正期のソテツ地獄を、「島津氏の琉球入りよりも、廃藩置県よりも、もっと致命的なもの」といっています。実際、沖縄・奄美ではソテツ地獄から流民化が深く長く、島々を痛打していきます。私は「那覇世」「薩摩世」「イクサ世」「アメリカ世」と呼ばれる区分に「出稼ぎ世」を加えることで、よりリアルな奄美史が浮上すると考えていますがいかがでしょう。

中西 近代期における奄美からの労働力移動を考える際には、近代工業化に伴う一般的な特徴・背景と、奄美における個別的な特徴・背景の二つに分けて考える必要があるかと思います。

まず、産業革命によって主に農村の過剰労働力が都市周辺の鉱工業地帯に吸引されていった点は、一般的な特徴といえます。これは近代日本においても、例えば九州北部の炭鉱が当初は近隣の農村地域から労働力を集め、さらに多くの労働力を確保する必要が生じると、奄美を含めたより広い地域の農山漁村から労働力を集めるように至る例が典型です。また、阪神、京浜、中京の各工業地帯でも日本各地の農山漁村が「労働力の供給地」として位置づけられてきました。

その上で、奄美は「ソテツ地獄」をはじめとする経済的苦境のなかで多数の「過剰労働力」が生じたことにより、多くの出身者が出移民していく結果となったわけです。工場や炭鉱等の底辺労働力を確保しようとする鉱工業の経営者にとって、経済状況の厳しい地域の出身者は、人件費の観点からより安い労働力として「魅力的」に捉えられた面はあると思います。神戸では特に顕著ですが、奄美出身者が特定企業の工場に企業の周旋人や地縁者の縁故を通じて就職、移住していった背景には、こうした複数の背景があったと考えられます。

原井 農民の都市流出は幕末から近代にかけて全国的に加速し、今日の東京一極化に至っていますが、その移転先では殖産興業の推進で資本による産業創設がラッシュになり、流民が工場労働者に転身していく事態が生じました。

同様、奄美からは台風や旱魃、不況で開設なった関西航路で東洋のマンチェスター・大阪に我先にと脱出していっています。関西生まれの先生が、遠い南島からの出稼ぎ、その集住になぜ関心を持たれたのか、まずそのあたりから聞かせてください。

中西　私は学部生の頃から神戸の都市形成史に関心があり、加えて、近代以降、急速に開発・整備されていった神戸に、様々な地域から人びとが流入してきた歴史に興味を抱きました。

そこで、大学の卒業論文では神戸における白系ロシア人社会をテーマに設定し、その歴史や社会的な特徴について調査しました。その過程で多くの神戸にかかわる郷土資料を読み漁ったのですが、その際に神戸市立中央図書館で神戸奄美会の創立60周年記念誌を手にする機会があり、神戸の近代化に数多くの奄美出身者がかかわっていたことを知りました。ちょうどその年は「奄美復帰50年」で、メディアが奄美のことを取り上げていた時期でした。その後、大学院に進学してから本格的に奄美と神戸との関係について研究し始めて、気がつくと現在に至るという経緯です。

先ほどおっしゃった、現在進行している東京一極集中と、産業革命期の大都市集中の間には確かに共通点を見出すこともできます。ただ、一方で背景となる産業構造に根本的な差異がある点は無視できないと思います。第二次産業主体の産業構造だった時代においては、東京だけではなく京阪神も一つの中心とした二極的な構造を日本社会は有していましたし、中京や北九州の工業地帯も全国各地から多くの労働力を吸引する機能を有していました。また、高度経済成長期には既存の工業地帯以外にも新興の工業地域が複数整備されていき、この時期に奄美関連の郷友会が岡山や愛知県の知多で結成される例もありました。

しかし、いわゆる脱工業化社会が到来し、第三次産業中心の産業構造に移行するにしたがって東京一極集中が進行していきました。同時に、奄美から京阪神への移住者も激減することとなり、

原井 京阪神で活動する郷友会の高齢化や活動継続の困難化に拍車をかけることにもなっています。

奄美島民はなぜ住み慣れた故郷を棄てる決断に至ったか。近世から近代を通して見ると、大正期の経済恐慌「ソテツ地獄」が、島外脱出の起点ではなく、近世からの困窮がそっくり近代に継がれた結果だと思えるのですがいかがでしょうか。近代入り後も具体的な経済政策がない、政治の無策が島民を離郷に追いやった。そう総括せざるを得ません。

中西 近代に生じた状況の背景として、前近代からの連続性は間違いなく存在したといえます。そうした奄美に対する「薩摩」の認識は、西村富明氏が『奄美群島の近現代史』のなかで指摘した、近代期の鹿児島県による「独立経済」にも表れているのではないでしょうか。同書によれば、この「独立経済」とは、大島支庁（島庁）管内を鹿児島県の財政から分離して独立財政とするという政策のことを指します。この政策は結果的に、鹿児島県の財政や再分配の枠組みから奄美を「切り捨て」てしまい、近代奄美の産業基盤やインフラの整備に深刻な影響をもたらしたといえます。

大正期の飢饉の折、徳之島では腹を満たすものがなくて、親子が夜間、他人のサトウキビ畑に侵入してノドを潤し、捕まる事例が記録されています。

原井 奄美で頻発している近代の飢饉は自然災害、伝染病に加え、国際化した黒糖価格の暴落に起因していますが、島内における為政者たちの目は大方、人口過剰論に注がれています。確かに幕末、明治期にかけ人口の爆発的増加が見られますが、飢饉のなかで赤貧者に手を差し伸べる窮民救済より人口対策を優先しているフシがある。いつまたガーシヌ世に襲われかねない。そういう恐怖、危機意識が強力に作用しているように思えます。

与論島では1898(明治31)年の飢饉で、遠く長崎県口之津に1千2百人が集団移住していますが、背景にはやはり人口過剰論があって、無理矢理送り出された側面がある。ところが戦後の米軍統治から本土復帰した直後の地域復興策でも、やはり人口過剰が政治課題になっています。人口過剰との判断による集団移住の政治選択は根本的な解決策に繋がらず、むしろ地域低迷を招きかねないという「マルサスの罠」以降の科学的到達があるにもかかわらず、奄美では議論が繰り返されています。その点、いかがでしょうか。

中西　フランス現代思想を代表する哲学者であるミシェル・フーコーは、「人口」の管理や統制を重要な支配の手段として用いる権力の在り方を、「生－権力」や「生政治」といった語を用いて批判的に分析しました。近代以降の奄美を考えると、戦前からの「本土」への出移民にしても、米軍占領期の沖縄への人口移動にしても、常に人口をめぐる管理・統制が政策上の重点として位置づけられてきたことがわかります。言い換えれば、産業施策や社会福祉政策よりも過剰人口の「調整」や他地域への労働力供給が、「本土」の政治権力や経済権力の奄美に対する関心の中心であったといえるのではないでしょうか。

経済的苦境に対して過剰人口を減らす、つまり「口減らし」のための出移民によって解決しようという政策は「棄民」、または政治的不作為として批判されるべき点が多く存在します。先ほど挙げられた事例に加えて、戦時中に与論島をはじめ、奄美から旧満州へ渡った満蒙開拓団の歴史も、その典型例といえます。ただ、当時の満蒙開拓については奄美出身者のなかにも積極的な姿勢を表明する層がみられ、公権力など「上から」の力と、民衆など「下から」の力の両面が背景に存在しています。「生－権力」による「生政治」が行われる場合には、民衆の側に少なからずその実践を肯定的に捉える人びとの存在が指摘できるのですが、そうした要因が奄美の事例でもみられたといえるかもしれません。

こうした事例を明らかにするにあたっては、実際に出移民を余儀なくされた人びとの立場や生活状況に注目した研究の蓄積が必要です。ただ、自戒を込めていえば、未だそうした状況について明らかにすべき余地は、多分に残されているといわざるを得ません。

原井 今申し上げた与論島からの集団移住では、鹿児島県が先頭に立って旗降りをやっています。島民意向を聴取せず、わずか数カ月で強行。しかも大資本・三井の言いなりで県民を送り出しており、同じ県民への親心が感じられない。明治20年代の甑島島民の種子島移住と比べても雲泥の差で、そこに与論島集団移住の不幸の起点があり、先生がさっきお話しの「独立経済」が影響し、大島島庁任せになっていた。こうした背景への不満から、口之津から大牟田への移動時に、帰島希望者が続出すると、県は「今後一切、与論島の面倒は見ない」と恫喝に近い態度で押し留めている。

近代奄美では戦前、災害頻発地帯にもかかわらず、十分な恤救《じゅっきゅう》策や防災、生活支援対策が講じられてこなかった。そうした県政における奄美の位置づけが減災どころか被害を悪化・反復させ、今日にも離島の後進性として残ってしまっている。そう思えるほどです。

中西 前近代から「薩摩」のなかで周縁的な存在に位置づけられた奄美ですが、近代以降は日本政府の国土編成のなかでも周縁としての性格を付与されることになりました。その結果、「離島」という地理的不利条件がさらに強くなり、その周縁性は先に挙げた戦前の「独立経済」や戦後の「行政分離」などで制度的にも如実に顕在化しました。同時に、長きにわたる「出稼ぎ世」において奄美出身者が置かれた位相も、奄美が組み込まれたこの構図を映し鏡のように示しているということができると思います。

原井 もう一つ、奄美人の流民化を生んだ内的要因として、島民の手による島民の放擲、弱者淘汰があったという疑念があります。与論島の集団移住では「ンダ」と呼ばれた最下層の農奴が放擲されたように、他の島でも赤貧者を本土へ、あるいは海外へ排出し、農地を増やそうとする低意が見えます。これは生存の自由という点からも由々しき問題だと考えます。

中西 ご指摘の通り、奄美からの出移民について、これまでお話ししてきたように経済的苦境や政策に対する受動的な行動としてのみ、言及することは適切といえません。先ほど挙げた出移民を推し進める「下から」の力の存在もありますし、移動の自由を行使する主体として出身地にのみ縛られない生活を求めた行動としての出移民の存在も否定できません。

また、いま言及された事例のように、奄美社会内部の重層性についても無視することはできません。それは社会的な階層であったり、各島や「シマ」による差異であったり、それ自体が錯綜したものでもありますが、出移民以外の歴史を考察する上でも、そうした奄美の複数性に目を向けることが、より解像度の高い分析を可能にすると思います。

原井 さて、そうした様々な悩みを抱えた島外出郷、出稼ぎだったわけですが、彼らを再び苦しめたのは都市における先住者たちからの蔑視・排斥で、言葉や生活文化から、卑しめられ疎外される非常な苦悩を抱えることになっていった。その背景には民族主義、純血思想といった時代的な高揚があり、沖縄・奄美は「外地」扱いされ、研究者のなかには「半日本人」「非日本人」といった区分を用いる人がいるほどですが、そうした差別もまた連綿と継がれてきた形跡があり、今日の排外主義にもそれが現れているように思えてなりません。

中西　近代国民国家形成の過程において、文化や社会に関する「標準」なるものが設定され、その基準に適ったものは「国民」として包摂されていく一方で、その基準から外れたり異なっていたりする存在が他者化されていく。そもそもその「標準」自体が恣意的で、近代以降に創り出された文化的慣習や社会制度も多いわけですが、奄美出身者に対する差別に基づく偏見は、近代国民国家がもつ排除の論理が、目に見える形で現れた例といえます。

実は戦後の米軍占領期に、日本「本土」在住の奄美出身者を指して、「在日同胞」や「琉球人」といった用語が使われることがありました。この言葉は近代の民族主義を考察する上で非常に興味深いものといえます。戦前・戦中期の民族主義が高まるなかで、「奄美なるもの」が排除の対象となるとともに、奄美出身者自身によって「日本民族」であろうとする実践や主張が繰り返されることも数多くありました。これは排除から逃れるための防衛的手段という側面も、「本土」社会の通俗観念を内面化してしまったという側面もあるかと思いますが、いずれにしても近代日本の社会的文脈に否応なしに組み込まれていたことを表しています。

しかし、戦後に奄美が「行政分離」されて米軍占領期になると、「在日同胞」や「琉球人」といった用語が登場するようになってきます。一方で、泉芳朗が復帰運動を主導していた際に公的に残した文章には、「奄美民族」という言葉が使われたことがありました。ここで泉は、「奄美民族」

は「日本民族」に含まれるという論理展開をするのですが、「日本民族」ではあるが「ヤマトンチュ」ではないという複雑性や、復帰運動を進める上で「沖縄」や「琉球」と一線を画す必要があった当時の政治状況などを窺い知ることができます。「ヤマト」や「沖縄」との対他的な関係のなかで、揺れ動く奄美の位相を物語っているのではないでしょうか。

原井　在日朝鮮人、被差別部落の苦難史を覗くと、日本の排外主義・排他性がいかに根深く、執拗なものだったかに気づかされますが、奄美人も軍靴の高鳴りのなか、一部学者がふりまいた「奄美アイヌ同源説」が島民を苦しめ、「毛深い」といったことだけで奄美出身兵士が軍隊内で差別を受けています。それらがまた本土の出稼ぎ者への差別へと連動していく伝染性が見られますが、そうした差別の順送り、いじめのターゲットを見出す執念深さは本当はまだ払拭されずに生き続けているように思えてなりません。

中西　近代国民国家の有する排除性は、文化的、社会的マイノリティに対して牙をむくという典型例をご提示いただきました。今の話を伺いながら、1903(明治36)年に私の出身地である大阪で起きた、いわゆる「人類館事件」を想起してしまいました。この「事件」は内国勧業博覧会という日本政府主催の公的な場で、朝鮮半島や台湾など「外地」の人びと、そして他のアジア、アフリカの先住民の人びとともに、アイヌと琉球の人びとが「人間展示」されたという、当時としても人権意識の欠如が問題視された出来事です。もちろん、ここに近代日本社会の帝国主義的、植民地主義的特徴を指摘することができるわけですが、当時の日本の多数派社会がアイヌや奄美も含めた「琉球」に対して、その文化的差異をどのように認識していたのかが如実に示されています。

ただ、「人類館事件」を考察する上で忘れてはならないのは、抑圧された状況に対するマイノリティの反応の複雑性です。この「人類館」での「展示」に対し、沖縄では新聞をはじめとして強い反発が起こるのですが、その論理は帝国臣民たる沖縄県人を台湾の先住民やアイヌと同列に展示するなという、また別の差別的視座に基づくものでした。また、遊廓の娼妓が「琉球婦人」として代表的に「展示」されたことに対する職業差別的な視座も含んでいました。近代国民国家の論理と通底した差別意識は、ときとしてマイノリティが別のマイノリティに対して侮蔑的な態度を示す場合も珍しくありません。当然、その根源は近代国民国家の排除性にあるわけですが、非常に機微に触れる「日本」という社会のなかでのマイノリティの位相を、当事者の人びとがどのように捉えて実践していくのか、倫理的な意味でも学術的な意味でも慎重さが求められるように思います。

そうした意味でも、歴史的な境遇や諸政策と苦難、さらには近年注目される文化的な多様性や創造性について、アイヌや被差別部落をはじめ、オールドカマーやニューカマーなど他のマイノリティと、沖縄・奄美の事例の異同を比較検討する重要性が指摘できると思います。

原井 さて阪神に流れ込んだ奄美の出稼ぎ者たちは、工場周辺の地元民が敬遠する低湿地帯の、朝鮮からの労働者や被差別部落の一端に身を寄せ集住し始めていますが、島民たちは自然発生的に「郷友会」を結成していきます。そこには同郷者でしか理解し合えない思いを直接話し合える、あるいは味噌、醤油の類を貸し借りできる心情共同体的、相互扶助精神が生きる場として重宝され、結束したものだと思います。やがてはシマ単位から広範な連合体になり、あるいは企業内の出身者の集い場といった多様性も持ってくるようですが、先生はこうした奄美の郷友会発展をどうご覧になっているでしょうか。

中西　研究を通して、私は本当に多くの奄美出身者、とりわけ各郷友会の担い手となっている方々のご協力をいただき助けられてきました。特に総会や運動会等の郷友会行事にお邪魔した際に、世代の異なる様々な奄美にルーツを持つ方々と談笑しながら、郷里や郷友会への思いや考えを伺うことができたのは、私にとって非常に貴重な経験となっています。そのなかで、やはり字、校区、市町村、島などによって異なる奄美の多様性や、字から奄美全体、さらには鹿児島県にまで入れ子状に連なる「郷里」の複数性が非常に興味を引きました。したがって、「奄美人」と一言で説明できるものではなく、様々なルーツを持ち、例えば「神戸市民」や「神戸っ子」という意識さえ持った多元的な人びととして私は奄美出身者を捉えています。

また、阪神工業地帯に形成された奄美出身者と他のマイノリティの集住地区について触れられましたが、例えば神戸を代表する奄美出身者の集住地区からそう遠くないところに朝鮮学校が立地しています。また、かつて徳之島出身者の集住地域として知られていた長田区の一角が、いまではベトナム人の世帯が多住するところになっていたりします。都市の機能に着目して考察するならば、奄美出身者の歴史的な集住地区は今も昔も、工場労働者に代表される社会を底辺から支える人びとの住まいが形成してきた地域であるということがわかります。

原井　鹿児島県・甑島出身者たちも、関西で集落ごとの郷友会をつくり上げています。また石川県の出稼ぎ者が銭湯で「三助」になり、それが次々と増え、やがて銭湯経営者を石川県人が占めるといった連携を考えれば、奄美人の郷友会組織も同様、とりわけ特異だともいえない気がしますが、いかがでしょう。

中西　奄美に限らず、日本各地の出身者が都市部で郷友会（学術的に「同郷団体」と呼ばれる場合もあります）を設立するに至る過程には多くの共通点がありますので、甑島や石川県の出身者による組織化と「同じ類」といわれれば、そういえるかもしれません。ただし、同郷団体の機能は出身地と現住地の関係性や、当事者の置かれた社会的文脈に大きく影響されます。そのため、特定の地位に同郷者が集住するようになって組織化していく過程では、どのような人びとが中心的役割を担い、どのような目的が設定され、実際にどのような活動がなされていったのかを確認する必要があります。

第二次世界大戦後に「行政分離」されたことによって、奄美出身者は「復帰運動」を展開し、積極的に政治的な活動を行ないました。しかし、その目的を達成した奄美返還以降は、組織としての政治的活動を避ける傾向が強くなっていきます。同一の同郷団体であっても、社会的な状況によって活動内容や機能が変容していくものであり、なにか本質的に特異な点や同一の点であるという指摘は難しいのではないかと考えます。

原井　裸一貫で見ず知らずの世界に足を踏み入れた出郷者たちは、住まい一つから同郷の先輩たちの助けがないと暮らせない。したがって同じ出身者が必然的に身を寄せ合う集住が生まれるわけでしょうが、こうした大都市の一角に現れた島びとの集住は、その言語や生活文化が特異なあまり、誤解と奇異な目に晒され、蔑視・排斥の標的になっていった気がします。

中西　仮に同郷者の結束が「内向き」の傾向を有していたとしても、それが多数派社会からの差別や偏見を正当化することにはなりません。また、むしろ戦前の奄美関連の郷友会は「生活改善運動」や「健全な」労働者への「善導」を目指す特徴を有することも珍しくなく、「名士」層を中心にヤマトへの「同化」を志向していた傾向が見られます。そうした「名士」層は、同郷者で固まったり郷里の生活様式を維持したりすることを否定的に捉え、積極的に都市部へ「同化」することを推奨していました。しかし、そうした「生活改善運動」が行われても偏見が解消したわけではありませんし、そうした「同化」志向は過剰適応ともいえるような、奄美出身者を他者化する多数派社会の差別意識や偏見を内在化していたことを示す事例といえるかと思います。

原井　沖縄の郷友会活動は初期、沖縄出身の紡績女工への虐待酷使に怒って会社側に押しかけ、抗議行動を展開、その救済にも力を注ぐといっためざましい活動をしています。そこには社会主義運動家たちの介在もあったわけですが、一方の奄美の郷友会は同郷者の保護といった側面が弱い。唄や踊りのもっぱら親睦・娯楽団体として機能しているようにさえ思うことがありますが、いかがでしょう。

中西　関西において戦前の沖縄県人会が労働組合的な機能を有していたことは先行研究で指摘されている通りですが、常にそうした機能を有していたわけではありません。冨山一郎先生の研究でも指摘されているように、戦前期の大阪では沖縄県人会は後に保守的な立場に移行する事例も認められます。

一方で、奄美出身者の郷友会においても、特に「復帰運動」が展開されていた時期には政治的に左派の人びとが大きな役割を担うこともありましたし、革新政党に所属する国会議員や地方議員と奄美出身者が連携する事例もありました。先ほども触れたことですが、同郷団体の機能は社会的文脈に大きく影響を受けます。唄や踊りは「復帰運動」の時期にも会合では興じられることがありましたので、「復帰運動」以降は郷友会活動のなかで政治的活動が後景化することで、親睦団体としての特徴が前景化したとみることができるのではないでしょうか。

原井 さらに言えば、企業内郷友会も存在した奄美の場合、沖縄側が労使対決的な路線を歩むなか、多くは逆の労使協調路線を歩んでいる。そのためか沖縄側が実質的な待遇改善を求め団結を強めるなか、奄美側は何より雇用の場の確保を優先し、企業を親のように崇めている。そこに両者の際立ちを感じます。そうした奄美の郷友会の活動は本当に雇用者の支えになり、救済になってきただろうか。そうした傾向が郷友会にも加わらない、落ちこぼれた労働者を見捨てる結果になっていなかったか。

中西 このことを考える前提として、戦前期に特定の企業が奄美出身者を多く縁故採用した一つの理由は、同郷の先輩や指導者の存在が労務管理に有効であったからではないかと推察することができます。そうした社会関係のなかで設立された同郷団体が、労資協調路線と親和性が高かったという点は指摘できます。

ただ、同郷団体を超えた同郷者間のネットワークという意味では、例えば三池争議の中心的な役割を担った三池労組を語る上で、与論島出身者の存在を無視することはできません。もちろん、第二組合との間の軋轢が同郷者間にまで影響を与えるという難しい状況も生み出しましたが、奄美出身者の同郷者ネットワークが必ずしも労資協調的であったというわけではないと思います。同様に、戦後の米軍占領下の沖縄で最初のストライキを行なった建設労働者の多くが、奄美出身者であったという事例も無視できません。

原井 都市のスラム、あるいは海抜ゼロメートル地帯に居住しようとする奄美人には、その前に被差別部落や朝鮮半島からの労働者がいた。先生はそうした多様な出自の人びとの都市構造を見てこられたでしょうが、弱者同士の触れ合いはどうだったでしょうか。

中西 沖縄や朝鮮半島から工業地帯に移住してきた人びととは、移住してきた時期に共通点があります。都市内部のマイノリティ層として、同じ都市空間で暮らす「隣人」として、また工場などの職場であったり、自営業者の取引や販路の過程であったり、様々な場面で少なからず日常的な接触はみられたといえます。例えば、戦前に奄美の郷友会は弁論大会を開くことが少なくなかったのですが、神戸で徳之島出身者が開催した弁論大会に朝鮮半島出身者が聴衆として参加していたという当時の雑誌記事も認められます。また、阪神・淡路大震災の際、奄美出身者の集住地区近くにある朝鮮学校が被災者支援の拠点の一つになり、奄美出身者を含めた近隣の被災者に炊き出しなどで食事が振る舞われたりしました。

一方で、都市に暮らす異なるマイノリティ層の間では、ときに対立や競合が発生するという局面も現れます。例として、終戦後の混乱期に阪神地方の奄美出身者は「奄美連盟」という団体を組織するのですが、その結成は台湾出身者との間で起きた配給物資をめぐるコンフリクトが大きな契機になったといわれています。このように決して幸せな接触だけではありませんが、近代都市空間を考えるときに、様々なマイノリティ層の「共在」状況を無視することはできません。

原井 日露戦争後、日本にやって来た中国人は生活に困って、料理店や理髪店を多く開いている。それはハサミや包丁1本で開業できたからだそうです。同様、奄美大島・名瀬で豚肉屋を開いているのは徳之島の人が多い。それも同じ理由からかもしれない。

神戸・長田区で面白い話を聞いた。奄美人は家ごとに飼育するほど豚肉が大好物だった。戦後、長田に出稼ぎに来た徳之島人が、同郷者が多いのに着眼して豚の飼育と精肉店を開いた。どうしたら豚肉が売れるようになるか。残飯集めで出会った朝鮮人がその頃、密造酒をつくっていて、多量の酒粕が出る。それを餌にすると美味しくなると聞いて早速取り入れる。評判を聞きつけて、今度は中華街からチャーシューをつくってほしいと注文が来て大層儲かったそうだ。私はそこにマイノリティ同士の共存の秘訣があるように思っています。

中西 おっしゃる通り、街角の生活に密着した身近な相互扶助は、「弱者の連携」に大きな役割を果たします。同じ地域に暮らす生活者として、多元的な地域コミュニティとしての連帯が、今後の都市社会には極めて重要になることは間違いないと思います。

原井 戦前から今日に至るまで奄美の郷友会が維持され、活発に活動しているのを見ると、出身者の胸中に占める郷土愛の深さ、強さを実感する。一方、2、3世の時代になって、郷友会離れがいわれるのも郷党意識が遠のいた結果で、止むを得ない一面がありますが、これからの郷友会活動のあるべき姿についてご提言を頂戴できればと思います。

中西 現在、奄美に限らず様々な地域の出身者による同郷団体が活動存続の危機にあるといわれています。この傾向は奄美関連の団体についても例外ではなく、実際に活動を休止したり縮小したりする団体が少なくありません。そのなかで多くの団体で懸念されているのが、参加者の高齢化と若い新規参加者の少なさです。特に、若い新規参加者の少なさは、今後の活動存続に直結する課題となっていますが、なかなか打開策を講じるのは難しい状況です。

この背景にはいろいろな要素がありますが、若い世代にとって郷友会の行事が魅力的に映らなくなっているという側面も確かにあるかもしれません。とりわけ、奄美の郷友会では酒席が行事のなかで大きな比重を占めますが、近年はそうした「飲み会文化」を避ける若年層も少なくありません。また、行事に参加しなくても、同級生など同郷の知人とはＳＮＳでいつでも容易にコミュニケーションが取れてしまいます。さらに、かつては郷友会への勧誘や世代の異なる人と連絡を取る際に、中学校や高校の卒業生名簿が有効的に用いられていましたが、個人情報保護の観点から近年そうした対応が難しくなっています。こうした状況下で、郷友会のなかには郷里の高校に郷友会の会長が赴いて活動を紹介するという試みをしているところもみられます。また、集住地域など居住地域に所在する小学校との交流に力を入れたり、居住地域の駅前にエラブユリの植栽をするボランティア活動をしたりなど、新しい「居住地域に根を下ろした活動」の模索がなされています。

原井　先生が長年取り組んでこられた研究の成果を目の当たりにするような、お話しに接することができました。

私は今回、奄美の近代との摩擦の第一歩ともいえる、明治30年代の与論島からの口之津移民を改めて見つめ直して、明治という時代背景はあるにしても、大資本・三井が島民との約束を蔑ろに、最下層に敷き置き、地獄のような労働を課し、地元民からも迫害・排斥され、トラウマを生じさせるほどの精神的痛手を負わせたことへの企業責任は、今日の時点からも、法的に賠償を問うてしかるべきものだとさえ思っています。

戦時中の強制労働を巡って、韓国労働者側から賠償訴訟を突きつけられ、韓国最高裁は支払いを命じていますが、長く臭いものに蓋をし続けてきた日本政府と、その陰に隠れた大企業は、ただ解決済みだとする立場を変えず、自らの責任を少しでも果たそうとする態度が見えません。こうした戦後の責任回避に始まる日本の態度は、中国を含めて被害国国民からさらなる訴訟提起を生むことになるでしょうが、私は与論島民移住問題もそうした動きに呼応し、改めて悲惨な過去を再び世に問う必要を感じています。

中西　与論島から口之津への移住について指摘されましたが、戦後の三池争議でみられた労働運動の激烈さの背景に、口之津や三池で与論島出身者が底辺労働者として経験した過酷な労働環境や出身地に基づく偏見があったことは間違いないのではないでしょうか。与論島出身者の置かれてきた切実な状況が、様々な労働運動として展開したといえます。一方で、近年の注目すべきニュースとして、国連の自由権規約委員会が日本政府に琉球の先住民の権利を認めるようにとの勧告をしたことが報じられました。かつて日本政府はアイヌの人びとでさえ先住民として認めていませんでしたが、今日では法的に「先住民族」としての地位が認められています。沖縄や奄美に強いられてきた歴史や諸問題を考える上で、先住権という観点は一つの視野を開く可能性が見出せるのではないでしょうか。

ただし、そうした議論を深める上で、沖縄や奄美内部の思想的分断にも敏感になる必要もあると思います。今年（２０２３年）、奄美の施政権が日本政府に返還されて70周年を迎えましたが、先ほど挙げたように「復帰運動」の際に泉芳朗や復帰協議会は、「奄美民族」は「日本民族」であるというレトリックを用い、運動のなかで「行政分離」が「民族分断」であるという論理展開がなされました。

この論理は戦前の「同化」志向と平仄《ひょうそく》を一にするものであるといえますが、現在においてもこの論理は無意識に前提とされています。郷友会活動の現場では、「日本」のなかの「鹿児島」のなかの「奄美」という位置づけがなされている場面が多くみられます。そうした現状を鑑みると、国家や大企業の施策によって非人道的な扱いを受けたことへの批判はなされるべきですが、それが奄美の総意として賠償を求める動きに展開するかどうかは未知数であり、先ほど指摘した奄美内部の分断につながらないような敏感さも同時に必要であると考えます。

原井　偏見や侮蔑は、自己批判し矯正すれば事足りるのかという問題があると思います。私たちが弱者や少数に向ける人間差別は今日も続いています。それは外面的なものから、内面的なものにターゲットを広げ、より内奥化したものになっています。そうした差別は人が人として生きることを結局は困難にしていることに他ならない。ですから奄美の先人たちの苦悩を語り継ぎ、世に問うことこそ、偏見や差別のない融和社会を築く一歩になると考えます。そうあってこそ、奄美、沖縄の出稼ぎ・移民史の研究意義が在るのだと思っています。

中西　私は奄美出身者を含めた都市内部の「オールドカマー」の歴史や経験が、今日の「ニューカマー」

の外国人の方々をめぐる生活の困難さや諸問題を考える大きな参照点になると考えて、一連の研究を継続してきました。ご指摘された通り、かつて奄美の人びとが経験した多数派社会からの偏見や差別的処遇を、現在や未来の日本社会で繰り返さないためにも、奄美出身者の歴史や今なお残る問題について考えることの重要性は、増すことがあっても減じることはないと考えます。

原井　要を得ない質問を重ねてしまいましたが、示唆深いお話を頂戴しありがとうございました。まだ論じ足りない点もありますが、このへんで対談を終わりにしたいと思います。先生のご研究の一層の深化をお祈りします。

（以上）

日時・場所　２０２３年11月22日(水)　ＡＭ11：30～　東海大学湘南キャンパス

※この対談では、明治から現在に及ぶ近現代の出稼ぎ者・移民に向けられた当時の視点を幅広く俎上に載せたため、今日では「差別用語」の範疇に該当する恐れのある表現を二、三採用する結果になった。不適切、不快と受け止められた方にはお詫び申し上げたい（原井）。

著者略歴

原井 一郎
1949 年生まれ。奄美の日本復帰後、奄美大島・名瀬へ。地元日刊紙の南海日日、大島新聞記者・編集長。雑誌 Lapiz ライター。ジャーナリスト。奄美市名瀬在住。
主な著書『奄美の四季』(農文協 1988 年)、『苦い砂糖』(高城書房 2005 年)、『欲望の砂糖史』(森話社 2014 年)、『国境 27 度線』(海風社 2019 年) 他。

南島叢書 100
南島ボートピープル
奄美近現代－出稼ぎ・移民考

2024 年 8 月 31 日　初版発行

著　　者　　原井一郎
発 行 者　　作井文子
発 行 所　　株式会社 海風社
〒 550-0005　大阪市西区西本町 2-1-34 SONO 西本町ビル 4B
T　E　L　　06-6541-1807

印刷・製本　モリモト印刷株式会社
装幀　ツ・デイ

ISBN978 - 4 - 87616 - 069–3　C0300

〈南島叢書〉刊行に際して

今日の出版・文化状況に欠落しているものは何か。明治百年の近代に限っていえば、それは、明らかに被抑圧者側からの真実の声を不当に封殺したまま埋もれつづけさせたことです。未解放部落、在日朝鮮人、辺境としての東北・アイヌ・南島など、近代的な日本語文脈がとりのこしてきた闇の領域です。

小社は、このような状況を明確に認識したうえで、まず、南島（奄美・沖縄・宮古・八重山）に目を向け、南島からの視点をとりこむために、〈南島叢書〉を企画しました。

〈南島叢書〉は、本土と南島とのはざまを架橋し、むしろ日本の文化の総体を活性化するために、南島にかかわる文学・思想・運動・研究の現在を伝え、南島を表現した過去の文学および南島論（研究）を未来に向けて批判的に継承しようとする試みです。

この百年を振り返ってみれば、たしかに、南島に関する各種の出版がなかったわけではなく、いくつかのすぐれた名著を大きな文化遺産として私たちはもっていますが、ただかつて、一度たりとも「叢書」の名のもとに俯瞰されることはありませんでした。小社は、このような背景を承知しつつ、過去の先達たちの仕事を継承していくために多くのすぐれた業績を集大成していきます。

南島への関心が高まりつつある今日、〈南島叢書〉は、多くの読み手と共に、さまざまな問題を根源的な方向に深めていきたいと考えています。中央志向でもなく、無自覚的な郷土礼賛でもなく、日本的な近代文脈が果たしえなかった南島の位置づけを求めて、独自の発想と新鮮な企画で、多くのすぐれた図書を刊行していきます。ご愛読ください。（1982年8月吉日）